Christliche Exegese zwischen Nicaea und Chalcedon

CHRISTLICHE EXEGESE ZWISCHEN NICAEA UND CHALCEDON

herausgegeben von
J. van Oort und U. Wickert

Kok Pharos Publishing House
Kampen – The Netherlands

CIP-GEGEVENS KONINKLIJKE BIBLIOTHEEK, DEN HAAG

Christliche

Christliche Exegese zwischen Nicaea und Chalcedon / hrsg. von J. van Oort und U. Wickert. – Kampen : Kok Pharos
Met reg.
ISBN 90-242-3067-5
NUGI 633
Trefw.: exegese.

P.O. Box 130, 8260 AC Kampen, The Netherlands
Cover Design by Bas Mazur
ISBN 90 242 3067 5
NUGI 633

Inhaltsverzeichnis

Vorwort

Ulrich Wickert (Berlin)
Biblische Exegese zwischen Nicaea und Chalcedon:
Horizonte, Grundaspekte 9

Silke-Petra Bergjan (München)
Die dogmatische Funktionalisierung der Exegese nach
Theodoret von Cyrus 32

Ralph Hennings (Heidelberg)
Rabbinisches und Antijüdisches bei Hieronymus Ep 121, 10 49

William Horbury (Cambridge)
Jews and Christians on the Bible:
Demarcation and Convergence [325-451] 72

Wolfram Kinzig (Cambridge)
Bemerkungen zur Psalmexegese des Asterius 104

Ekkehard Mühlenberg (Göttingen)
Zur exegetischen Methode des Apollinaris von Laodicea 132

Christoph Schäublin (Bern)
Zur paganen Prägung der christlichen Exegese 148

Christopher Stead (Cambridge)
Athanasius als Exeget 174

Dietmar Wyrwa (Berlin)
Augustins geistliche Auslegung des Johannesevangeliums 185

Personenregister 217

Bibelstellenregister 223

Vorwort

Die in diesem Band versammelten Vorträge wurden in Berlin zu einem Zeitpunkt gehalten, als dort soeben, ganz wider Erwarten, die Mauer, welche die Stadt in zwei Hälften gespalten hatte, gefallen war. Die Mitglieder der Patristischen Arbeitsgemeinschaft fühlten sich von diesem wichtigen Ereignis unmittelbar berührt. Was sie indessen in den ersten Januartagen des Jahres 1991 über "Christliche Exegese zwischen Nicaea und Chalcedon" ausgetauscht haben, das war ein Ausfluß jener Wissenschaft, die, um Aktuelles unbekümmert, sich immer gleich und immer treu zu bleiben hat.

Die Tagung im Evangelischen Johannesstift zu Berlin-Spandau wäre nicht so gut gelungen, hätte nicht unter dem Rektorat von Professor Dr. Peter Welten die Kirchliche Hochschule Berlin den aus vielen, nicht nur europäischen Ländern zusammengekommenen Kolleginnen und Kollegen wirklich Sukkurs geboten. An Rat und Tat hat es insbesondere der damalige Geschäftsführer und derzeitige Kurator der Kirchlichen Hochschule, Herr Holger Lankutsch, niemals fehlen lassen. Auch die Evangelische Kirche Berlin-Brandenburg (Berlin West), durch Propst Dr. Karl-Heinrich Lütcke repräsentiert, hat ein tätiges Interesse bezeigt.

Daß die Beiträge nach einigen technisch bedingten Verzögerungen nunmehr gedruckt vorliegen, ist dem nie ermüdenden Einsatz von Frau Mag. theol. Marianne Manz sowie Herrn Volker Manz MTh zu danken, vor allem aber auch der entgegenkommenden Geduld des Verlagshauses J. H. Kok (Kampen), dem sich die Patristische Arbeitsgemeinschaft abermals anvertrauen durfte. Insbesondere sei aber auch den Vortragenden gedankt, daß sie ihre Manuskripte zur Verfügung stellten.

Utrecht und Berlin, am 20. Oktober 1992

J. van Oort
U. Wickert

Biblische Exegese zwischen Nicaea und Chalcedon: Horizonte, Grundaspekte

Ulrich Wickert

EINLEITUNG: BEGRÜßUNG UND SONDIERUNG DER THEMEN

Zu Beginn unserer Tagung seien Sie hier, im Wichernsaal des Evangelischen Johannesstifts, noch einmal alle herzlich willkommen geheißen! Als wir vor zwei Jahren in Utrecht über unser nächstes Treffen berieten, wußten wir nicht, daß so bald in Berlin die Mauer fallen werde, daß mittlerweile in dieser Stadt – den nun auf andere Weise auftretenden Komplikationen zum Trotz – ein neues Lebensgefühl die hindernden Grenzen weithin verwunden hätte. Die Freudentränen sind darüber geflossen, und man mußte sich ihrer nicht schämen. Aber auch das ist gewiß: Der Geist läßt sich niemals in Fesseln schlagen. Auch hier in Berlin konnten wir Kosmopoliten sein, wenn wir, wer weiß, vielleicht nach erasmischem Vorbild mit den Philosophen der hellenistischen und römischen Jahrhunderte und mit den Kirchenvätern verbunden blieben; deren Anziehungskraft noch immer so stark ist, daß nur um ihretwillen aus vieler Herren Länder so viele Kundige, Kompetente zu dieser Stunde an diesem Ort versammelt sind.

Das Cambridger Planungsteam – die Kollegen Christopher Stead und Wolfram Kinzig, denen für ihre wegweisende Arbeit an unserem Programm aufrichtig gedankt sei – hat es diesmal dem einladenden Kollegen zur Pflicht gemacht, auch den einleitenden Vortrag zu halten. Das Thema, so, wie es zuerst formuliert wurde, war freilich geeignet, in Aporien zu führen. "Biblische Exegese zwischen Nicaea und Chalcedon, Neubewertungen, Forschungsprobleme": Sollte die Aufgabe zum Beispiel darin bestehen, Hermann Josef Siebens bis zum Jahre 1983 reichende, überaus nützliche Bibliographie "Exegesis Patrum"[1] um einige Festmeter zu verlängern? Πολυμαθίη νόον ἔχειν οὐ διδάσκει. Oder sollten solche Forschungsprobleme zur Sprache kommen, von welchen die in diesem Saal sich drängenden Spezialisten jeweils tausendmal mehr verstehen als ich? Ein Narr schüttet seinen Geist gar aus; aber ein Weiser hält an sich.

Ein Blick auf unser Programm hilft wohl einen Schritt weiter. Das jüdische und pagane Erbe exegesierender Väter wird uns beschäftigen: Den Kollegen William Horbury und Christoph Schäublin danken wir herzlich dafür, daß sie die weiten Reisen von Norden und Süden nicht scheuten und ganz entschlossen sind, uns an ihrem Wissen teilnehmen zu lassen. Unser Programm sieht weiter die monographische Behandlung einzelner Väter vor: Die Aufgabenverteilung läßt erkennen, daß die *universitas magistrorum et scholarium* unter uns sympathische Gestalt gewinnt.

Wenn ich nun vermittels eines Subtraktionsverfahrens zu erkennen suche, was nach allem Genannten für mich zu tun noch übrig bleibt, so scheint einiges dafür zu sprechen, neben dem Heidentum und Judentum das Christentum mit einem eigenen Akzent zu versehen. Macht doch die wie zu einem Triptychon geordnete Thematik der Hauptvorträge den Eindruck, als sollte das von den Vätern konzipierte Dritte Geschlecht in seine Faktoren zerlegt werden – in umgekehrter Reihenfolge, versteht sich. Zugleich legt sich im Blick auf die sogenannten Kurzvorträge der Gedanke nahe, in dieser *praefatio* mehr auf ein Ganzes bedacht zu sein. Ist doch die biblische Exegese der Väter in der Tat nicht dann schon verstanden, wenn sie nach Ermittlung ihrer historischen Gestalt und Bedingtheit in ihre jeweilige, gleichgültige Fremdheit zurückgestellt ist. Alles am Ende zu einem Ganzen zu begreifen, das im Kontext kontinuierlicher Entwicklung perspektivische Wahrheit erkennen läßt; und dann so, wie der klassische Philologe Wolfgang Schadewaldt einmal gedichtet hat: "Wahrheit wollen wir ergründen, aber Wahrheit, sie muß zünden" – das wäre schon aller Anstrengung wert. Freilich hat Schadewaldt, als er diesen Reim zur Widmung in eines seiner *opuscula*

1 Hermann Josef Sieben, *Exegesis Patrum. Saggio bibliografico sull' esegesi biblica dei Padri della Chiesa. Sussidi Patristici* 2, Istituto Patristico Augustinianum, Roma 1983.

schrieb,[2] ihm gleich noch den anderen folgen lassen: "Darum faßte ich den Mut, schrieb dies Büchlein - kurz und gut", und da stellt sich denn die Frage, ob man das nachahmen kann. Jedenfalls ist, nach Ausweis des endgültigen Programms, mein Thema nun ein wenig modifiziert.

ERSTER HAUPTTEIL: HORIZONTE, GRUNDASPEKTE

1. *'Εκκλησιαστικὸν φρόνημα*

Man sollte, wo es um Klarheit geht, kein Bedenken tragen, die selbstverständlichsten Dinge auszusprechen. Machen wir also damit den Anfang, daß wir – wiederum durch unser Programm – an die Zeit zwischen 325 und 451 gewiesen sind. Die Hochzeit patristischer Exegese – wenn man das will! – läßt sich just zwischen diese beiden Eckdaten setzen. Mithin gehört sie derjenigen kirchengeschichtlichen Periode zu, in welcher auf zweimal zwei als ökumenisch geltenden Konzilien für Trinitätslehre und Christologie die Grundentscheidungen gefallen sind. Die Korrelation zwischen Väterexegese und Dogmenbildung ist das erste gewichtige *datum*, auf welches wir stoßen; oder wie Rolf Schäfer in seiner Geschichte der Bibelauslegung formuliert: "Es ist ganz und gar nicht selbstverständlich, daß die Schrift ihr eigener Ausleger wird."[3]

Man könnte sich das, um einen Text zu haben, so kurz wie bündig an jenem 8. Brief des Basilius ins Gedächtnis rufen, den man lieber dem Euagrius Ponticus hat zusprechen wollen.[4] Der Schriftgebrauch, in Abgrenzung gegen die arianische Häresie, dient der Vergewisserung von θεολογία und οἰκονομία. Die οἰκονομία impliziert Probleme der Christologie. An Stellen, wo es um höhere γνῶσις geht, wird der Wortsinn, freilich nur noch sparsam,

---

2 In ein für Erwin Wolff bestimmtes Exemplar der "Legende von Homer, dem fahrenden Sänger", 1943. Der volle Text lautet:
"Wahrheit wollen wir ergründen, aber Wahrheit, sie muß zünden.
Darum faßte ich den Mut, schrieb dies Büchlein kurz und gut.
Ists auch nicht dokumentarisch, freut es uns doch legendarisch."

3 Rolf Schäfer, *Die Bibelauslegung in der Geschichte der Kirche*, Gütersloh 1980, S.8.

4 p. 22-37 Courtonne.

allegorisch-spekulativ überschritten. Das verrät den alexandrinischen Duktus; eine spezifische Prägung griechischen Christentums kann stellvertretend bekunden: Während des ganzen Zeitabschnitts, der uns heute und morgen beschäftigt, ist leitend – mit Hippolyt zu reden – das ἐκκλησιαστικὸν φρόνημα,[5] differenziert nach Zeiten, Sprachräumen, Traditionen, Schulen, gegnerischen Positionen.

2. Christliche Welt

Wo es ums Verstehen geht, darf der rein innerkirchliche Gesichtspunkt nicht der einzige bleiben. Die Lehre des Arius, durch welche, wie immer, der vornicaenische Subordinatianismus in die Krise geführt, das Nicaenum herbeigeführt wird, trifft zeitlich mit dem Umschwung auf politischem Felde zusammen, der die jetzt allererst anstehenden fundamentalen Glaubensentscheidungen zur Sache der Reichskirche macht. Aber rein politisch ist ja jener Umschwung gar nicht gewesen. Daß für Konstantin die unter den Völkern sich ausbreitende ὁμόνοια eine Frucht der Gotteserkenntnis und durch die Kirche zu sichern war, hat Hermann Dörries gezeigt.[6] Darüber hinaus mag man fragen, inwieweit Konstantin in jenem Alexander sein Vorbild sah, der den von Plutarch hinterlassenen Andeutungen zufolge[7] die Menschheit unter Gott, dem gemeinsamen Vater, vereinen wollte. Aber wie auch immer: Entscheidend ist, daß der durch die konstantinische Wende bewirkte Aggregatzustand der römischen Geschichte eine neue Gestalt jener christlichen Welt zum Vorschein bringt, die seit den Anfängen der "Großkirche aus Griechen und Römern" wie ein beständig sich wandelnder Proteus unterwegs ist. Wie sich hier die Dauer zum Wechsel verhält: Das zu erkennen ist eine der Voraussetzungen dafür, die Väterexegese des 4. und 5. Jahrhunderts an ihrem geschichtlichen Ort zu begreifen.

Das fängt mit dem römischen Clemens an, der, aus dem Reservoir der hellenistischen Synagoge schöpfend, Himmel und Erde, kraft einer den Kosmos durchwaltenden Ordnung, im Willen des

---

5 Eus. h.e.5, 28, 6.

6 Hermann Dörries, *Das Selbstzeugnis Kaiser Konstantins*, Göttingen 1954, S.17ff.

7 Plut. Alex.27.

biblischen Schöpfers zusammenhält.[8] Der Auctor ad Diognetum, verwandte Traditionen verwendend, ersetzt den clementinischen Δημιουργὸς καὶ δεσπότης τῶν ἁπάντων durch den von den Alexandrinern ererbten, als Schöpfungsmittler wirkenden Christus-Logos und entwickelt aus diesem Kern eine von Paulus inspirierte Existenzdialektik, mit welcher das Eschaton in die einstweilen noch beharrende Welt antizipierend zurückgeholt scheint.[9] Wie im Diognetbrief die Welt, d.h. das In-der-Welt-Sein der Christenheit, vom Christusgeschehen umgriffen und fest in ihm verfugt ist, so ist beim wohl ungefähr gleichzeitigen Irenäus alles Wirkliche in die Rekapitulation durch Christus zusammengezogen. Diese gegen Ende des zweiten Jahrhunderts in feste Kontur gefaßte christliche Welt wird durch Origenes in transzendierende Bewegung verflüssigt. Der Logos verweltlichte sich, damit die Welt sich entweltlichen könne – und christliches Denken erklomm einen Höhenweg, der das vergleichsweise noch hiesige Weltgefühl des zweiten Jahrhunderts weit unter sich ließ.

Die Konstantinische Wende gehört insofern dazu, als sie in der Deutung des origeneischen Enkelschülers Eusebius in der zum heilen Ursprung zurückflutenden Bewegung des Kosmos den epochemachenden Schritt markiert. Von nun an greift der Logos wie ein Feuer um sich: Die Menschheit wird christlich. *De facto* freilich bedeutet die durch Konstantin begründete Ära für den originären origeneischen Impetus ein entschiedenes Hemmnis. Der energische und nicht eindeutige Zugriff des Staates einerseits; der kirchliche Drang nach abschließender Fixierung der authentischen Lehre andererseits (also faktisch die Absage an den von Origenes so gern gebrauchten, halb platonisch-ironisch ein letztes Wort nicht riskierenden Optativ mit ἄν): Dies beides zusammen wiederholt auf anderer Ebene die feste Kontur vom Ausgang des zweiten Jahrhunderts. Und was die Antiochenische Schule dann will, paßt glänzend ins Bild. Sie kann ja und will die von den Alexandrinern errungene Höhenlage des Denkens nicht revozieren – was wäre, bei aller Polemik, selbst ein Theodorus ohne Origenes? Aber auf dem durch Alexandrien einstmals gewonnenen Terrain; und nun gewiß auch in Reaktion, sei es gegen

8 I Clem 20 u.ö.

9 Diogn. 7.6.5: In dieser Reihenfolge zu lesen.

den Apollinarismus, sei es gegen aktuelle alexandrinische Einseitigkeit; wiederholen die Antiochener, *mutatis mutandis*, in reiferer Form, die heilsgeschichtliche Theologie vom Ende des zweiten Jahrhunderts. Man muß nur den späteren Theodorus mit Irenaeus vergleichen. Der Geschichtsbegriff, die philosophische Orientierung, die exegetische Methode hängen damit zusammen.

Auch die lateinischen Väter – wie es sich für Lateiner geziemt, auf weite Strecken die freilich eigenständigen Schüler der Griechen – partizipieren auf ihre Art und bauen an der christlichen Welt. Es ist eindrucksvoll, wie der Schöpfungskosmos des römischen Clemens von Novatian in gemütvoll-farbige Latinität transponiert wird:[10] So sind im Prinzip die Dichter der augusteischen Zeit mit den griechischen Meistern verfahren. Bei Cyprian verschwindet die christliche Welt im Kirchenbegriff, der mit dem Mysterium der *Prima Mater* das Eschaton wiederum, antizipierend, ins Heute zurücknimmt. Aber für die zielstrebig ausschreitenden Römer, wie das Verhalten Stephans I. zeigt, wird diese karthagische Dido nun nicht einmal mehr zur Versuchung.[11] Die Lösung aller Probleme fällt Augustinus in den Schoß, in der Periode, die uns beschäftigt, klassischer Repräsentant der christlichen Welt. Sie ist bei ihm zum eigenartig komplexen Gebilde verwoben: Ein lateinisches Echo gleichsam darauf, daß die von Origenes ausgelöste geistige Dynamik geschichtlich-politisch verdichtet ein problematisches Telos erreicht hat. Dietmar Wyrwa hat gezeigt, wie die auf das eschatologische Ziel hin vorrückenden beiden *civitates* mit dem stets gegenwärtig wirkenden *Totus Christus* gemeinsam auf dem Weg sind.[12] Hat sich da römisches Geschichtsbewußtsein mit dem karthagischen Heute und Hier versöhnt? Aber auch dies kommt hinzu, daß Augustinus mehr als irgend einer seiner geistigen Väter ein lateinischer Grieche gewesen ist; und daß zugleich doch Paulus, der von den griechischen Vätern ins kosmisch-metaphysische Seinsgefüge zurückgeholt wurde, bei Augustinus schließlich umgekehrt zu je-

10 Novat. Trin. I.

11 Vgl. meine Untersuchung: *Sacramentum unitatis, ein Beitrag zum Verständnis der Kirche bei Cyprian*, Berlin 1971.

12 In der noch ungedruckten Habilitationsschrift: *Christus praesens, Ekklesiologische Studien zu Augustin und Leo dem Großen*, Berlin 1987.

ner Fontäne hat werden können, auf welcher der Ball der christlichen Welt allererst zu tanzen hatte.

3. Hellenisierung des Christentums

Zwei Bedingungen sind zur Sprache gekommen, unter denen zwischen Nicaea und Chalcedon die biblische Exegese vollzogen wurde: Der kirchliche Sinn, sozusagen "systemimmanent"; aber dieser zuvor eingestiftet in den umfassenden Horizont einer christlichen Welt, die von weither wandlungsvoll auf die Bahn einer Geschichte gebracht ist. Noch ein dritter Aspekt muß wenigstens flüchtig annonciert werden – jener grundlegende Vorgang, welcher Kirche und Welt verknüpft; nicht sehr glücklich als "Inkulturation" bezeichnet. Es wäre besser, mit französischen Autoren umgekehrt von einer "conversion de la culture" zu sprechen. Von der Romanisierung des Christentums ist die Rede gewesen. Zu seiner Hellenisierung ist noch eine Bemerkung nötig.

In einer Art Klosterregel, die Basilius Ende der 50er Jahre verfaßte (seine ep. 2[13]), wird fleißiger Gebrauch – μελέτη – der göttlich inspirierten Schriften empfohlen, um für die Nachfolge Christi Weisung zu empfangen. Ein Aspekt übrigens, der bei der Erforschung der Väterexegese nicht aus den Augen geraten sollte: Louis Leloir hat in der Revue ascétique et de mystique 1971 daran erinnert, daß die Väter ihre Bibel betend gelesen haben.[14] Bei Basilius rückt an unserer Stelle das Kreuz des Heilands, aber asketisch verstanden, ins Zentrum. Für dergleichen wäre Maria Ko Ha Fong mit ihrem 1984 erschienenen Buch "*Crucem tollendo Christum sequi*" zu Rate zu ziehen;[15] zugleich ein Beispiel dafür, wie ein einzelnes Herrenwort am Leitfaden der Auslegungsgeschichte auf seinem jahrhundertelangen Weg begleitet werden kann. Die menschliche Grundsituation, in welcher bei Basilius das Kreuz aufgerichtet steht, wird quasi-philosophisch umschrieben. Die auf Platon zurückweisenden θόρυβοι der sinnliche Sphäre werden abgedrängt. Nicht vom Philosophen, aber vom Asketen ist der vorweggenommene Tod, die Trennung von Seele und Leib zu leisten. Auch das Motiv der κάθαρσις deutet auf den

13 p. 5-13 Courtonne.

14 Louis Leloir, *La lecture de l'Ecriture selon les anciens Pères*, in: RAM 47 (1971) 183-200.

15 Vgl. Gerhard May, ThR 53 (1988) 275f.

platonischen Phaidon. Die Ausmerzung des durch schlechte Gewöhnung in der Seele Verfestigten ist aristotelisches Erbe. Platonisch ist wieder die Rückkehr der Seele aus der Zerstreuung ins Viele zu sich selbst: *Conditio sine qua non* der Gotteserkenntnis. Zur Einschärfung der Kreuzesnachfolge wird Mt 16, 24 zitiert; und doch ist durch und durch der Soter mit seinem Kreuz dem Griechen zum Griechen geworden.

Nur auf eines lege ich jetzt mit Nachdruck Gewicht. Die bei Basilius exemplarisch vollzogene Hellenisierung des Christentums haftet gar nicht primär an den bekannten *Topoi*, die durch Vermittlung schulischer Zwischenglieder von den klassischen ἀρχηγοί des Philosophierens zu den Kappadoziern gelangt sind. Ein ganzer ausgeschütteter Karthotekkasten voll philosophischer Termini ist noch nicht die Hellenisierung. Umgekehrt steht und fällt die Hellenisierung damit nicht, daß ein Kirchenvater oder ein Konzil sich mehr oder weniger von philosophischen Kategorien entfernt, wie in einer neuerlichen, das Dogma des vierten Jahrhunderts betreffenden Erörterung ernsthaft versichert wird.[16] Als ob es sich nicht darum handelte,[17] daß die Kirchenväter ihre Gedanken im vorhinein aus jenem geistigen Horizont versammeln, welchen grundlegend der "Eine Platon" erschlossen hat, wie der alexandrinische Clemens ihn nennt; ganz gleichgültig, welche besonderen Aspekte dann die Väter gewinnen, welche Begriffe sie, als Theologen, im Detail verwenden. Das strahlt über der *Oikoumene* auf wie der helle Tag, von welchem Basilius in seinem Briefe sagt, daß in seiner Klarheit der Christ sich zur Arbeit wende – unter Gebet und Hymnengesang. Das glänzend Schöne, welches zumal das verläßlich Gute ist: In seiner Wahrheit geht es die Väter an und nimmt sie hin. Und wenn aus dieser σιγή der Logos geboren ist, so trägt er die Züge Jesu Christi. Vor zweieinhalb Jahrzehnten habe ich den Begriff der "Kehre des

16 Vgl. z. B. R. M. Hübner, *Der Gott der Kirchenväter und der Gott der Bibel; zur Frage der Hellenisierung des Christentums*, München 1979, S. 16.

17 Vgl. meinen Vortrag: *Adolf von Harnack*, in: Gerhard Besier und Christof Gestrich (Hrsg.), 450 Jahre Evangelische Theologie in Berlin, Göttingen 1989, S. 363-385, hier: S. 376.

Logos" in die Debatte geworfen,[18] um den Verschmelzungsprozeß zu umschreiben, der sich in der Begegnung vorchristlich-philosophischen Denkens mit dem Wort vom Kreuz ereignet hat. Ein elementarer Vorgang, in den Texten lebendig – der, eben weil er so elementar ist, nur um den Preis des Totschlags noch "hinterfragt" werden kann! Unsere emsige – und höchst legitime! – Beflissenheit, alles irgend Konstatierbare dingfest zu machen, sollte von jener gleichsam nominalistischen Erstarrung gelöst sein, die von Reformation und Aufklärung her unser westliches Erbe ist; um in den warmen, goldenen, leuchtenden Strom zurückzutauchen, für den der Terminus "Metaphysik" ja nur die Chiffre ist.

Es war nötig, die Horizonte abzutasten, um wenigstens aus der Vogelschau die Ortschaft ausfindig zu machen, aus welcher die biblische Exegese zwischen Nicaea und Chalcedon zu uns spricht. Vielleicht auch dessen eingedenk, was 1955 in Oxford Lukas Vischer und David Lerch zur Überwindung des Zufälligen und zum inneren Zusammenhang in der Auslegungsgeschichte sagten.[19] Aber nun fällt über dieser Bühne der Vorhang. Und wie es in der Theaterpause vorkommen kann: Ein mäßig großer Büchertisch ist aufgebaut. Ich fange an zu blättern, und ich frage mich: Wie verfährt die Patristik mit jener angedeuteten Trias von Grundaspekten?

ZWEITER HAUPTTEIL: ANMERKUNGEN ZUR LITERATUR

1. Reaktion und innere Form

Eine kurze Bemerkung mag von Interesse sein, welche Jean-Noël Guinot zu Theodoret von Cyrus gemacht hat. Es komme, so sinngemäß Guinot, nicht in erster Linie darauf an, die Polemik gegen Götzendienst, Judentum, Häretiker zu notieren, die freilich für Theodorets Exegese bestimmend ist. Zuvor gehe es um die Originalität der von diesem Antiochener entwickelten Methode – wobei Guinot aber nicht die sozusagen technischen Griffe, son-

18 Mein Vortrag: *Glauben und Denken bei Tertullian und Origenes*, in: ZThK 62 (1965) 153-177, hier: S. 175.

19 Lukas Vischer, David Lerch, *Die Auslegungsgeschichte als notwendige theologische Aufgabe,* in: Studia Patristica I, 1957, S. 414-419.

dern gerade den von Theodoret beschrittenen Weg der Lehre im Auge hat; also das, was uns als Korrelation von Schriftauslegung und Dogmenbildung bereits entgegengetreten ist.[20] Vergleichbar und sehr treffend möchten Jacques Fontaine und Charles Pietri die Bibel in den Händen der lateinischen Apologeten (zu denen schließlich auch ein Augustinus rechnen kann) als Waffenkammer und als Schatz verstanden wissen. *Un arsenal et un trésor:* Die Unterscheidung also von Innen und Außen.[21] Karl Reinhardt, der Unvergeßliche, hat uns gelehrt, einen Autor primär nicht daraufhin zu befragen, inwiefern er Reaktion, sondern inwiefern er innere Form gewesen ist.[22] Ein beherzigenswerter Rat, der nicht nur in der Poseidoniosforschung Geltung besitzt.

2. In Überblick und Zusammenschau ein Ganzes versammeln

Dem Bedürfnis, das Ganze einer Entwicklung vor Augen zu haben, suchen einige zusammenfassende Werke Rechnung zu tragen.

2.1. Die von Bertrand de Margerie in drei Bänden vorgelegte *Introduction à l'histoire de l'exégèse*[23] ist schon dadurch bemerkenswert, daß hier ein einziger Autor darum bemüht ist, ein Ganzes zu durchdringen. Griechische, orientalische, lateinische Väter, und insbesondere Augustinus werden vorgestellt. Der Verfasser sucht nicht nur dem jeweiligen Forschungsstand zu genügen (das Werk ist zwischen 1980 und 1983 erschienen). Er fragt gewissermaßen immer auch noch: Was bedeutet die Sache für mich? So gewinnt man – das macht den Reiz dieser systematisierenden Darstellung aus – aus der jeweils eingeschränkten Perspektive eines spezifischen Interesses den Ausblick aufs Ganze: Ob sich nun bei Johannes Chrysostomos[24] die συγκατάβασις Got-

20 Jean-Noël Guinot, *Un évêque exégète: Théodoret de Cyr,* in: Claude Mondésert (Hrsg.), Le monde grec ancien et la Bible, Paris 1984, S. 335-360, hier: S. 358.

21 Jacques Fontaine, Charles Pietri (Hrsg.), *Le monde latin antique et la Bible,* Paris 1985, Introduction S. 17.

22 Karl Reinhardt in seinem Poseidoniosartikel, PRE XXII. 1, col. 612.

23 Bertrand de Margerie, *Introduction à l'histoire de l'exégèse. I. Les Pères grecs et orientaux. II. Les premiers grands exégètes latins. III. Saint Augustin.* Paris, 1980-1983.

24 I 214-239.

tes in der Heiligen Schrift gleichsam verdichtet; ob sich bei Gregor von Nyssa[25] die ἀκολουθία einer menschlichen Logik zeigt, in welcher paradox die göttliche Logik sich ausspricht; ob sich bei Cyrill von Alexandrien[26] die Exegese streng am Leitfaden der Dogmatik entfaltet – sei es theologisch, *de la Trinité vers la Trinité,* sei es christologisch, wenn sich der Mensch Jesus in seiner Eigenschaft als Gott, und umgekehrt, wenn sich Gott-Jesus in seiner Eigenschaft als Mensch zur Sprache bringt. Auch die Paulusexegese eines Hilarius von Poitiers[27] bleibt an den zeitgenössischen Streitigkeiten orientiert, wenn etwa der Christushymnus des Philipperbriefs nach drei Grundschritten interpretiert wird: *Deus tantum - Deus et homo - Totus Deus, totus homo;* was ja in der Tat bereits auf das Chalcedonense zielt. Wenn freilich de Margerie die Einheit der augustinischen Schriftauslegung in der stetigen Achtsamkeit auf das Doppelgebot der Liebe erblickt,[28] so ist dies eine in den Quellen nur scheinbar verankerte Simplifikation, derjenigen vergleichbar, mit welcher selbst ein Adolf von Harnack die Fülle augustinischer Gedanken im Gegenüber von Gott und der Seele zu fassen vermeinte. In de Margeries Darstellung versammeln sich die Vorzüge und Nachteile eines guten Kollegs, insofern hier mehr etwas hingestellt als etwas abgeleitet wird: Anregend allemal auch für den, welcher wünscht, der Sache analytisch mehr auf den Grund zu gehen. Allerdings: Der Verfasser hält sich seinerseits ganz in den Schranken des ἐκκλησιαστικὸν φρόνημα. Das Glaubensbewußtsein und das Urteil der Kirche sowie die aus römisch-katholischem Blickpunkt heute sich ergebende kirchliche Nutzbarkeit liefern den Maßstab.

2.2. Das läßt sich nicht ebenso von den Beiträgen sagen, die in der bei Beauchesne erscheinenden Reihe *Bible de tous les temps* versammelt sind; wo überdies die Disparatheit der Aspekte durch die Vielzahl der Autoren gesichert ist. Was etwa im Jahre 1984 Charles Kannengießer über die Exegese des Arius

25 I 240-269.
26 I 270-303.
27 II 65-98.
28 III 33ff.

schreibt,[29] zeigt einmal mehr: Man müßte den Theologen besser kennen, um sich von dem Exegeten ein Bild zu machen. Delikat die hier behauptete Verwandtschaft mit Marcell von Ancyra. Es geht eben auch bei Arius strikt um den Einen Gott, und weil dieser Eine Gott paradox als Vater bekannt wird, muß der Sohn in ihm dermaßen "aufgehoben" sein, daß die Kategorie der Zeugung eigentümlich ins Schweben gerät. Um die Einheit Gottes zu retten, gehört der Sohn, und gehört zugleich nicht, auf die Seite des Vaters. Das ungefähr wird Kannengießer wohl sagen wollen. Tiefsinnig gedacht; es steckt, so scheint es, ein Schuß Origenes drin. Man gedenkt freilich doch der Worte, die auf der obersten Stufe der Scala santa Martin Luther gemurmelt hat: "Wer weiß, ob es wahr ist?" Was den Exegeten Arius betrifft: Über ein Problembewußtsein, das freilich der Pflege bedarf, werden wir vielleicht nicht hinausgelangen. Weist doch Kannengießer selbst darauf hin: Die Lehre des Arius wurde in Parolen zerschlagen. Daß es kaum möglich sein dürfte, den Arianismus am Ende doch noch mit einem orthodoxen *touch* zu versehen, ist aufs neue deutlich geworden, nachdem Wolfram Kinzig festgestellt hat, daß Asterius der Sophist definitiv nicht der Autor der ihm zugeschriebenen Psalmenhomilien sein kann.[30]

2.3 1969 und 1970 erschien in zwei Bänden *The Cambridge History of the Bible*. Maurice F. Wiles hat dort sympathisch zusammengefaßt, was man zu jenem Zeitpunkt über Theodor von Mopsuestia als Repräsentanten der Antiochenischen Schule wissen konnte.[31] Theodors Nähe zu Paulus, in seiner Lehre von den Katastasen manifest; seine Ferne von ihm, insoweit es die Freiheit des Willens betrifft, werden herausgestellt. Zu Theodors Exegese von Rm 9-12, wo der Antiochener in gekonnter Textanalyse die Bestreitung der Willensfreiheit den Gegnern des Apostels in den Mund legt, macht Wiles die Bemerkung: "Some may wish, his exegesis were correct; no one could seriously believe that it is." Diese mit angelsächsischem Sarkasmus vorgetragene

29 Charles Kannengießer, *La Bible et la crise arienne,* in: Le monde grec ancien (Vgl. o. Anm. 20), S. 301-312.

30 Wolfram Kinzig, *In Search of Asterius, Studies on the Authorship of the Homilies on the Psalms,* Göttingen 1990, S. 232.

31 *The Cambridge History of the Bible,* Bd. 1, Cambridge 1970, S. 506f.

Feststellung bedeutet freilich: Theodors Exegese, als subjektives Meinen verstanden, wird am Maßstab dessen, was wir heute wissen, gemessen, gewogen und zu leicht befunden. Wie sich Theodors Katastasen, die durch Transposition des biblischen Äonenschemas in die sich dehnende Zeit der Kirche gewonnen wurden, mit der von hellenistischem Denken überkommenen Freiheit des Willens verbinden, um aus spezifischer Sicht das Ganze einer christlichen Welt zum Vorschein zu bringen: Davon ist hier leider mit keinem Wort die Rede.

Ich erkläre feierlich, daß ich niemandem Böses will, wenn ich gestehe: Dergleichen Wertungen erinnern mich an den im RAC erschienenen Artikel über altkirchliche Exegese. Wolfgang Gerber trifft dort die lapidare Feststellung: "Theodor vermag ebensowenig wie andere paulinischen Gedankengängen gerecht werden. Vgl. U. Wickert."[32] Dem Autor ist verborgen geblieben, daß, als ich von Theodor handelte,[33] mir gerade an dem Nachweis gelegen war, daß durch die antiochenische Schriftauslegung, im Bilde gesprochen, die dreidimensionale Kugel des paulinischen Kerygma in die zweidimensionale Scheibe altkirchlichen Denkens verwandelt wurde. Will heißen: Selbst unter den Bedingungen einer veränderten Dimensionalität sind die Proportionen gewahrt. In der geistigen Situation seiner Zeit, von einem differenten Vorverständnis aus hält Theodors scharfsichtige Exegese den Apostel gleichwohl authentisch präsent. Es gibt nämlich geistige Konstellationen, innerhalb deren gerade das Mißverständnis die eigentliche Intention des interpretierten Textes besser zum Zuge bringt, als es eine historisch adäquate Wiedergabe leisten könnte. Wenn Auslegungshistorie nicht danach fragt, wie Wahrheit perspektivisch durch die Zeiten geht; wenn sie sich damit begnügt, vom Standpunkt ihres jeweiligen historischen und theologischen Schulwissens die Noten "Richtig" und "Falsch" zu verteilen: Dann ist der von uns aufgewandte *labor improbus* von ganzem Herzen uninteressant.

---

32 Wolfgang E. Gerber, *Exegese III (NT und Alte Kirche)*, in: RAC 6, 1211-1229, hier: 1222.

33 Meine Untersuchung: *Studien zu den Pauluskommentaren Theodors von Mopsuestia, als Beitrag zum Verständnis der antiochenischen Theologie*, Berlin 1962.

2.4. Kehren wir von diesem Exkurs zu unserem Gedankengang zurück! Manlio Simonettis 1969 erschienene *Letteratura cristiana antica greca e latina* hat im Jahre 1988 Gerhard May ihrer gedrungenen Fülle wegen gebührend hervorgehoben.[34] Erwähnung verdient wohl noch Frances M. Young, deren 1983 erschienenes Buch *From Nicaea to Chalcedon* das Thema unserer Konferenz vorwegnimmt. Diese Einführung in die patristische Literatur zwischen 325 und 451 gönnt auch der Exegese einen gewissen Spielraum. An Eusebius wird dessen intensive Bemühung um den Litteralsinn hervorgehoben.[35] Das ist freilich im Prinzip nichts Neues. 1979 verweist zum Beispiel Carmelo Curti, um nur diesen zu nennen, auf die *grande importanza*, welche Euseb der *esegesi letterale* beigelegt habe.[36] Für einen Origenisten sei, so heißt es, dergleichen erstaunlich: aber Eusebius sei ja auch Historiker gewesen. Es ist zu fragen, ob man damit etwas erklärt hat. Zu wenig wird in solchem Zusammenhang Eusebs Typologie beachtet, die ihn dazu legitimiert, alttestamentliche Verheißung in den politischen Umwälzungen seiner Zeit erfüllt zu sehen. Dies scheint mir genau der Punkt zu sein, wo man einsetzen müßte. Zweifellos wurde Eusebius schon vor der Konstantinischen Wende durch seinen historischen Sinn in eine bestimmte Richtung gewiesen; und insoweit hat der biographisch-psychologische Aspekt Gewicht. Daß aber gerade ein Origenist der Historie und dem Wortsinn so viel Bedeutung beimißt, das kann doch letztlich mit nichts anderem zusammenhängen, als mit der Einsicht Eusebs, daß im Vollzug des origeneischen Weltendramas durch die Person eines anderen Mose jetzt und hier der Logos zum handelnden Subjekt der Menschheitsgeschichte wurde. Christliche Welt kraft einer einzigartigen Koinzidenz von Transzendenz und Immanenz: Man sollte zusehen, ob man die Spuren davon in Eusebs Exegese findet. Und man müßte aufhören, an dem Mann unablässig herumzukritisieren; denn zu seiner

---

34 L.c. (vgl. o. Anm.15) S.273.

35 Frances M. Young, *From Nicaea to Chalcedon, a Guide to the Literature and its Background,* London 1983, S.1ff.

36 Carmelo Curti, *L'interpretazione di Ps. 67,14 in Eusebio di Cesarea,* in: R. Cantalamessa, L.F. Pizzolato (Hrsg.), Paradoxos Politeia, Studi patristici in onore di Giuseppe Lazzati, Mailand 1979, S.195-207, hier: S. 195.

Zeit hat er auf einem Posten gestanden, wo ihn niemand ersetzen kann.

3. In Konzentration das jeweils Einzelne sehen

3.1. Wir können bei dem Vorigen unmittelbar anknüpfen, wenn wir uns auf unserem Büchertisch nun auch nach den Monographien umsehen und voller Begierde nach einem Buch von Edouard des Places greifen, mit dem vielversprechenden Titel: *Eusèbe de Césarée Commentateur - Platonisme et Ecriture Sainte.*[37] Die gut 190 Seiten haben wir rasch durchgemustert, in der frohen Erwartung, darüber belehrt zu werden, wie der zündende Funke des platonischen ὄντως ὄν auf Eusebs Schriftverständnis trotz allem übergegriffen hat. Aber o weh – es ergeht uns mit des Places nicht anders als weiland dem platonischen Sokrates mit Anaxagoras, der zwar behauptete, der νοῦς durchwalte das All, ohne ihn doch mit Luft und Äther und Wasser in Verbindung zu bringen. Bei des Places sind Eusebs erstaunlich zahlreiche Bezugnahmen, insbesondere auf Platon, sowie seine Erklärungen biblischer Texte aufgelistet. Nur leider erfährt man nicht, was das eine mit dem anderen zu tun hat.

3.2. Vielleicht haben wir, was den Überstieg zur intelligiblen Sphäre betrifft, mit anderen Autoren mehr Glück. Der Handschriftenfund von Tura 1941 hat das Studium Didymos' des Blinden gerade als Exegeten auf festen Boden gestellt. Wir haben die 1972 publizierte Untersuchung von Wolfgang Bienert über *Allegoria* und *Anagoge* bei Didymos.[38] Im Vollzug seiner letztlich auf Verkündigung resp. Pädagogik zielende Exegese bedient sich Didymos des Hilfsmittels der Allegorese, um "bildliche Ausdrucksformen in spezifischer Weise zu deuten". Was sich hier eigentlich begibt, ist die Überschreitung der "sinnlich wahrnehmbaren Wirklichkeit" zur "Einsicht in die intelligible Welt". Bienert ist, wie mir scheint, in diesem Zusammenhang auf das Grund*datum* der sog. Hellenisierung des Christentums gestoßen, nämlich auf die wohlverstandene Wandlung der νοητά in die πνευματικά: Das ist ja der Vorgang, dem ich symbolisch den Namen der "Keh-

37 Paris 1982.

38 Wolfgang A. Bienert, *"Allegoria" und "Anagoge" bei Didymos dem Blinden von Alexandria,* Berlin-New York 1972. Die hier gebotenen Zitate auf S. 156f.

re des Logos" geben wollte. Allerdings findet Bienert, die allegorische Methode des Didymos zeige einen ambivalenten Charakter. Die von ihr vermittelte Einsicht in die intelligible Welt sei nicht *eo ipso* schon geistliche Erkenntnis, sie diene vielmehr der " 'Aufbereitung' des biblischen Textes für seine Auslegung κατ' ἀναγογήν". Erst von daher erhalte sie "ihre Berechtigung und ihren theologischen Sinn". Der Unterschied zwischen ἀλληγορία und ἀναγωγή erweist sich also bei näherer Betrachtung als "Ausdruck des Unterschieds zwischen Philosophie und Theologie". Demnach gäbe es eine sozusagen noch unerlöste Sphäre der noch nicht in πνευματικά umgewandelten νοητά, die der vom göttlichen Logos erleuchteten christlichen Welt des Glaubens noch nicht zugehört. Ein wichtiger Gesichtspunkt, wenn es um die Frage geht, wie die Väter ihrem eigenen Bewußtsein zufolge dort zu stehen kommen, wo sich die μεταβολή des vorchristlichen in den christlichen Hellenismus ereignet.

Mit Bienert – und freilich nicht nur mit ihm – setzt sich auf seine zum Teil recht dezidierte Weise Jo Tigcheler auseinander – in seiner 1977 erschienenen Untersuchung *Didyme l'Aveugle et l'exégèse allégorique.*[39] Im Zuge seiner peniblen Begriffsbestimmung mißfällt dem Verfasser die von Bienert zwischen ἀλληγορία und ἀναγωγή beobachtete theologische Differenz. Es handele sich lediglich um die hermeneutisch-strukturelle Unterscheidung von bildlicher Rede (ἀλληγορία) und tieferem Sinn (ἀναγωγή). Ich glaube nicht, daß man zugunsten Tigchelers auf den in Tura entdeckten Kommentar zum Ecclesiastes, und dort auf den 1968 von Gerhard Binder untersuchten Passus verweisen dürfte,[40] wo Didymos dem Porphyrios vorhält, auch er betreibe *Allegorie* und *Anagoge*. Denn das ist polemisch gesagt; nur scheinbar vollzieht der Christ *qua* Christ (seinem eigenen Bewußtsein zufolge) zuletzt den qualitativ gleichen Schritt wie der Heide. Es ist zu bedenken, daß Tigcheler mit seiner Unterscheidung von *sens figuré* und *sens profond* ja selbst in die von Bienert eingeschlagene Richtung deutet. Das unbestreitbare Faktum, daß der *sens figuré* jedermann einsichtig, der *sens profond* dagegen nur dem

39 Nijmegen 1977.

40 Vgl. Philip Sellew, *Achilles or Christ? Porphyry and Didymus in Debate over Allegorical Interpretation*, in: HThR 82 (1989) 80 Anm. 4 u. ö.

Glauben zugänglich ist, läßt präzise die Frage stellen: Wie hat sich der Übergang der *Paideia* vom Heiden- zum Christentum; wie hat sich die Konstituierung der spätantiken christlichen Welt im Modus des Denkens wirklich vollzogen?

3.3. Von Didymos ist es nicht weit zu Hieronymus, der jenen in Alexandrien aufgesucht und zu seinen Füßen gesessen hat; bis zu welchem Grade, das kann ein Vergleich des in Tura gefundenen Sacharjakommentars mit dem entsprechenden Werk des Hieronymus zeigen. Mit dem Jesajakommentar des Hieronymus hat sich Pierre Jay in seiner 1985 erschienenen Monographie befaßt.[41] Man darf wohl vermuten, daß Jay´s Buch, über diesen einen Kommentar und selbst über die Person des Hieronymus hinaus, auf die gesamte Beschäftigung mit der Väterexegese befruchtend wirken und deren Erforschung in Bewegung bringen wird. Hieronymus gehöre, so klagt Jay, zu den Kirchenvätern, die man bislang sozusagen überhaupt noch nicht studiert habe. Das Verhältnis der ihn betreffenden Publikationen zu denen über Augustin liege bei 1:100. Die Bedeutung des Hieronymus sei vornehmlich darin zu sehen, daß er, einmal dagewesen, aus der Geschichte der Schriftauslegung nicht mehr wegzudenken sei. Eben dies erfordere eine allseitige und systematisch-gründliche Kenntnis, damit man sich nicht in partielle Probleme verirre. Insbesondere lasse die fortgeschrittene Erforschung des geistigen Umfelds neue Perspektiven gewinnen. Jay denkt hierbei zunächst an Untersuchungen wie die 1971 von Jean Doignon über Hilarius von Poitiers publizierte (hier wird u.a. dessen Matthäusexegese in die Geschichte der Auslegung eingeordnet und auf ihre Methode hin untersucht);[42] oder an die 1977 erschienene Monographie von Hervé Savon über Ambrosius[43] (dieser borgt von Philon, aber kritisch, und denkt dessen Gedanken ins Christliche um; also auch hier "Kehre des Logos"!). Nach dem Fund von Tura hat Jay allerdings vor allem Didymos im Sinn; ferner die

41 Pierre Jay, *L'exégèse de Saint Jérôme d'après son Commentaire sur Isaïe*, Paris 1985.

42 Jean Doignon, *Hilaire de Poitiers avant l'exil. Recherches sur la naissance, l'enseignement et l'épreuve d'une foi épiscopale en Gaule au milieu du IVe siècle.* Paris 1971. Vgl. S.159ff.

43 Hervé Savon, *Saint Ambroise devant l'exégèse de Philon le Juif*, 2 Bde., Paris 1977.

sich ausweitenden Origenesstudien. Innerhalb des so sich immer weiter öffnenden Gesichtskreises sei dann Hieronymus selber zu lesen, und auf seine Lobredner dürfe man so wenig achten wie auf seine Tadler. (Unter diesen wäre ja auch Martin Luther zu nennen, der in seinen Tischreden Hieronymus des öfteren als Historiker zwar gelten läßt, ihm aber theologische Kompetenz schlechthin bestreitet.) Angesichts der bei Hieronymus herrschenden merkwürdigen Verwicklung von Inhalten und Methoden müssen nach Jay noch viele Spezialstudien zusammenkommen, bevor eine Synthese gewährleistet ist. Nicht alles, was Hieronymus hinterlassen habe, verdiene gleichermaßen Beachtung. Als Exeget sei er ein Mann der Propheten gewesen, aber selbst in den hier einschlägigen Kommentaren sei unter dem weitläufigen Vielerlei eine Auswahl zu treffen. Ein in gewisser Weise abschreckendes Beispiel ist für Jay das dicke Buch, welches 1973 Yves-Marie Duval über den kleinen Jonaskommentar des Hieronymus herausgebracht hat.[44] Der Autor hat nahezu 750 Seiten nötig, um allerdings auch Quellen und Wirkungsgeschichte des Kommentars zu untersuchen. Nach Jay ist es erforderlich, aus der exegetischen Hinterlassenschaft dieses Kirchenvaters – man möchte verdeutlichend sagen: das Netzwerk der hermeneutischen Konzeption herauszuheben und für sich selbst zum Gegenstand der Untersuchung zu machen; was jedenfalls auf eine nützliche Abstraktion hinausläuft.

3.4. Ich hoffe, daß es nicht zur Verwirrung beiträgt, wenn ich mir hier die Abschweifung gestatte, auf das 1983 erschienene Buch von Mariette Canévet *Grégoire de Nysse et l'herméneutique biblique* zu verweisen.[45] In gewisser Weise fühlt man sich an Jay erinnert, insofern die Prinzipien der biblischen Hermeneutik Gregors erhoben werden, um kraft solcher Abstraktion die Einheit von dessen Gedankenwelt sicherzustellen. Indem sich die Autorin freilich heftig dagegen sträubt, den Kappadozier als Philosophen zu lesen, findet sie sich auf unterschiedliche

44 Yves-Marie Duval, *Le Livre de Jonas dans la Littérature chrétienne grecque et latine; Sources et Influence du Commentaire sur Jonas de saint Jérôme*, Paris 1973.

45 Mariette Canévet, *Grégoire de Nysse et l'herméneutique biblique. Etude des rapports entre le langage et la connaissance de Dieu*, Paris 1983.

Weise im Widerspruch zu Ekkehard Mühlenberg[46] und Christopher Stead,[47] und übrigens, unbewußt, auch zu Werner Jaeger.[48] Das Delikate ist, daß die Autorin selbst eine Art Philosophie bei Gregor zutage fördert, nämlich sein Nachdenken über die Sprache, menschlich und biblisch, und deren Vermögen, göttliche Wahrheit auszudrücken. Jean Daniélou hat 1969 bei dem Kolloquium von Chevetogne an den freiheitlichen Umgang Gregors mit philosophischer Bildung erinnert.[49] Dieser Theologe ist kein Schulphilosoph, und gerade deswegen erscheint die Alternative "Philosoph oder Exeget" als ein falsches Entweder-Oder: Wenn das bei der Lektüre des Werkes von Frau Canévet herauskommt, ist es ein wichtiger Beitrag zur Auslegungsgeschichte des vierten Jahrhunderts überhaupt. Denn es stellt exemplarisch klar, wie in diesem Fall – um wieder mit den Actes du Colloque de Chevetogne zu reden – *écriture* und *culture philosophique* ineinandergreifen.

3.5. Zur Hauptstraße zurück! In seiner 1970 erschienenen Untersuchung über die *Christozentrische Schriftauslegung des Kirchenvaters Hieronymus* erinnert Wilfried Hagemann daran, daß der Kirchenvater auch "mit den antiochenischen Grundsätzen der Schriftauslegung" vertraut wurde: "Der Vermittler ist Apollinaris von Laodizea gewesen, dessen Vorlesungen Hieronymus bei seinem Aufenthalt in Antiochien regelmäßig besuchte."[50] Diese Bemerkung führt uns folgerichtig – diesmal

46 Ekkehard Mühlenberg, *Die philosophische Bildung Gregors von Nyssa in den Büchern contra Eunomium*, in: Marguerite Harl (Hrsg.), *Ecriture et culture philosophique dans la pensée de Grégoire de Nysse.* Actes du Colloque de Chevetogne (22-26 Septembre 1969). Leiden 1971, S. 230-251.

47 Geoffrey Christopher Stead, *Ontology and Terminology in Gregory of Nyssa*, in: H. Dörrie, M. Altenburger, U. Schramm (Hrsg.), *Gregor von Nyssa und die Philosophie.* Zweites Internationales Kolloquium über Gregor von Nyssa (Freckenhorst bei Münster 18.-23. September 1972), Leiden 1976, S. 107-119.

48 RGG³ II, 1845.

49 Jean Daniélou, *Orientations actuelles de la recherche sur Grégoire de Nysse*, in: Actes du Colloque de Chevetogne (vgl. o. Anm. 46), S. 3-17.

50 Wilfried Hagemann, *Wort als Begegnung mit Christus. Die christozentrische Schriftauslegung des Kirchenvaters Hieronymus*, Trier 1970, S. 194.

nicht zu Ekkehard Mühlenberg,[51] aber zu Christoph Schäublin, dem wir die 1974 erschienenen *Untersuchungen zu Methode und Herkunft der antiochenischen Exegese* verdanken.[52] Die intensive Aufmerksamkeit, welche Herr Kollege Schäublin der problematischen Textüberlieferung der Antiochener zuwendet, sei auch deswegen besonders erwähnt, weil eine Reihe von Editoren unter uns sind, die für unsere die Exegeten exegesierende Arbeit zu ihrem Teil die unentbehrliche Voraussetzung geschaffen haben. Stellvertretend nenne ich Almut Mutzenbecher, Ehrendoktorin der Kirchlichen Hochschule Berlin, die ihrer Behinderung wegen nicht unter uns ist: Ihre Augustineditionen mitsamt deren von Rudolf Lorenz zu Recht gepriesenen *praefationes*[53] sind auch für die Auslegungsgeschichte von unschätzbarem Wert.

Es ist nun bemerkenswert, daß bei Christoph Schäublin die Möglichkeit auftaucht, daß die quasi-antiochenischen Züge des Hieronymus, ganz abgesehen von seiner Beziehung zu Apollinaris, sich, gegen den Hintergrund der alexandrinischen Philologie, aus der allen christlichen Richtungen gleichermaßen anhaftenden Abhängigkeit von der kaiserzeitlichen Schulphilologie erklären lassen. Es kam nur darauf an, welche der beim Grammatiker empfangenen Anregungen man aufgreifen wollte, und selbst das Entstehen der Antiochenischen Schule müßte nicht ausschließlich aus der Reaktion gegen Alexandrien verstanden werden. Ein eminent wichtiger Gesichtspunkt, der abermals die Frage nach dem Wechselverhältnis von "Drinnen" und "Draußen" aufwerfen läßt.

3.6. In diesem Abschnitt möchte ich darauf aufmerksam machen, daß keines der von uns zur Hand genommenen Werke uns dazu veranlassen konnte, in der Auslegungsgeschichte ein pedantisches Verfahren zu sehen, welches ermittelt, was die Väter zu diesem und diesem und auch noch zu diesem Bibelvers meinten. Immer ist es irgendwie um ein Ganzes gegangen. In Auswahl lassen Sie mich einiges rekapitulieren. De Margerie war um die geistige Physiognomie des jeweiligen Exegeten bemüht.

---

51 Vgl. Ekkehard Mühlenberg, *Apollinaris von Laodicea,* Göttingen 1969. Dazu Mühlenbergs Art. über denselben in TRE 3, S. 362-371.

52 Christoph Schäublin, *Untersuchungen zu Methode und Herkunft der antiochenischen Exegese*, Köln-Bonn 1974.

53 ThR 38 (1973) 307f.

Bei Arius ging es um die wechselseitige Verwobenheit von Theologie und Exegese. Bei Theodorus wurde die Aufgabe erkannt, im Wandel der Perspektive ein bleibend Wahres sich durchhalten zu sehen. Eusebs Exegese, so wurde vermutet, müßte den geschichtlichen Kairos im Vollzug des origeneischen Weltendramas als theologischen Bezugspunkt sichtbar machen. Bei Didymos lief es im Grunde auf die Frage hinaus: Ist die intelligible Welt für Christen etwas anderes gewesen als für Heiden, und falls ja: Was hat sich im Bewußtsein der Christen ereignet? Bei Hieronymus stellte sich u.a. das Problem, wie ein Exeget aus seinem geistigen Umfeld zu begreifen sei. Bei Gregor von Nyssa wurde ein *pattern* hermeneutischer Prinzipien gesichtet, innerhalb dessen der philosophierende Geist frei schwingt und schwebt. Endlich tauchte mit den Antiochenern noch einmal die Frage auf: In welchem Sinne partizipieren die kirchlichen Exegeten des vierten Jahrhunderts an einem für jedermann gültigen κοινὸς λόγος? Aus alledem kann ersichtlich werden: Auslegungsgeschichte sucht zu ihrem Teil die Christenheit in ihrem Denken und Tun überhaupt zu verstehen. Nur so, als *pars pro toto* begriffen, kann sie fruchtbar betrieben werden.

3.7. Nicht unerwähnt sollte bleiben – und niemand muß fürchten, daß damit zuguterletzt noch einer Ideologie gefrönt werden soll, daß es Ansätze dazu gibt, die Auslegungsgeschichte auch für die Frauenforschung fruchtbar zu machen. So hat Ruth Albrecht in ihrem schönen Buch über die heilige Makrina[54] untersucht, wie Gal 3, 28; 1 Tim 2, 12; Titus 2,3-5 von den Vätern im Blick auf die Frauen verstanden wurden. Daß nicht erst moderne Feministinnen , sondern schon altkirchliche Väter und insbesondere Johannes Chrysostomos gewußt haben, daß der ausgezeichnete Apostel Junia von Rm 16, 7 eine Frau ist, hat 1984/5 im Jahrbuch für Antike und Christentum Valentin Fàbrega gezeigt.[55]

54 Ruth Albrecht, *Das Leben der heiligen Makrina auf dem Hintergrund der Thekla-Traditionen. Studien zu den Ursprüngen des weiblichen Mönchtums im 4. Jahrhundert in Kleinasien*, Göttingen 1986.

55 Valentin Fàbrega, *War Junia(s), der hervorragende Apostel, (Rom. 16,7), eine Frau?* In: JAC 27/28 (1984/85) 47-64.

3.8 Lassen Sie uns schließlich die Bibel noch als ein Ganzes ins Auge fassen! Unter dem Titel *Das wahre Gesetz* hat 1969 Viktor Hahn seine *Untersuchung der Auffassung des Ambrosius von Mailand vom Verhältnis der beiden Testamente* vorgelegt.[56] Einerseits ist da der Gegensatz der Testamente, aber auch derjenige von Synagoge und Kirche. Andererseits gibt es den "Wechsel der Heilssituation" - was Christus ferne stand, rückt nahe, und umgekehrt. Wie konträr und dialektisch auch immer: Die beiden Testamente sind aneinander gewiesen. Die Auslegungsgeschichte darf das nicht vergessen, eine quasi-ignatianische Reduktion darf sie sich nicht leisten. Darum ist es zu begrüßen, wenn solche Studien erscheinen wie die 1965 von Gert Haendler vorgelegte zur altkirchlichen Auslegung von Hes 3.[57] Auf andere Weise steht die Bibel als ganze im Blick, wenn wir aus Karl-Heinrich Lütckes Untersuchung über *Auctoritas bei Augustin*[58] erfahren, wie sich beim Bischof von Hippo Bibelglaube und Hermeneutik wechselseitig stützen: Nur durch rechte Auslegung ist für Augustinus die *auctoritas* der Heiligen Schrift gewahrt. Ich erwähne diesen Schüler des klassischen Philologen Ernst Zinn auch deswegen, weil Herr Dr. Lütcke als der derzeitige Propst von Berlin uns morgen in Vertretung des Bischofs empfangen wird: Selbst die Kirche von Berlin zeigt uns ihr patristisches Antlitz.

SCHLUẞWORT

Verehrte Anwesende, der Gong ertönte bereits, die Theaterpause ist zu Ende gegangen. Bevor wir uns dorthin begeben, wo das Eigentliche geschieht, nämlich zu den Vorträgen, die uns das Detail aufschlüsseln: Lassen Sie mich ein Schlußwort sprechen. Ich habe anklingen lassen, daß unser westliches Erbe, das uns mit Reformation und Aufklärung im Rücken ist, uns zur spätantiken christlichen Welt in eine Distanz versetzt, welche die Fremdheit befördern könnte. Aber zugleich gilt das genau Entgegengesetzte. Gerade die Distanz kann schöpferisches Verste-

56 Münster 1969.

57 ThLZ 19 (1965) 167-174; dazu Wolf-Dieter Hauschild in *Verkündigung und Forschung*, 1971, S. 13.

58 Karl-Heinrich Lütcke, "*Auctoritas*" *bei Augustin*, Stuttgart-Berlin-Köln-Mainz 1968.

hen begründen, falls der entstehende Spielraum tief und weit genug ist, um jene nur scheinbar versunkene Welt aus ihr selbst zum Sprechen zu bringen. Solch schöpferisches geschichtliches Verstehen wird gebraucht, falls die weltweite Christenheit sich einst erneuern sollte. Die penible Erforschung der *Exegesis patrum* hilft zu ihrem Teil, die Grundlagen einer christlichen Welt verwandelnd zu bewahren.

Die dogmatische Funktionalisierung der Exegese nach Theodoret von Cyrus

Silke-Petra Bergjan

In den Vorlesungen Schleiermachers zur Geschichte der christlichen Kirche heißt es:

"Der erwähnte Theodoret... gehört offenbar zu den gelehrtesten Theologen seiner Zeit... Seine historischen Arbeiten sind die schwächsten...Seine exegetischen Arbeiten enthalten viel schätzbares und gehen aus einer lebendigen Kenntnis der griechischen Sprache hervor."[1]

Nachdem die Beschäftigung mit Theodoret um die Jahrhundertwende ganz unter dem Eindruck seiner dogmatischen Rehabilitation stand und zu diesem Zweck eine dogmatische Entwicklung stark machte oder dementierte, scheint man jetzt zu Schleiermachers Votum zurückzukehren und Theodorets Exegese als lohnendes Objekt zu entdecken. In den letzten Jahren erschienen verschiedene Aufsätze zur Exegese, etwa von Guinot und Simonetti. Origeneische Einflüsse im Hohenliedkommentar[2] sowie der Vergleich zu Theodor von Mopsuestia[3] und Chrysostomus[4] legen sich nahe und sind The-

1 F. Schleiermacher, Geschichte der christlichen Kirche, in: Sämtliche Werke, Erste Abteilung Zur Theologie Bd. 11, Berlin 1840, S. 323.

2 J. N. Guinot, Théodoret a-t-il lu les homélies d´ Origène sur l´ Ancien Testament?, in: VetChr 21 (1984), S. 285-312.

3 J. N. Guinot, L´importance de la dette de Théodoret de Cyr à l´ égard de l´exégèse de Théodore de Mopsueste, in: Orph. 5 (1984), S.68-109. Vgl. ders., La cristallisation d´ un différend: Zorobabel dans l´exégèse de Théodore de Mopsueste et de Théodoret de Cyr, in: Aug. 24 (1984), S. 527-546 (zitiert: Guinot, La cristallisation).

4 M. Simonetti, Lettere e/o Allegoria. Un contributo alla storia dell´ esegesi patristica, Rom 1985, S. 190-201.

ma. Es geht um die Christologie[5] oder beispielsweise die Auslegung zu Röm 8.[6]

Fragt man nach einer Charakterisierung der Exegese Theodorets, kennzeichnet man Theodoret häufig als den Moderaten unter den Antiochenern,[7] der neben dem Literalsinn auch nach einem anderen oder höheren Sinn fragt[8] und dieses in gemäßigter Weise tut.[9] Fixiert man dann, auf Theodor konzentriert, die antiochenische Seite ganz auf den Literalsinn, gerät Theodoret in den Gegensatz zu Theodor und damit ins antiochenische Abseits.[10] Es entsteht eine denkwürdige Mittel- oder Zwischenposition, die als solche Theodoret von seinen Vorgängern nur abtrennen kann[11] Streitbarer Gegenstand ist die Auslegung des Alten Testamentes, innovativ Diodors Reduktion auf die Geschichte Israels als Auslegungshorizont. Punkt der Differenz ist die christologische Dimension in Theodorets Exegese. Diese stellt das innovative Element der Arbeit Theodorets dar, so Simonetti, das

5 J.N. Guinot, La Christologie de Théodoret de Cyr dans son Commentaire sur le Cantique, in: VigChr 39 (1985), S. 256-272.

6 I. Sanna, Spirito e grazia nel "Commento alla lettera ai romani" di Teodoreto di Ciro e sua dipendenza, in quest' opera, da Giovanni Crisostomo e Teodoro di Mopsuestia, in: Lat. 48 (1982), S. 238-260.

7 J. Guillet, Les exégèses d' Alexandrie et d' Antioche: conflit ou malentendu?, in: RSR 34 (1947), S. 257-302 (S. 275).

8 P. Canivet, Art.: Theodoretos v. Kyros, in: LThK^2 10 (1966), Sp. 32-35 (Sp. 33).

9 R. Bonwetsch, Art.: Theodoret, in: RE^3 19 (1907), S. 609-615 (S. 612).

10 Vgl. M. Simonetti, La tecnica esegetica di Teodoreto nel Commento ai Salmi, in: VetChr 23 (1986), S. 81-116 (S. 81), (zitiert: Simonetti, La tecnica esegetica). Simonetti setzt mit folgendem Satz ein: "L'esegesi di Teodoreto si situa in rapporto fortemente dialettico nei confronti dei precedenti esegeti d' ambiente antiocheno."

11 Beispielsweise Guinot erarbeitet den Gegensatz zwischen Theodoret und Theodor. Er faßt zusammen (Guinot, La cristallisation, S. 546): "Théodore paraît appliquer sans grande souplesse les principes d' herméneutique hérités de Diodore de Tarse et donne, de manière un peu systématique, à son exégèse, une orientation vétéro-testamentaire. Théodoret, à l' inverse, tout en restant fidèle aux principes antiochiens, ouvre sans hésiter son exégèse sur le temps de l' Incarnation et la période néo-testamentaire."

dann aber nicht anders denn als Repristination traditionell christologischer Exegese verstanden wird.[12]

Der soweit gekennzeichnete Konsens hat zum Inhalt, daß die Interpretation Theodorets erstens ganz von dem Thema christologischer Exegese abgeleitet ist und zweitens in den Gegensatz zu Theodor und Diodor gestellt wird. Das eigentümliche Charakteristikum christologische Exegese soll im folgenden unter Einbeziehung des methodischen Ansatzes als Frage nach einer dogmatischen Exegese aufgenommen werden. Wenn damit ein Element aus einer innerantiochenischen Diskussion aufgenommen wird, bedeutet dies einen Akzent, unter dem es möglich ist, Theodoret und seine spezifische Exegese in den antiochenischen Kontext zurückzubinden. Hierzu eine literar- und textkritische Vorbemerkung.

Der Text des Psalmenkommentars von Theodoret liegt in zwei Fassungen vor. Da sie sich dem Umfang nach unterscheiden, kann man von einer Kurz- und Langfassung sprechen. Die Langfassung des Psalmenkommentars ist Beispiel dafür, daß es eine erhebliche Überarbeitung[13] der exegetischen Werke Theodorets gab.

J.L. Schulze nimmt die Langfassung in seine Ausgabe des Textes, Halle 1769, auf. Er kennzeichnet mehr als 200 Belege mit "E cod. I". Diese Notiz erweist sich als Hinweis auf die Langfassung, die sich durch diese ca. 200 Belege als Mehrtext von der Kurzfassung unterscheidet, und war Anlaß, dem Problem in eini-

12 Simonetti, La tecnica esegetica, S. 92: "Gli esempi che abbiamo qui sopra addotto non hanno significato cristologico; ma abbiamo già accennato che fine primario delle innovazioni interpretative di Teodoreto rispetto a Teodoro nell′ esegesi dei Salmi è stato proprio il recupero di una consistente componente cristologica, in armonia con la tradizione e con la tendenza generale della sua interpretatione del VT."

13 Daß der Mehrtext der Langfassung gegenüber der Kurzfassung als eine Einarbeitung in die Kurzfassung verstanden werden muß, machen evident erstens die deutlich mangelnde Einbindung des Mehrtextes in den Kontext, zweitens die sich wiederholenden Phrasen, die eine Einbindung herstellen, und drittens die Unmöglichkeit, die Kurzfassung aus einer Kürzung der Langfassung zu erklären.

gen Handschriften nachzugehen.[14] Durchgeführt für die trinitarischen Ausführungen in 6 Psalmen[15] wird deutlich, daß erstens es sich um eine dogmatische Bearbeitung mit spezifischem Inhalt handelt, und daß zweitens in der späten handschriftlichen Überlieferung das Vorhandensein von zwei Fassungen bekannt ist.[16] Die trinitarischen Ausführungen finden sich nur in der Langfassung, d.h. der Bearbeitung,[17] und fehlen sämtlich in der Kurzfassung.[18] Die Zusammenstellung des Materials aus der Bearbeitung zeigt deutlich eine eigene dogmatische Prägung, die es unwahrscheinlich macht, daß Theodoret derjenige war, der eine erweiterte Fassung des Kommentars herausgab. Die Frage, in welchem Kontext die Bearbeitung entstanden ist, wird mit der Einordnung der spezifischen Aussagen einzusetzen haben.

Am Anfang steht damit der Hinweis auf eine ungenügende Ausgabe, aber auch die Frage der Wirkungsgeschichte dieses Textes. Welche Bedeutung hatte es, daß Migne nicht die Theodoret-Ausgabe von Sirmond, Paris 1642, nachdruckte, sondern Schulze, und Schulze drei Augsburger Handschriften las, die jetzigen Handschriften 478, 527, 359 der Staatsbibliothek München, von denen 478 eine Langfassung und zugleich die älteste ist, mit

14 Vatic. Ottob. gr. 34, Vatic. Ottob. gr. 40, Vatic. gr. 1493, Vatic. gr. 617, Monac. gr. 478, 527, 359, 42. Man wird die Notiz von Rondeau (S. 134f.) über die Pariser Handschriften auf dieses Problem beziehen und damit beide Fassungen auf die älteren Handschriften zurückführen können. (M.-J. Rondeau, Les Commentaires Patristiques du Psautier (IIIe - Ve siècle). Vol.I. Les Travaux des Pères Grecs et Latins sur le Psautier. Recherches et Bilan, Rom 1982, zitiert: Rondeau, Les Commentaires Patristiques du Psautier I). Rondeau nennt als Zeugen der Langfassung: Paris. Coislin. 80 XI, Paris gr. 168 XIII-IV, für die Kurzfassung: Athos Vatopedi 191 IX, Paris gr. 1051 IX, Athen IX, Paris gr. 843 XI, Paris gr. 845 XII.

15 Ps. 57, 61, 67, 73, 78.

16 Die jüngste vatikanische Handschrift aus dem 17. Jh. kennzeichnet die Belege der Langfassung durch Einrahmung (Ott.gr.40).

17 Vatic. gr. 1493: 88r, 95r, 109r, 123r, 133r, 160r; Vatic. gr. 617: 112v-113r, 121v, 138v, 159r, 169r, 200v; Vatic. Ottob. gr. 40: 111r, 120r, 137r, 156r, 169r, 201v; vgl. Vatic. gr. 478: 110v-111r, 120r, 135r, 150r, 152r, 198v.

18 Vatic. Ottob. gr. 34: 144, 153v-154r, 172, 191, 205, 239; Vatic. gr. 42: 395r, 403v, 420r, 435v, 448v, 481v; Vatic. gr. 527: 267v, 285r, 316v, 358v, 377r, 439v.

der Schulze die Kurzfassung Sirmonds verbesserte?[19] Wenn feststeht, daß es eine dogmatische Überarbeitung gab, dann bleibt die Frage nach der dogmatischen Exegese erneut zu stellen. Die neuzeitliche Wirkungsgeschichte wird nicht nur durch die Bearbeitung maßgeblich beeinflußt worden sein, sondern auch die Bearbeitung durch die dogmatische Exegese Theodorets.

1. BIBLISCHE BELEGE IN DEN DOGMATISCHEN WERKEN

Theodoret arbeitet in den dogmatischen Werken in großem Umfang mit biblischen Verweisen. Das ist nur dadurch zu erklären, daß diese eine Funktion haben.

Prinzipiell sind verschiedene Wege möglich, zu einer dogmatischen Aussage zu kommen. Beispielsweise ist an die Entwicklung des Hypostasenmodells im 4. Jh. oder an Gregor von Nyssas Rekurs auf den Gottesbegriff zu erinnern, womit der Versuch unternommen wurde, das antiarianische Dogma in systematischer Ableitung zu formulieren. Auch in Kappadokien benutzte man biblische Belege, Arianer und Antiarianer stützt damit ihre Argumentation. Hat aber im Unterschied zum 4. Jh. Exegese im 5. Jh. eine andere Funktion? Die Darstellungsweise Theodorets ist dadurch zu kennzeichnen, daß er auf einer bestimmten Argumentationsebene einsetzt und die weitere Grundlegung dem biblischen Rekurs zuschreibt. Die Einbindung biblischer Ausführungen in die dogmatische Argumentation möchte ich in folgendem Beispiel zeigen.

Eine der möglichen trinitarischen Bestimmungen kommt in dem Gedanken von der Mitewigkeit des Sohnes mit dem Vater zum Ausdruck. Diese wird in der Form des Seins im Unterschied zum Geworden-Sein expliziert. Theodoret weist darauf hin, daß ἦν, ὤν, ὑπάρχων, und ἔστιν [20] biblisch belegt sind. Über den Sohn heißt es: "Im Anfang war das Wort", Joh.1, 1, "Der Abglanz der

19 Im Vorwort der Ausgabe (PG 80, 23-28) erläutert Schulze sein Vorgehen: "tres alii codices spectant ad Commentarium in Psalmos. Primas inter illos tenet is quem in editione nostra *primum* diximus, quia praestantior est reliquis duobus, quos etiam antiquitate superat." (PG 80, 25-26).

20 Theodoret, De s. Trinitate 7, PG 75, 1153C.

Ehre ist", Hebr. 1, 3, "Der in der Gestalt Gottes ist", Phil. 2, 6.[21] Soweit Belege aus De Tr. 6, "daß die Schriften den Sohn mitewig mit dem Vater lehren".[22] Als dogmatische Aussage resultiert der Satz aus der faktischen Nebeneinandernennung in aufgezählten Belegen,[23] aber nur in der Weise, daß die Aufzählung durch die sachliche Vorordnung der dogmatischen Frage motiviert ist.

Theodoret schreibt einen λόγος περὶ πίστεως, den er dann als Auslegung definiert. Aber kann man in dem gezeichneten Duktus von Auslegung sprechen? Theodoret verwendet die biblischen Belege in den dogmatischen Werken in dreifacher Weise. 1. Er legt den Ausführungen einen Text zugrunde.[24] 2. Er bindet Auslegungen in die Darstellung ein.[25] 3. Er zitiert. Die Zitationen finden sich gehäuft, in Nestern zu bestimmten Sachkomplexen gebündelt, ohne weiter ausgeführt zu werden. Diese Verwendung entspricht derjenigen der philosophischen Texte in der Apologie "Heilung der heidnischen Krankheiten". Canivet [26] hat hier die Benutzung eines Florilegiums wahrscheinlich gemacht. Inwieweit beispielsweise in De Trinitate Elemente aus einem biblischen Florilegium vorliegen, welche Arten von Zusammenstellungen biblischer Texte es gegeben hat, und in welchem Zusammenhang Theodoret mit diesen steht, bleibt zu fragen. Auf die Verwendung biblischer Texte analog den Florilegien ist hinzuweisen. Biblische Belege sind damit eingebunden in bestimmte Sachkomplexe und werden für dogmati-

---

21 De Trinitate 6, 1153A. Theodoret kann ebenso Gal. 1, 15 (z.B. Haer. f.c. V 2, 451A) und Kol. 1, 15, wo der Sohn als Bild des unsichtbaren Gottes bezeichnet wird, in diese Reihe aufnehmen.

22 De Trinitate 6, 1151B: "Οτι τὸν Υἱὸν τῷ Πατρὶ συναΐδιον διδάσκουσιν αἱ Γραφαί.

23 Vgl. Theodoret, Expositio rectae fidei 5, PG 6, 1215Cff.

24 Theodoret, De Incarnatione Domini 14ff., PG 75, 1440Cff.

25 Siehe die Auslegungen zu Ps. 88 (Eranistes I, 81, zitiert nach: Theodoret of Cyrus, Eranistes, ed. G. H. Ettlinger, Oxford 1975), Hebr. 7 (Eranistes II, 121ff.), vgl. De Incarnatione 10 (1428C), überschrieben: " Ἑρμηνηνεία τοῦ ὃς ἐν μορφῇ θεοῦ ὑπάρχων".

26 P. Canivet, Histoire d' une Entreprise Apologétique au Ve Siècle, Paris 1957, S. 272ff. Vgl. die Arbeiten zu den Florilegien im Eranistes. Einen guten Überblick über den Stand der Diskussion gibt: G. H. Ettlinger (ed.), Theodoret of Cyrus. Eranistes, K. II: The patristic citations, Oxford 1975, S. 9ff.

sche Argumentationen in Anspruch genommen. Diese dogmatische Inanspruchnahme geschieht in der Weise, daß den biblischen Belegen die Legitimation der dogmatischen Aussage zukommt. Dieses setzt voraus, daß zugleich biblische Texte diese Legitimation aus sich heraussetzen. Daß Exegese dann der Ort wird, diese Legitimation zu formulieren, liegt nahe. Bleibt zu fragen, in welcher Weise Theodoret dieses Vorgehen in der Reflexion methodischer Voraussetzungen einholt. Hier ist einzusetzen.

2. ZUR EXEGETISCHEN METHODE

Theodoret benutzt exegetisch- technisches Vokabular. Er spricht von ἑρμηνεία,[27] σαφήνεια[28] der Auslegung im allgemeinen, den Kommentaren, ὑπομνήματα,[29] und von der ἡ κατὰ μέρος ἑρμηνεία[30] der Einzelexegese. Gesucht ist die διάνοια[31] der Worte, der σκοπός[32] und die θεωρία[33] des Ganzen.

Die Auslegung wird von einer These abgeleitet und durchgeführt, der Hypothesis. Diese bezeichnet die genaue Einbindung des Textes, nennt damit die angemessene exegetische Kategorie und geht dann über zur Paraphrase. Die Aufgabe der Hypothesis ist in ihrem engen Sinn zu fassen. Sie nennt die sachliche Vorgabe eines Textes, Anlaß des Schreibens, Befindlichkeiten des Paulus und Probleme der Gemeinden oder Analoges aus der Geschichte Israels, auf das sich der Text bezieht. Sofern es um den Bezugspunkt des Textes geht, ist der historische Ort formal austauschbar mit der Klärung des σκοπός[34] oder dem Hinweis auf die paränetische Funktion des Textes.[35] Die Paraphrase nimmt

27 Theodoret, Interpretatio in Psalmos (In ps.), PG 80, 860B, II Ad Thess., PG 82, 657B.

28 In ps. 860B.

29 In ps. 860C.

30 In ps. 864B, 865A, Ad Romanos, PG 82, 48A, I Ad Thess., PG 82, 629A.

31 In ps. 860A, 864C, Ad Col., PG 82, 592B, II Ad Thess. 657B.

32 In ps. 861A, Ep. S. Pauli, PG 82, 43B-C.

33 In ps. 861A.

34 Ad Romanos 44C.

35 Vgl. die Diskussion um Ps. 1 (In ps. 865Cf. mit Diodor (S. 8. 1. ff., zitiert nach: Diodori Tarsensis Commentarii in Psalmos I (I-L), ed.

das Thema auf und gliedert den Text. Die damit gegebene Durchsichtigkeit exegetischer Prinzipien wie die thematische Zuspitzung unterscheidet Theodoret von anderen und bindet ihn in seine Ortstradition ein.

Der Minimalbestand der Hypothesis wird durch historische, dann aber vor allem durch literarische Fragen erweitert. Ist Paulus der Autor des Hebräerbriefes,[36] hat David[37] alle Psalmen geschrieben? Theodoret entwickelt nicht selbst literarkritische Fragen, er nennt sie, seine Antworten sind nicht originell. David schrieb die Psalmen, und Paulus seine Briefe. Die Frage nach dem Autor und der ursprünglichen chronologischen Ordnung, der τάξις, die, so Theodoret, in den Psalmen[38] wie den Paulusbriefen[39] verlorengegangen ist, kennzeichnen den Duktus literarischer Fragen. Wie ist der Hinweis auf den Nutzen für den Leser einzuordnen? Von welchem Nutzen ist die Ableitung der Texte aus der Situation ihres Entstehens? Das Problem gibt einen Hinweis auf die exegetischen Prinzipien und die Frage nach ihrer Verknüpfung.

Theodoret unterscheidet wie Diodor folgende Ebenen der Diskussion. Der Verweis auf die Geschichte steht der Verwendung von Allegorie entgegen.[40] Der Text der Psalmen gehört zum Genus der Prophetie.[41] Prophetie kündigt das Kommende an, deutet die Gegenwart und erinnert an vergangene Wohltaten. Der Text ist nicht nur "voraussagend" gesprochen und zu verstehen, sondern weiter auch paränetisch oder ethisch und dogmatisch.[42]

Ansatzpunkt ist, daß der auszulegende Text zunächst als prophetischer Text erfaßt wird. Prophetie bezieht sich auf historisch fixierbare Ereignisse, nimmt das historische Interesse auf und stellt dieses in einen weiten Auslegungshorizont. Die Gat-

J. -M. Olivier, CChr Ser. Graec. 6, 1980), weiter: Theodoret zu Ps. 14, In ps. 953C.

36 In Hebr., PG 82, 673Cff.

37 In ps. 861C.

38 In ps. 861Dff.

39 Ep. S. Pauli 37Bff.

40 In ps. 860C, Diodor, S. 7. 123ff.

41 Theodoret, In ps. 861A, Diodor, S. 6. 94ff.

42 Theodoret, In ps. 861C.

tung der Prophetie gewährleistet die historische Interpretation der Psalmen unter Beibehaltung von David als Verfasser. Prophetie stellt weiter den Rahmen zur Verfügung, um die Weissagungen über Christus, die Kirche, die Berufung der Völker, Verkündigung der Apostel,[43] die Voraussage von Leben, Leiden, Tod und Auferstehung Jesu [44] zu integrieren. Wenn der Begriff der Prophetie historische Exegese impliziert und die christologische Frage integriert, folgt daraus, daß christologische Exegese unter der Prämisse historischer Auslegung steht.

Sowohl die historische als auch die prophetische Interpretation beziehen den auszulegenden Text auf ein konkretes Ereignis, d.h. eine einmalige Situation, und unterscheiden sich so von der ethischen wie der dogmatischen Auslegung, die auf eine allgemeine Aussage zielt. Grundsätzlich also ist in zweifacher Weise zu unterscheiden, zwischen historisch-prophetischer und ethisch-dogmatischer Auslegung. Diodor belegt, daß jeweils eine andere exegetische Kategorie vorliegt,[45] und kennzeichnet entsprechend eine jeweils andere Hypothesis. Insofern sich in der Exegese der Psalmen der historische und prophetische Ansatz nahestehen, ergeben sich drei Aspekte. In der Durchführung liegt der Bezugspunkt der Psalmen entweder erstens ἐκ προσώπου Davids, Josias, Jeremias, zweitens in dem speziell jüdischen oder allgemein menschlichem Ethos oder drittens in einem dogmatischen Grundsatz. Diodor definiert in der Einleitung "dogmatisch" in konkreter thematischer Zuspitzung. In der Kommentierung von Ps. 18 [46] und Ps. 4 [47] liegen Beispiele einer dogmatischen Auslegung vor. Theodor zählt in der Hypothesis zu Ps. 36 die verschiedenen Gegenstände der Auslegung entsprechend auf, zu ihnen gehören die δογματικοὶ λόγοι.[48] Theodoret kennt den Begriff. Zu verweisen ist auf die Hypothesis

43 In ps. 860D.

44 In ps. 861C.

45 Diodor, S. 4. 43ff. und S. 6f.

46 Diodor, S. 6. 108f.

47 Diodor, S. 21.

48 Theodor von Mopsuestia, S. 205. 16, zitiert nach: R. Devreesse, Le Commentaire de Théodore de Mopsueste sur les Psaumes, (Studi e Testi 93) Città del Vaticano 1939.

von Ps. 1.[49] Diodor interpretiert wie auch Theodor Ps. 1 ethisch. Theodoret nimmt dieses auf mit der Korrektur, daß dieser Psalm nicht nur ethisch zu verstehen ist, sondern auch dogmatisch ausgelegt werden muß. Eine dogmatische Auslegung ist belegt, Theodoret bezieht sich auf diese.

Die skizzierten exegetischen Bestimmungen zeigen die Vergleichbarkeit Theodorets mit Diodor und Theodorets Bindung an die antiochenische Exegese. Die erwähnte Mittel- oder Sonderposition Theodorets ist in den methodischen Voraussetzungen nicht zu fixieren. Die Erörterungen Diodors und Theodorets zur Psalmenexegese zeigen Übereinstimmungen im Ansatz.

3. ZUR DURCHFÜHRUNG IM PSALMENKOMMENTAR

Daß Exegese auf eine dogmatische Schwerpunktsetzung hinzielt und auf diese Weise die Auslegung der biblischen Texte ihrer dogmatischen Inanspruchnahme entspricht, ist exemplarisch zu zeigen. In Ps. 148, 2[50] soll alles Beseelte und Unbeseelte, die Schöpfung, Gott loben. Theodoret weist auf die Trennung zwischen Gott und Schöpfung hin. Sohn und Geist loben Gott nicht, sie sind Gott. Zu vergleichen ist die Verwendung des Verses in Expositio 2[51]: auch hier steht die Schöpfung dem einen ungeschaffenen Wesen von Vater, Sohn, Geist gegenüber. Euseb[52] kennt keine Zuspitzung dieser Art. Bei Chrysostomos [53] fehlt ein trinitarischer Beleg, die Unterscheidung Geschaffen/Ungeschaffen entfaltet er nicht.

Ps. 138, 7: "Wohin kann ich gehen vor deinem Geist, wohin fliehen vor deinem Angesicht?" entnimmt Theodoret die eine ἐνέργεια, die eine δύναμις und damit die eine φύσις des trinitarischen Gottes.[54] Im Vergleich zu Chrysostomos,[55] der die Rede des Psalmisten von Geist und Prosopon ganz allgemein auf Gott bezieht, enthalten die Ausführungen Theodorets eine Wahrneh-

49 Theodoret, In ps. 865Cff.
50 In ps. 1985D-1988A.
51 Theodoret, Expositio rectae confessionis, 209A.
52 Euseb, Commentaria in Psalmos, PG 23f., PG 24, 69D.
53 Chrysostomos, Expositio in Psalmos., PG 55, 485f.
54 In ps. 1936C.
55 Chrysostomos, PG 55, 413.

mung biblischer Texte auf dogmatische Aussagen hin. V. 9-10[56] "Und nähme ich die Flügel der Morgenröte..." bezieht Theodoret auf die göttliche Natur und belegt darin ihre Unbeschreibbarkeit (zu vgl. ist Haer. f. c. V 1[57]). In den Kommentaren liegen dogmatische Aussagen vor. Für eine genauere Bestimmung des exegetischen Materials legen sich exemplarisch Ps. 32 und 44 nahe, da zu beiden Psalmen die Kommentierungen von (Ps.-) Athanasius, Cyrill, Diodor, Theodor, Euseb,[58] und Basilius vorliegen.

Ps. 32 wird von Theodoret von einem historischen Bezugspunkt her interpretiert. Theodoret legt diesen in die Zeit des Abzugs der Assyrer.[59] Die Hypothese ist darin der Sache nach identisch mit derjenigen Diodors.[60] Diodor legt eine geschlossene historische Interpretation vor. Die historische Auslegung Theodorets knüpft hier an. Andere Kommentare, sieht man von demjenigen Theodors[61] ab, sind nicht vergleichbar, einen deutlichen Kontrast beinhaltet Cyrill,[62] wenn nach ihm Ps. 32 ein Psalm Davids zur Ehre Christi über die Befreiung von der Macht des Teufels ist. Wie sieht die Durchführung einer historischen Grundlegung aus? Der Psalm setzt ein mit dem Aufruf der Gerechten zum Lob. Nach Theodoret sind die Gerechten die, welche Gott erkennen, nach Diodor die Israeliten im Unterschied zu den Assyrern.[63] Theodor verbindet beide Gedanken. In der Interpretation von V. 5: "Der Herr liebt Erbarmen und Gericht", holt Theodoret den von Diodor genannten Gegensatz zwischen Israel und Assur ein. V. 5 beschreibt nach Theodoret[64] Gericht gegen Assur und Schonung

56 In ps. 1937A.

57 Theodoret, Haereticarum fabularum compendium Lib.V, 1, PG 83, 444D-45A.

58 Authentisch überliefert ist die Kommentierung Eusebs zum zweiten Drittel der Psalmen, Ps. 51-95, 3 (Paris Coislin.44). Die Unsicherheit in der Überlieferung des Textes ist für die Kommentierung der Psalmen 32 und 44 zu berücksichtigen. Siehe: Rondeau, Les Commentaires Patristiques du Psautier I, S. 64.

59 Theodoret, In ps., 1093B.

60 Diodor, S.186. 9. 11.

61 Theodor, S. 142ff.

62 Cyrill, Explanatio in Psalmos, PG 69, 809Bf.

63 Diodor, S.186. 12ff.

64 Theodoret, In ps., 1095 A-B, vgl. Diodor, S. 187.40.

und Menschenliebe auf der anderen Seite. Der vereitelte Anschlag der Heiden, V.10, impliziert die Assyrer und die Niederlage Sanheribs.[65] Euseb,[66] (Ps.-)Athanasius[67] und Cyrill[68] sprechen hier dagegen von Götzendienst und Götzendiener.

Theodoret kann wie Diodor einen Psalm als ganzen aus der historischen Situation auslegen, z.B. Ps.94.[69] In Ps.32 verläßt er hingegen die historische Ebene. Während nach Diodor V.6: "Durch das Wort des Herrn wurden die Himmel gefestigt, durch den Geist seines Mundes all ihre Kraft", die Vernichtung der Assyrer impliziert,[70] stellt Theodoret, veranlaßt durch die Stichworte λόγος und πνεῦμα, die Schöpfungsaussagen in trinitätstheologischen Bezug;[71] es ist Schöpfung durch Sohn und Geist. Theodoret spricht hier von ἀληθὴς θεολογία[72] als Auslegungshorizont, mit dem er sich von einer buchstäblichen Auslegung - Schöpfung durch das Wort nach Gen.1 - abgrenzt. Theologie und Prophetie stehen dem Rückgriff auf den Buchstaben entgegen, sofern der Text auf bestimmte definierte Inhalte verweist. Theodoret legt damit den Vers anders als Diodor aus. Die Differenz ist aber zunächst darauf zu beziehen, daß Theodoret im Unterschied zu Diodor verschiedene Aspekte zur Auslegung eines Textes heranziehen kann. Historische, dogmatische und prophetische Interpretationen ergänzen sich.[73]

---

65 Theodoret, In ps., 1097C, ebenso Diodor, S.189.83f.

66 Euseb, 284Bf.

67 (Ps.-)Athanasius, Expositiones in Psalmos, PG 27, 165B.

68 Cyrill, 876Df.

69 Theodoret, In ps., 1640Aff.

70 Diodor, S. 188.50.

71 Theodoret, In ps., 1095Bf.

72 In ps., 1096C.

73 Exemplarisch ist auf die Auslegung von Ps.138 (Theodoret, In ps., 1933ff.) hinzuweisen. Als historischen Hintergrund bestimmt Theodoret die Reform Josias. V.7-10 werden dogmatisch ausgeführt und auf das innertrinitarische Problem und die göttliche Natur bezogen. V.4 und 17f. explizieren die josianische Reform. V. 18 wird die im Psalm geschilderte Situation von der josianischen Reform auf eine zweite historisch fixierbare Begebenheit bezogen und auf die eigentliche Umkehr der Welt nach der Menschwerdung gewendet. Historische, prophetische, und dogmatische Auslegung werden nebeneinandergestellt. In die prophetische Auslegung fließen typologische Elemente ein.

Zur Klärung des Sachverhaltes in der Auslegung von Ps. 32, 6 ist Diodors Einleitung zu den Psalmen[74] hinzuzuziehen. Wie Theodoret kennzeichnet hier Diodor in Abgrenzung von einem falschen Buchstabensinn diesen als jüdisches Mißverständnis und beschreibt seine eigene Auslegung in dem Zusammentreten von ἱστορία und θεωρία als eine Mitte, die sich zwischen Eintragungen in den Text, ἑλληνισμός, und Begrenzung auf ἰουδαϊσμός bewegt. Auch nach Diodor schließt der Begriff ἱστορία also nicht ein höheres Verständnis aus.[75] Das Genus der Prophetie impliziert bereits den Verweischarakter des Textes auf ein von der Situation der Formulierung zu unterscheidendes, historisch faßbares Ereignis. Die Rede von einem höheren Sinn bezeichnet zunächst den Wechsel der Ebenen. Theodoret spricht zwar nicht von einem höheren Sinn. Die Gegenüberstellung Biblizismus und Öffnung auf einen theologischen bzw. trinitätstheologischen Bezugspunkt hin entfaltet aber die von Diodor genannten Ebenen.

Feststeht, daß Diodor Ps. 32, 6 nicht wie Theodoret versteht und Theodor sich mit den trinitarischen Identifikationen explizit auseinandersetzt.[76] Trinitätstheologisch aber wird dieser Vers ebenfalls von Euseb[77] und Basilius[78] interpretiert. Wenn sich hier eine Auslegungslinie fixieren ließe, würde damit eine Tradition bestätigt, die auch für die Einordnung der dogmatischen Aussagen relevant ist. Die Frage nach dem Bezug Theodorets auf Euseb oder Basilius aber ist in der Kommentierung von Ps. 32.6 und weiteren Psalmtexten betroffen von dem Problem, daß identische Texte in den Kommentaren von Basilius, Euseb und teilweise auch Theodoret überliefert sind. Eine Entscheidung ist abhängig von text- und literarkritischen Vorarbeiten, wie sie derzeit nicht vorliegen.

Signifikantes Beispiel ist die Auslegung zu Ps. 44. 2. Während Cyrill[79] V. 2 "Mein Herz hat das gute Wort ausgegossen..." zum Anlaß nimmt, den Hervorgang des Logos aus dem Vater zu expli-

74 Diodor, S.7. 146-S. 8. 160.

75 Diodor, S.7.146f.

76 Theodor, S. 146ff.

77 Euseb, 281C-D.

78 Basilius, Homilia in psalmum XXXII, PG 29, 331A-C (B-C).

79 Cyrill, 1928Af.

zieren, grenzt Euseb[80] sich von dieser Auslegung ab, bezieht den Text auf den Psalmisten und erörtert das Wesen der Prophetie, so auch Diodor.[81] Die Auslegung Eusebs findet sich bei Basilius wieder.[82] Theodoret steht Euseb in V.1-3 nahe.[83] [84] Daß hier die Textbasis nicht gesichert ist, bedeutet, daß auf möglicherweise interessante Bezüge hinzuweisen ist, aber die Frage nach der Herkunft exegetischer Aussagen hier nicht beantwortet werden kann. Interessante Aspekte sind von einzelnen Details zu erwarten. Die Kommentierungen von Ps.44, 7f. zeigen, daß weder der Hinweis auf christologische Auslegung im allgemeinen hilfreich ist, noch Parallelen mit derartiger Prägnanz vorliegen, daß sie die spezifische Sprachlichkeit oder die thematische Zuspitzung in der Auslegung Theodorets erklären. Ps.44, 7f beispielsweise wird im allgemeinen christologisch ausgelegt. In den Kommentierungen von Theodoret,[85] Diodor,[86] Theodor,[87] Cyrill,[88] Euseb,[89] Chrysostomus[90] und Basilius[91] werden jeweils eigene Akzente und Schwerpunkte deutlich; der Ertrag dieser Vergleiche aber ist begrenzt.

Der Befund des exegetischen Materials zu Ps.32 und 44 ist auf folgende Weise zusammenzufassen. Theodoret ist in seinem historischen Ansatz von Diodor abhängig. In der theologischen Zuspitzung unterscheidet er sich von Diodor, ohne aber die von diesem formulierten methodischen Voraussetzungen zu verlas-

80 Euseb, 393B.

81 Diodor, S.269.43-45.

82 Basilius, 392D-393A.

83 Euseb, PG 23, 396Bff.

84 Auf eine Auslegungslinie Theodoret (1192Df.) - Diodor (S.273.130) - Euseb (401B) - Basilius (405C) weist ein weiteres Detail in der Auslegung von Ps.44, 9. Kleid, Myrrhe, Zimt schmücken ein prächtiges Äußeres nach Cyrill und Athanasius. Nach Theodoret gehört Myrrhe den Toten, Zimt ist ein Geruch des Leidens, vorausgesagt wird das Leiden des Herrn. Entsprechungen finden sich bei Diodor, Euseb und Basilius.

85 Theodoret, In ps.1092B-C.

86 Diodor, S.268.8f.

87 Theodor, S.286ff.

88 Cyrill, 1037Bff.

89 Euseb, PG 23, 400Bff.

90 Chrysostomos, 194ff.

91 Basilius, 403Bff.

sen. Theodorets Exegese hat ihren Ort in Antiochien, aber ist hier nicht isoliert entwickelt worden. Mögliche Bezüge zu Euseb und Basilius wären zu untersuchen. Der Einfluß außerantiochenischer Traditionen erscheint aber begrenzt. Die methodische Grundlegung weist deutlich auf Diodor hin. Die Frage, inwieweit im Hinblick auf die dogmatische Dominierung der Exegese auch sachliche Bezüge zu Diodor und dem antiochenischen Umfeld vorliegen, schließt sich an.

Mit den Pss. 32 und 44 sind Beispiele genannt, in denen Diodor und Theodoret in der Bestimmung der Hypothesis übereinstimmen. Weitere Übereinstimmungen sind zu notieren, Ps. 2, 12, 13, 14, 16, 43, 48. Zu interpretieren sind Bezüge bei differenter Auslegung. Diodor und Theodoret nennen jeweils andere Auslegungen, ohne ihnen selbst zu folgen. Nach Theodoret[92] gibt es einige, die Ps. 39 den Gefangenen in Babylon zuschreiben, Theodoret selbst bleibt zunächst bei David. Die babylonische Einordnung findet sich bei Diodor.[93] Diodor stellt Ps. 21 in die Situation Davids auf der Flucht vor Absalom [94] und verweist auf einige, die den Psalm aus der Person Christi verstehen, so Theodoret.[95] Die Überschrift von Ps. 8 [96] spricht von Keltern, einige legen diese über Weinstock, Christus, auf die Kirche hin aus, so Theodoret. [97] Umgekehrt sind die Hinweise Theodorets bei Diodor nachzulesen, Ps. 24, 40, 45. Theodoret steht im Diskurs mit seinen Vorgängern und repräsentiert eine Form der Auslegung, die nach den Hinweisen Diodors schon in Diodors Zeit zu finden war.

Die Diskussion betrifft den historischen Ansatz, die Auslegung der Psalmenüberschriften, dann die Auslegung auf Christus und die Kirche durch Theodoret im Gegegenüber zu Babylon und Hiskia als Rahmen der Auslegung Diodors. Zu beachten ist, daß aber nicht grundsätzlich eine historische Auslegung Diodors einer christologischen Theodorets gegenübersteht. In Ps. 5 weist Diodor auf einige, die diesen Psalm auf die Kirche

92 Theodoret, In ps., 1144C-D.

93 Diodor, S. 239.1ff.

94 Diodor, S. 126.7.

95 Theodoret, In ps., 1008Cff.

96 Diodor, S. 50f.

97 Theodoret, In ps., 913Af., vgl. weiter die Auslegungen von Ps. 6 und 11, Diodor, S. 32f., 70f.; Theodoret, In Psalmos, 941B, 991B.

auslegen, hin, während er selbst diesen Psalm καθ' ἱστορίαν babylonisch versteht. In Ps. 8 entnehmen einige der Überschrift den Bezugspunkt Kirche, Diodor selbst legt den Psalm auf den menschgewordenen Logos aus.[98] Diodor grenzt sich von Exegeten ab, auf die sich Theodoret bezieht. Diese Exegeten können Vertreter einer ganz anderen Auslegungstradition sein[99] oder aber in Antiochien selbst zu finden sein.[100] In diesem Fall spiegeln Diodor und Theodoret das Spektrum antiochenischer Diskussion um Exegese. Für letzteres sprechen positive wie negative Bezüge zwischen Diodor und Theodoret, die Schwierigkeit, Gegensätze festzumachen, und die Wahrscheinlichkeit, daß es in der Tat eine Diskussion unter bestimmten methodischen Voraussetzungen um die Auslegung bestimmter Psalmen gab. Teil dieser Auseinandersetzung ist die Diskussion um dogmatische Exegese, an die Theodoret anknüpft. An die Diskussion um die Auslegung von Ps. 1 und Theodors Ausführungen zu Ps. 36 ist noch einmal zu erinnern. Die These, daß Theodoret die Exegese dogmatisch funktionalisiert und sich darin auf eine innerantiochenische Diskussion beziehen kann, kann in Theodorets Auslegung des NT verifiziert werden.[101]

---

98 Diodor, S. 44. 12ff., S. 45. 36ff.

99 Daß beispielsweise Euseb (116A) Ps. 5, (Ps.-) Athanasius (80D) und Cyrill (756Df.) Ps. 8 auf die Kirche hin interpretieren, Euseb (201Cf.), Athanasius (132A) und Cyrill (837C) Ps. 21 christologisch auslegen, ist bekannt.

100 Cyrill (980A-C) formuliert in der Kommentierung von Ps. 39 eine Abgrenzung, die in diesem Zusammenhang zu notieren ist. Ps. 39 wird von Diodor (S. 239) babylonisch bezogen, von Theodoret (1152Bf.) auf David hin ausgelegt. Einen Hinweis darauf, daß beide Varianten in einen Kontext gehören, gibt Cyrill. Er legt den Psalm auf Christus, den Soter, den Menschgewordenen aus, folgt damit einer anderen Auslegungstradition als Theodoret und grenzt sich gegen beide, die von Diodor wie die von Theodoret formulierten Hypothesen, ab. Der Psalm ist nicht auf David hin gesprochen, so Cyrill, und auch nicht babylonisch auszulegen.

101 Auf Theodorets trinitätstheologische Auslegungen von Gal. 1, 15, Kol. 1, 15-20, 1. Kor. 2, 10-16; 6, 11. 19, vor allem 8, 5 weise ich hin. Interessant ist die Diskussion um die Auslegung von 1. Tim. 1, 17, wie sie zwischen Theodor und Theodoret belegt ist. Theodor von Mopsuestia, ep. ad Tim. I, 81.14ff (Swete II); Theodoret, ep. ad Tim. I, PG 82, 793C-D.

Die Einbindung dogmatischer Aussagen in die Exegese in ihrer geprägten Form ist eine spezifische Leistung Theodorets. Spricht man von einer dogmatischen Funktionalisierung, setzt diese eine Reflexion voraus, die zur Entfaltung einer angemessenen Methode führt. Theodoret entwickelt keine eigene Methode, er kann auf Vorliegendes zurückgreifen. Wenn es in Antiochien den Topos gab, einen Text dogmatisch zu verstehen, ist damit ein Anknüpfungspunkt bezeichnet, der den Bezug eines Textes auf die dogmatische Sache ermöglicht, und der außerhalb der prophetischen Auslegung steht, die eine historische Situation in Israel durch David anzeigen läßt, und die dann additiv auf eine bestimmte historische Situation des Lebens Jesu oder der Kirche hinzielt.[102] Diodor versteht die Auslegungstypen alternativ. Theodoret verwendet die Methoden ergänzend[103] und erneuert somit den "mehrfachen Schriftsinn".

Es bleibt festzuhalten, daß erstens Theodoret den biblischen Text dogmatisch in Anspruch nimmt und ihn von einem dogmatischen Auslegungshorizont her versteht, daß Theodoret zweitens in der Durchführung aber die exegetische Methode Antiochiens nicht verläßt. Man wird weiterhin von einer "antiochenischen Exegese" sprechen können, insofern der deutliche Bezug Theodorets auf Diodor in der historischen Auslegung und im methodischen Ansatz nur dadurch zu erklären ist, daß ein geprägter Kontext vorliegt. Das herrschende Bild von "antiochenischer Exegese" aber ist von den Ergebnissen zur Exegese Theodorets her zu revidieren.

102 Vgl. z.B. die Auslegung zu Ps. 32, 10f. (Theodoret, In ps. 1097 C). Der Anschlag der Heiden wird identifiziert mit dem Anrücken Sanheribs und der Assyrer, um dann weiter auf die Machenschaften gegen die Apostel bezogen zu werden. Vgl. weiter die Auslegung zu Ps. 138, 18 (1940Df.).

103 Die Verbindung von historischer und dogmatischer Auslegung ist der Punkt, an dem er das Hilfsmittel der Typologie einsetzt. Siehe die Auslegung zu Ps. 39 (Theodoret, In ps., 1152B-C), vgl. Ps. 29 (1069Df.).

Rabbinisches und Antijüdisches bei Hieronymus Ep 121,10

Ralph Hennings

"Rabbinisches und Antijüdisches bei Hieronymus"; mit diesem Titel sind zwei Phänomene angesprochen, auf die jeder stößt, der sich mit der Exegese des Hieronymus beschäftigt. Hieronymus ist neben Origenes derjenige Exeget der Alten Kirche, der sich am gründlichsten mit rabbinischer Auslegung auseinandergesetzt hat. Hieronymus hat Kenntnisse der hebräischen Sprache und jüdischer Quellen und kennt einige Juden persönlich. Diese Nähe zu Juden führt aber nicht zu einer positiven theologischen Bewertung des Judentums. Hieronymus steht vielmehr in der Tradition christlicher Judenpolemik. Er richtet in seinen exegetischen Schriften, ebenso wie in seinen übrigen Werken, scharfe Angriffe gegen die Juden. Beide Phänomene sind hinreichend bekannt und müssen nicht in allgemeiner Form vorgestellt werden. Ich beschränke mich hier auf die Untersuchung einer Stelle aus Ep 121 an Algasia, in der exemplarisch deutlich wird, wie eng die Kenntnis der rabbinischen Diskussionen bei Hieronymus mit antijüdischer Polemik verbunden ist.

1. ZU EP 121

Ep 121 ist um 407 an eine in Gallien lebende Frau namens Algasia geschrieben.[1] Über die Empfängerin des Briefes gibt es außer ihrem Namen keine weiteren Informationen.[2] Allerdings

1 Das geht aus der Beschreibung hervor, die Hieronymus von der Reise des Boten gibt (Hieronymus, Epistulae, hg. Isidor Hilberg, Wien 1910-1918, (CSEL 56) 3, 2-4): *longa ad nos veniens navigatione, ... et de Oceani litore, atque ultimis finibus Galliarum....*

2 Weder aus dem Schreiben des Hieronymus noch aus dem Namen der Empfängerin können weitere Schlüsse gezogen werden. Hieronymus vergleicht auf Grund der großen Entfernung die Reise des Briefes - der nach antiker Auffassung Stellvertreter des Schreibers ist - mit dem Kommen der Königin von Saba zu Salomo. Ungewiß ist, ob man

erwähnt Hieronymus in der Einleitung von Ep 121 den Presbyter Alethius,[3] über den mehr bekannt ist als über Algasia selbst, so daß von hier aus ein Bild von der Umgebung der Empfängerin gezeichnet werden kann. Es handelt sich offenbar um eine religiöse Frau aus höheren gesellschaftlichen Schichten, die unter dem Einfluß eines gebildeten[4] Theologen steht. Das Verhältnis zwischen Algasia und Alethius ist jener Art geistlicher Freundschaft zwischen Männern und Frauen vergleichbar, die typisch ist für das Verhältnis zwischen einigen für das christliche Mönchtum begeisterten Frauen der römischen Oberschicht und Theologen wie Rufinus, Pelagius oder Hieronymus.

Das Schreiben der Algasia an Hieronymus ist nicht erhalten. Aus der Antwort des Hieronymus geht hervor, daß sie elf Fragen zum Verständnis einzelner neutestamentlicher Texte gestellt hat. Hieronymus beantwortet die an ihn gestellten Fragen ausführlich, indem er jeden einzelnen Text kommentiert.[5] In den so entstandenen Kurzkommentaren verfährt Hieronymus ähnlich

---

aus der rhetorischen Übertreibung *tu regina appellanda es Saba* darauf schließen kann, daß es sich um eine Frau aus einem alten königlichen Geschlecht der Gallier handelt. Algasia ist der Name einer gallischen Gottheit. Da inschriftlich auch ein Sklave mit einem von demselben Wortstamm abgeleiteten Namen Argassis belegt ist (cf. Thesaurus Linguae Latinae, "Algasia" I, 1543; "Argassis" II, 514), gibt der Name selbst keinen Hinweis auf die soziale Stellung der Trägerin dieses Namens.

3 Paulinus von Nola widmet jenem Alethius seinen Brief 33 (Paulinus von Nola, Epistulae, hg. Wilhelm Hartel, Wien 1904, (CSEL 29, 301ff) und erwähnt ihn in einer Namensreihe von Bischöfen in Ep 48 (CSEL 29, 389f) aus Gallien und der Provinz Viennensis als Bischof von Cahors. Diese Liste wird von Gregor von Tours noch einmal zitiert (Gregor von Tours, Libri Historiarum X, hg. B. Krusch/ W. Levinson, Ndr. Hannover 1951, Gest. Franc. 2, 13 MGH. SRM 1/1). Da kein anderer gallischer Priester oder Bischof namens Alethius bekannt ist, kann man annehmen, daß der bei Hieronymus als Presbyter angeredete Alethius mit jenem Bischof identisch ist.

4 Das betont Hieronymus ausdrücklich; Ep 121, Praefatio CSEL 56, 4, 3-7.

5 Der Brief der Algasia und die Antwort des Hieronymus sind kein Einzelfall, in der Korrespondenz des Hieronymus gibt es mehrere ähnliche Briefe, in denen Fragen zu einzelnen Texten mit Kurzkommentaren beantwortet werden, z. B. Ep 119, 120.

wie in seinen großen Kommentaren.[6] Neben eigenen Auslegungen verarbeitet er Material seiner Vorgänger, vor allem des Origenes, aber auch anderer griechischer und lateinischer Exegeten.[7]

Hinter den Schwierigkeiten der Algasia, die Texte zu verstehen, um deren Erklärung sie gebeten hatte, sieht Hieronymus ein prinzipielles Problem. Seiner Ansicht nach mangelt es Algasia vor allem am Verständnis des Alten Testaments:

> *quaestiunculae tuae de evangelio tantum et de apostolo positae, indicant te veterem scripturam aut non satis legere, aut non satis intellegere.*[8]

Um diesem Mißstand abzuhelfen, geht Hieronymus in seiner Antwort ausführlich auf das Verhältnis von Neuem und Altem Testament ein, erläutert die Zusammengehörigkeit beider Testamente[9] und stellt dar, wie sie zueinander in Beziehung gesetzt werden müssen, um eine angemessene Auslegung zu ermöglichen.

In den Erklärungen zu den Fragen der Algasia glänzt Hieronymus mit seinen Kenntnissen des Hebräischen und der jüdischen Auslegung. Bereits in der Einleitung macht Hieronymus zwei Wortspiele, die sowohl seine Vertrautheit mit dem Hebräischen zeigen als auch das Vergnügen, das es ihm bereitet, seine große Bildung unter Beweis zu stellen.[10] Neben Verweisen auf seine

---

6 Die beste Darstellung der exegetischen Arbeit des Hieronymus stammt von Pierre Jay, L'Exégèse de Saint Jérôme d'après son "Commentaire sur Isaie", Paris 1985.

7 Als Beispiel sei hier nur auf die Erläuterung des Hieronymus zur (sechsten) Frage zum ungetreuen Haushalter (Lk 16, 1-8) hingewiesen. Hieronymus verweist Algasia zusätzlich zu seinen Erläuterungen auf den Kommentar des Ambrosius. Von Origenes und Didymus berichtet er, daß sie keine Auslegungen zu dieser Stelle überliefert hatten; CSEL 56 26, 26- 27, 2. In seiner Erklärung der Stelle beruft sich Hieronymus vor allem auf Theophilus von Antiochien; CSEL 56, 24, 24-26; 26.

8 Hieronymus, Ep 121, Praefatio, CSEL 56, 3, 16-18.

9 So z.B. in der gegen Marcion gerichteten Erklärung zu Röm 5, 7, in Ep 121, 8.

10 Zum einen spielt Hieronymus mit der Bedeutung des Namens Bethlehem, "Haus des Brotes", wenn er als Ziel der Reise des Boten Apodemus angibt: *Bethleem, ut inveniret in ea caelestem panem.* Zum anderen bringt er die Königin von Saba in Verbindung mit der Sulamitin aus Cant 6, 12. Hieronymus deutet den Namen Saba auf den Ruf *con-*

Hebräischkenntnisse enthält Ep 121 einige Stellungnahmen, in denen sich Hieronymus theologisch (und terminologisch[11]) zum Umgang mit dem Alten Testament äußert. Im Gefolge der paulinischen Auffassung vom Gesetz, das mit Christus erfüllt ist, erklärt Hieronymus, daß nur ein geistliches Verständnis eine richtige Auslegung ermöglicht. Im Zuge dieser Darstellungen nimmt Hieronymus jüdische Auslegungen auf, verarbeitet sie, grenzt sich aber zugleich von den Juden und ihrem "fleischlichen" Verständnis des Gesetzes ab.[12] In der Stellungnahme des Hieronymus zu Kol 2, 18ff findet sich ein besonders enges Nebeneinander von Rezeption und Abgrenzung von jüdischen Auslegungen, das hier ausführlicher untersucht werden soll.

Die Antwort des Hieronymus auf die Frage der Algasia zu Kol 2, 18ff ist besonders interessant, weil Hieronymus keinen weiteren Kommentar zum Kolosserbrief verfaßt hat und es nur wenig andere Kommentare zum Kolosserbrief in der patristischen Literatur gibt.[13] Für die patristische Exegese des Kolosserbrie-

---

vertere, convertere, indem er über das Hohelied-Zitat das hebräische Verb שׁוב mit der Bedeutung "umkehren, sich bekehren" (im Kal perf. häufig ohne ו z.B. שָׁב oder שָׁבָה) mit dem Namen שְׁבָא (1.Kön 10, 1) in Verbindung bringt.

11 In Ep 121, 8, CSEL 56, 31, 32-33, 8 übernimmt Hieronymus aus dem Römerbriefkommentar des Origenes eine Sammlung von Bedeutungsvarianten des Wortes *lex* (Origenes, Philocalie, 1-20, Sur les écritures, hg. M. Harl, Paris 1983, SC 302, 9, 1-2), cf. C. P. Hammond-Bammel, Philocalia IX, Jerome Ep 121, and Origen's Exposition of Romans VII, in: JThS NS 32 (1982) 50-81.

12 Hieronymus, Ep 121, 10, CSEL 56, 43, 8-13: *... frustra autem infletur et tumeat sensu carnis suae carnaliter cuncta intellegens et traditionum Judaicarum deliramenta perquirens et non tenens caput omnium scripturarum illud, de quo dictum est: caput viri Christus est, caput autem atque principium totius corporis eorumque, qui credunt, et omnis intellegentiae spiritalis.*

13 Insgesamt sind nur vier Kommentare zum Kolosserbrief aus dem 4. oder 5. Jahrhundert erhalten: Ambrosiaster, Comm. in Ep. ad Colossenses, CSEL 81/III, S. 165-207; Theodor von Mopsuestia, Comm. in Ep. ad Colossenses, hg. v. H. B. Swete, Bd. 1, 253-312 Cambridge 1880; Theodoret von Cyrus, Comm. in Ep. ad Colossenses PG 82, S. 591-628; Johannes Chrysostomos, Homiliae XII in Ep. ad Colossenses, PG 62, S. 299-391. Dazu kommt noch der in Katenenfragmenten überlieferte Kommentar des Severian von Gabala, in: Karl Staab, Pauluskommentare aus der Griechischen Kirche, Münster 1984^2, S. 324-326.

fes sind Stellen wie diese, in denen eine einzelne Perikope ausführlich besprochen wird, eine Bereicherung.[14]

In seiner Antwort auf die Anfrage der Algasia stellt Hieronymus die Auslegung von Kol 2, 18ff in den Kontext der ganzen Perikope Kol 2, 16-23. Ein Stichwort aus Kol 2, 18 *inflatus sensu carnis* bringt Hieronymus auf das Thema des Gegensatzes zwischen jüdischer und christlicher Auslegung. Er stellt das "aufgeblasene fleischliche" Verständnis der Schrift, das sich in den jüdischen Traditionen manifestiert, dem rechten geistlichen Verständnis gegenüber, das darin besteht, daß Christus Ziel und Ausgangspunkt der Auslegung ist.[15] Über das Stichwort "jüdische Traditionen" schlägt Hieronymus den Bogen zu Kol 2, 16 und der dort formulierten Ablehnung jüdischer Speisevorschriften und Feste:

Nemo vos iudicet ... in cibo et potu, ... aut in parte diei festi, ... aut in parte neomeniae, ... aut in parte sabbatorum.[16]

Die Verbindung zu den in Kol 2,22 angesprochenen menschlichen Geboten und Lehren ist der Ausgangspunkt für den polemischen Abschnitt gegen die Juden, der der eigentliche Gegenstand dieser Untersuchung ist.[17] Es sind zwei Punkte, an denen Hiero-

14 Zu den exegetischen Problemen des Kolosserbriefes siehe: E. Schweizer, Der Brief an die Kolosser, Zürich, Einsiedeln, Köln, Neukirchen-Vluyn 1976 (Ekk 12), zu Kol 2, 6-23: S. 97-130; J. Gnilka, Der Brief an die Kolosser, Freiburg i. Br. 1980 (HThK 10, 1), zu Kol 2, 8-23 S. 118-162, und Exkurs 2 "Die kolossische Häresie" S. 163-170, in dem er einen guten Forschungsbericht gibt.

15 Hieronymus, Ep 121, 190 CSEL 56, 43, 8-13.

16 Hieronymus, Ep 121, 190 CSEL 56, 44, 10-18.

17 Die Auslegung des Hieronymus müßte nicht zwangsläufig diesen Gang gehen, wie ein Vergleich mit den übrigen erhaltenen Kommentaren zeigt. Die meisten Kommentatoren gehen an dieser Stelle nicht auf das Verhältnis zu den Juden, dem Gesetz und den jüdischen Traditionen ein. Weder Marius Victorinus noch Johannes Chrysostomos erwähnen in Kommentaren zu Kol 2, 16-23 weitere jüdische Bräuche. Victorinus geht nur beim Thema Sabbat und Neumond auf die Juden ein und versteht die in Kol 2, 22 genannten menschlichen Gebote als Gegensatz zu den Geboten Gottes, ohne auf jüdische Traditionen einzugehen; CSEL 81/III 191, 4-11. Ebenso versteht auch Chrysostomos den Gegensatz; selbst wenn man die menschlichen Ordnungen "Gesetze" nennt, bleiben es menschliche und zeitliche Ordnungen: Τί λέγεις; κἂν τὸν νόμον εἴπῃς, λοιπὸν διδασκαλία ἐστὶν ἀνθρώπου μετὰ τὸν καιρόν. PG 62, 345.

nymus hier die Juden scharf angreift, erstens die Untersuchung von Frauenblut auf Reinheit oder Unreinheit und zweitens die rabbinische Vorschrift, am Sabbat 2000 Schritte gehen zu dürfen.

Bei der Beschreibung der Untersuchung von Frauenblut durch gelehrte Synagogenvorsteher erzeugt Hieronymus bei seiner Leserin bewußt Ekel und Abscheu. Er behauptet, die Synagogenvorsteher müßten in Zweifelsfällen auch Geschmacksproben vornehmen. Die rabbinische Vorschrift, am Sabbat 2000 Schritte gehen zu dürfen, dient Hieronymus dazu, sein Gesetzesverständnis zu erläutern. Er hält das Gesetz für unerfüllbar, weil der sündige Mensch nicht in der Lage ist, den Vorschriften des Gesetzes entsprechend zu leben. Im konkreten Fall ist Hieronymus der Meinung, daß, wenn das Gebot der Sabbatruhe (Ex 16, 29) wörtlich ausgelegt wird, es so zu verstehen ist, daß man sich am Sabbat überhaupt nicht vom Fleck rühren darf. Die rabbinische Auffassung hält Hieronymus für eine Ausflucht, in der - unerlaubterweise - menschliche Gebote über Gottes Gebote gestellt werden.

In seiner Polemik gegen die Juden nimmt Hieronymus also Bezug auf konkrete Formen des jüdischen Lebens und verurteilt sie bzw. macht sie lächerlich. An dieser Stelle muß gefragt werden, ob Hieronymus wirklich auf jüdische Traditionen Bezug nimmt, oder ob es sich nur um christliche Klischees handelt, die er Algasia mitteilt. Um ein differenziertes Urteil über die Äußerungen des Hieronymus in Ep 121, 10 fällen zu können, muß die Entwicklung der jüdischen Positionen in den entsprechenden Fragen bis zur Zeit des Hieronymus untersucht werden. Die Untersuchung gliedert sich in zwei Teile: 1) Reinheit und Unreinheit bei Frauen, 2) Sabbatgebote. Dabei ist zu bemerken, daß die Punkte, an denen Hieronymus die Juden angreift, keineswegs willkürlich gewählt sind. Die Fragen von Reinheit und Unreinheit sind ebenso wie die Sabbatgebote wichtige Kennzeichen des jüdischen Lebens nach der Zerstörung des Tempels.

2. UNTERSUCHUNGEN VON REINHEIT UND UNREINHEIT BEI FRAUEN

Hieronymus äußert sich in Ep 121, 10 äußerst abfällig über die von Synagogenvorstehern vorgenommenen Untersuchungen über Reinheit und Unreinheit von Blutungen und Blutflecken bei Frauen:

> "Sie haben einige hochgelehrte Synagogenvorsteher, die mit der ekelhaften Arbeit beauftragt sind, das Blut von einer Jungfrau oder Menstruierenden zu prüfen, ob es rein oder unrein ist. Wenn sie das mit den Augen nicht festellen können, müssen sie es am Geschmack prüfen."[18]

An der zitierten Stelle bezieht sich Hieronymus auf die ausführlichen rabbinischen Vorschriften und Diskussionen über die Verunreinigung durch Blutfluß und Menstruationsblut, wie sie im Mischnatraktat Nidda verzeichnet sind.[19]

Die Rückfragen an das rabbinische Material beginnen damit, zu prüfen, ob es eine Art Geschmacksprobe im Judentum gegeben hat. Die Frage muß nach einer Lektüre des rabbinischen Materials eindeutig verneint werden. Da die Unterscheidung zwischen Rein und Unreinheit zu den wesentlichen Faktoren des jüdischen Lebens gehört, gibt es darüber eine große Menge an Vorschriften und Diskussionen in der rabbinischen Literatur.[20]

---

18 Hieronymus, Ep 121, 10, CSEL 56, 48, 17-20.

19 Mit dem Thema "Rein und Unrein" beschäftigt sich Hieronymus schon im vorausgehenden Abschnitt von Ep 121, 10 im Anschluß an Kol 2, 20f (CSEL 56, 47, 4-20), in dem die Aufhebung der Satzungen dieser Welt behandelt wird. Zu den Satzungen dieser Welt zählen für den Autor des Kolosserbriefes wie für Hieronymus die Gebote zur Unterscheidung von Rein und Unrein, cf. Lev 5, 2), woraus Hieronymus auch das polemisch benutzte Stichwort "*gustare*" übernimmt.

20 Jacob Neusner bezeichnet die Unterscheidung zwischen Rein und Unrein als Ausgangspunkt der Entstehung des Pharisäismus und damit des rabbinischen Judentums; Jacob Neusner, A History of the Mishnaic Law of Purities, Part 16, Niddah, Leiden 1977 (SJLA 6/16), S. 11: "...in response to the Scriptural imperatives, specifically Lev. 15:19-24 and Lev. 15:31, Pharisees were able to uncover dimensions of meaning of cleanness, applications to the effects of uncleanness, which turn out to lie at the very center and core of their world-view. In gross terms, Pharisaism begins in menstrual blood."

Dazu gehören auch ausführliche Anweisungen zur Unterscheidung verschiedener Arten von Blut: in M. Nidda 2, 6a-b ist eine optische Analyse erwähnt, die die Unterscheidung von Blutstropfen an Hand unterschiedlicher Farben ermöglicht. In M. Nidda 9, 6-7 ist darüber hinaus eine chemische Analyse belegt, wobei mit Hilfe verschiedener Teststoffe ein zweifelhafter Fleck untersucht werden kann. Über eine Geschmacksprobe gibt es aber keinerlei Nachrichten. Die Hauptaussage des Hieronymus in dieser zitierten Stelle ist offensichtlich falsch und dient nur der Polemik.

Andere Details aus der zitierten Stelle hingegen lassen sich an rabbinischen Stellen verifizieren. So trifft es zu, daß nicht nur menstruierende Frauen durch die Abscheidung von Blut unrein sein können, sondern auch nicht menstruierende. In der Mischna werden neben Jungfrauen noch Schwangere und alte Frauen genannt.[21] Auch damit, daß er Synagogenvorstehern die Aufgabe der Untersuchung über Reinheit und Unreinheit zuschreibt, dürfte Hieronymus den Zustand des palästinischen Judentums seiner Zeit korrekt wiedergeben. Um 400 besaßen die Rabbinen noch nicht den Einfluß wie in späteren Zeiten. Die althergebrachten Strukturen aus der Zeit vor der Zerstörung des Tempels waren für die Besetzung von gemeindeleitenden Stellen wichtiger als die rabbinische Ordination. Die Rabbinen übernahmen erst im Laufe des dritten Jahrhunderts im größeren Maße Aufgaben in der Synagoge, ansonsten beschränkten sie sich auf die Lehrhäuser. Die Auskunft des Hieronymus, der Synagogenvorsteher habe Proben auf Reinheit oder Unreinheit vorgenommen, ist daher durchaus vertrauenswürdig.[22]

In der Frage der Untersuchung von Frauenblut auf Reinheit und Unreinheit, die im Judentum vorgenommen wurde, benutzt Hieronymus gezielt das rhetorische Mittel der Übertreibung, um Ekel und Abscheu bei den Lesern hervorzurufen. Er übertreibt, wenn er den Synagogenvorstehern unterstellt, eine besonders ekelerregende Untersuchungsmethode zu benützen. Hieronymus benutzt diese Unterstellung sicherlich auch deshalb, weil der

21 M. Nid 1, 3-4, T. Nid 1, 8.

22 Zum Verhältnis der Rabbinen zu anderen Führungsgruppen in Palästina bis ins 5. Jahrhundert s. Günter Stemberger, Juden und Christen im Heiligen Land, München 1987, S. 220-225.

Brief an eine weibliche Adressatin gerichtet ist. Andererseits sind Details seiner Aussage zutreffend und zeigen die Vertrautheit des Hieronymus mit dem jüdischen Leben seiner Umwelt.

3. SABBATGEBOTE

Die zweite zu untersuchende Stelle betrifft das Verbot, sich am Sabbat von seinem Wohnsitz zu entfernen (Ex 16, 29b). An dieser Stelle geht Hieronymus ausführlich auf die jüdische Auslegung dieser Stelle ein und zitiert ausdrücklich drei jüdische Lehrer:

> "Ein weiteres Beispiel: es ist geboten, daß am Sabbat ein jeder in seinem Hause sitzen und nicht hinaus- und umhergehen soll von seinem Wohnort. Wenn wir einmal beginnen, sie dem Buchstaben gemäß in die Enge zu treiben: daß sie nicht liegen, nicht umhergehen, nicht stehen, sondern immerzu sitzen müssen, wenn sie die Gebote halten wollen, pflegen sie zu antworten und sagen: Bar Aqiba, Simeon und Hillel, unsere Lehrer haben uns überliefert, daß wir 2000 Schritte am Sabbat gehen mögen, und anderes dergleichen mehr. So stellen sie die Lehren von Menschen vor die Lehre Gottes. Wir sagen das nicht in der Meinung, daß man am Sabbat ständig sitzen müsse und sich auf keinen Fall von dem Ort, an dem man sitzt, entfernen dürfe; sondern was am Gesetz unmöglich zu erfüllen ist, weil es durch das Fleisch geschwächt ist, das muß durch geistliche Beobachtung erfüllt werden."[23]

An dieser Stelle beschäftigt sich Hieronymus intensiver mit jüdischer Auslegung und Lebenspraxis als an der oben angeführten. Es handelt sich um eine Kontroverse, die auf dem Feld der Exegese ausgefochten wird. Hieronymus versucht zu zeigen, daß die jüdischen Lehrer ihrem selbstgesetzten Ziel, die Vorschriften des Gesetzes zu erfüllen, nicht gerecht werden können. Deshalb greift er die rabbinische Auslegung von Ex 16, 29 an, nach der es erlaubt ist, am Sabbat 2000 Schritte zu gehen. Hier wird deshalb zunächst die Frage untersucht, wie das Maß

---

23 Hieronymus, Ep 121, 10, CSEL 56, 48, 20-49, 8.

der 2000 Schritte bzw. Ellen[24] in der rabbinischen Tradition begründet wird.

3.1. Altes Testament

Das Sabbatgebot ist Bestandteil der Zehn Gebote und gehört zum Kernbestand der Theologie des Alten Testaments.[25] In den Zehn Geboten (Ex 20, 8ff; Dt 5, 12.15) ist allerdings nur von der Sabbatruhe ohne zusätzliche Bestimmungen die Rede. Dieses allgemeine Gebot der Sabbatruhe wird schon im Alten Testament um genauere Bestimmungen erweitert.

a) Keine Speisezubereitung: Aus der Geschichte von der Speisung mit Manna und Wachteln in Ex 16, 23-30 ist ein konkretes Verbot der Speisezubereitung am Sabbat zu entnehmen.

b) Kein Verlassen des Wohnsitzes: Der Sabbat wird in Lev 23, 1-3 ausdrücklich als Fest geboten, das von jedem einzelnen an seinem Wohnort gefeiert werden soll. Aus der Erzählung vom Manna während der Wüstenwanderung ergibt sich aus der Stelle Ex 16, 29b das Gebot, am Sabbat seinen Wohnsitz nicht zu verlassen. In Jes 58 ,13f wird das Gehen am Sabbat noch einmal ausdrücklich verboten.

c) Kein Lastentragen: Das direkte Verbot des Lastentragens am Sabbat ist in Jer 17, 19-27 formuliert.

d) Kein Feuer machen: Das Verbot, am Sabbat Feuer zu machen findet sich am Anfang der Vorschriften für die Stiftshütte, Ex 35, 1-3.

---

24 Hieronymus spricht von 2000 Fuß, in der rabbinischen Diskussion wird von 2000 Ellen geredet, die nach bErubim 41a 2000 mittelgroßen Schritten entsprechen (s.u. Anm. 31).

25 Der Sabbat spielt in fast allen Bereichen der alttestamentlichen Theologie eine wichtige Rolle. Das Halten des Sabbats ist Bestandteil der Bundestheologie: in Ex 31, 12-17 wird das Halten des Sabbats als Bundeszeichen befohlen. Auch in der Prophetie ist der Sabbat und das Einhalten der Sabbatgebote ein wichtiger Teil des Bundes, z.B. Jes 56, 1-4. In der prophetischen Kritik an Israel wird das Nicht-Halten des Sabbats als eine Ursache für das strafende Eingreifen Gottes verstanden, z.B. Jer 17, 19-27. Das Gebot der Sabbatruhe ist verbunden mit der Androhung der Todesstrafe. Dafür ist ein biblisches Beispiel belegt (Num 15, 32-36): ein Mann, der am Sabbat Holz gesammelt hat, wird auf Gottes ausdrückliches Geheiß gesteinigt.

e) Kein Handel: Der Handel am Sabbat ist durch das Ruhegebot untersagt, das aber nicht für Heiden gilt, daher wird in Neh 10, 23 der Handel mit Heiden noch einmal ausdrücklich in einer Selbstverpflichtung des Volkes untersagt (cf. auch Neh 13, 15-21 als Beispiel für die Notwendigkeit dieses Verbotes).

3.2. Jubiläenbuch und Damaskusschrift

Innerhalb des Alten Testaments findet sich keine Ergänzung des in Ex 16, 29 ausgesprochenen Verbotes, am Sabbat seinen Wohnsitz zu verlassen, weder verschärfend, noch erleichternd. Die ersten Hinweise auf eine Erleichterung des Gebotes durch die Auslegung, daß man 2000 Ellen gehen dürfe, finden sich in der sog. Damaskusschrift aus Qumran. Das etwas ältere Jubiläenbuch (ca. 1. Hälfte des 1. Jhdt. v. Chr.), das insgesamt wohl die Damaskusschrift beeinflußt hat, enthält noch keine Hinweise auf ein Maß von 2000 Ellen. Dort ist vielmehr das strenge Verbot, überhaupt keinen Weg am Sabbat gehen zu dürfen, wiederholt: "Und jedermann, der an ihm (sc. dem Sabbat) eine Arbeit tut, und auch, wer einen Weg geht ... ein Mensch, der irgend etwas von diesem am Sabbattage tut, soll sterben."[26]

Die Damaskusschrift ist somit der früheste Beleg für die Auslegung, daß es erlaubt ist, am Sabbat 2000 Ellen weit zu gehen. An der Damaskusschrift läßt sich auch beobachten, auf welche Weise die Auslegung entstanden ist. Dort finden sich zwei konkurrierende Vorschriften für den Sabbatweg; in 10, 21: "Nicht darf man aus seiner Stadt weiter hinausgehen als 1000 Ellen,"[27] und in 11, 5-6a: "Niemand soll hinter dem Vieh hergehen, um es außerhalb der Stadt zu weiden, es sei denn, 2000 Ellen weit."[28]

Diese Anweisung, man dürfe am Sabbat nicht weiter als 1000 Ellen aus der Stadt herausgehen, zum Weiden des Viehs aber 2000 Ellen weit, gibt einen wichtigen Hinweis für die Herkunft dieser Auslegung des Sabbatgebotes. Die Anweisungen für die Anlage der Levitenstädte in Num 35, 1-5 werden mit dem Verbot, am Sabbat seinen Platz zu verlassen, in Verbindung gebracht. Aus Num 35, 1-5 ergibt sich für quadratisch angelegte Städte ein

---

26 Jub 50,12.
27 CD 10,21: אַל יִתְהַלֵּךְ חוּץ לְעִרוֹ עַל אֶלֶף בְּאַמָּה
28 CD 11,5-6a: אַל יֵלֵךְ אִישׁ אַחַר הַבְּהֵמָה לִרְעוֹתָהּ חוּץ מֵעִירוֹ כִּי אִם עַלְפַּיִם בָּאַמָּה

Grundriß mit 1000 Ellen Kantenlänge. Das Weideland vor der Stadt soll die Fläche eines Quadrates mit 2000 Ellen Kantenlänge haben. Diese beiden Zahlen dringen in die Diskussion um den Sabbat ein und werden weiterhin - zum Teil unterschiedlich - verwendet.[29]

3.3. Neues Testament

Im Neuen Testament gibt es keine Auseinandersetzungen um den Sabbatweg, die Vorschrift, daß man sich bis zu 2000 Ellen von seinem (Sabbat-) Wohnsitz entfernen darf, ist ohne Diskussion anerkannt. Die Schilderung der Himmelfahrt Jesu in der Apostelgeschichte berichtet völlig unbefangen, daß die Entfernung von Jerusalem zum Ölberg einen Sabbatweg betrage.[30] Das entspricht der Realität: die Distanz zwischen der Stadtmauer und der sogenannten "Himmelfahrtskuppe" beträgt einen knappen Kilometer (2000 Ellen entsprechen nach rabbinischer Auffassung 2000 mittelgroßen Schritten,[31] d.h. ca. 800-900 Metern).[32]

3.4. Mischna und Talmud

Innerhalb der rabbinischen Überlieferung gibt es ausführliche Diskussionen um den Sabbatweg. Von den Rabbinen ist das Fehlen einer biblischen Begründung für das Maß der 2000 Ellen als problematisch empfunden worden. Die Frage nach einer biblischen Begründung wird in der Gemara des Babylonischen Talmuds explizit gestellt (bErubin 51a):

---

29 Wenn man das berücksichtigt, muß man nicht, wie E. Lohse, Art. σάββατον, in: ThWNT 7, S. 14, versuchen, die beiden in der Damaskusschrift angegebenen Zahlen zu harmonisieren.

30 Apg 1, 12 Τότε ὑπέστρεψαν εἰς Ἰερουσαλὴμ ἀπὸ ὄρους τοῦ καλουμένου Ἐλαιῶνος, ὅ ἐστιν ἐγγὺς Ἰερουσαλὴμ σαββάτου ἔχον ὁδόν.

31 bErubin 41a : 2000 mittelgroße Schritte sind die Grenze des Sabbatgebietes (Der Babylonische Talmud, übertr. von Lazarus Goldschmidt, 12 Bde., Berlin 1929-1936).

32 cf Gustav Dalmann, Jerusalem und sein Gelände, Gütersloh 1930, Nachdr. Hildesheim 1972 S. 44; er gibt die Entfernung zwischen der "Himmelfahrtskuppe" und der Ostmauer der Stadt mit (Luftlinie) 750 Meter an. Für den Sabbatweg nimmt er 1000 Meter an, ohne zu sagen, wie er umrechnet.

"Wo kommen die 2000 Ellen in der Schrift vor?" Die Antwort beruft sich aber nicht auf die obengenannte Stelle Num 35, 1-5 (Levitenstädte), sondern liest das Maß der 2000 Ellen direkt in den Text von Ex 16, 29b hinein.

"Es wird gelehrt: Jeder verbleibe auf seinem Platz, das sind die vier Ellen;[33] niemand verlasse seinen Ort, das sind die 2000 Ellen".[34]

Diese Antwort ist offenbar als unbefriedigend empfunden worden. Es ist besonders die auch hier fehlende Schriftbegründung der 2000 Ellen Sabbatweg, die in der rabbinischen Diskussion in Frage steht und nicht durch den Verweis auf eine Bibelstelle beantwortet werden kann. Die Auseinandersetzung darum, ob und wie die 2000 Ellen aus der Tora begründet werden können, haben R. Aqiba und R. Eliezer geführt. Im Mischnatraktat Sota werden drei Streitgespräche, die R. Aqiba an einem Tag geführt haben soll, überliefert, die nicht zum Thema des Traktates passen[35] (die Anweisungen zum praktischen Umgang mit den Sabbatgeboten finden sich im Trakat Erubin). Unter ihnen findet sich auch die Frage nach den 2000 Ellen, die man am Sabbat gehen darf. Es ist R. Aqibas Interesse nachzuweisen, daß das Maß der 2000 Ellen ein Gebot der Tora und nicht nur eine rabbinische Entscheidung ist.

"An jenem Tage trug Rabbi Aqiba vor: 'Und messet außerhalb der Stadt 2000 Ellen ab usw.'. Aber ein anderer Vers sagt:

33 Die in der Antwort erwähnten 4 Ellen sind der Raum, der einem Menschen nach rabbinischer Auslegung zur Verfügung steht, ohne daß das Gebot "Jeder bleibe auf seinem Platz" übertreten wird.

34 bErubin 51a; Diese talmudische Stelle ist identisch mit einer Stelle der sehr viel älteren Mekilta des R. Ismael (zeitgleich mit R. Aqiba). Man kann annehmen, das hier mit der Floskel "es wird gelehrt" ein Zitat aus der erwähnten Mekilta eingeleitet wird; Mekilta des Rabbi Ishmael, hg. von Jacob Z. Lauterbach, Philadelphia 1933, Traktat Vayassa in: Bd. II S. 122.

35 Der Traktat Sota behandelt vor allem das Ordal. Den Ablauf der Regeln zum Ordal unterbricht der Einschub mit den Streitgesprächen R. Aqibas (M. Sota 5,2-4), dazu kommt als Anhang noch ein Streitgespräch R. Josuas (M. Sota 5, 5). Weshalb diese Streitgespräche in den Traktat aufgenommen worden sind, ist nicht klar. In der Tosefta sind die drei Streitgespräche Aqibas ebenfalls zusammenhängend überliefert (T. Sota 5, 13-6, 2).

'Von der Mauer der Stadt und außerhalb 1000 Ellen ringsrum' Und es ist nicht möglich, zu sagen: 1000 Ellen; denn es wurde schon gesagt 2000 Ellen; und es nicht möglich zu sagen: 2000 Ellen; denn es heißt schon 1000 Ellen. Aber warum heißt es 1000 Ellen, und warum heißt es 2000 Ellen? Jedoch 1000 Ellen Weideplatz und 2000 Ellen Sabbatgebiet."[36]

Mit dieser Interpretation trägt R. Aqiba den Sabbatweg in den Text von Num 35, 5 ein: "2000 Ellen im Quadrat um die Städte herum sollen als Weide dienen". Die einzige Bibelstelle, in der ein Maß von 2000 Ellen erwähnt ist, gebraucht er als Beleg für den Sabbatweg. Er versucht auf diese Weise die 2000 Ellen Sabbatweg als Vorschrift der Tora zu interpretieren. R. Eliezer hat R. Aqibas Auslegung widersprochen:

"Rabbi Eliezer, der Sohn von Rabbi Jose dem Galiläer, sagt: 1000 Ellen Weideplatz und 2000 (Ellen) Felder und Weinberge."[37]

Mit dieser Interpretation legt auch R. Eliezer den Bibeltext unsachgemäß aus, denn beide Maßangaben - 1000 und 2000 Ellen - beziehen sich eindeutig auf das Weideland. R. Eliezer verfolgt mit dieser Deutung die Absicht, zu verhindern, daß man behaupten kann, die 2000 Ellen seien Gebot der Tora. Daß das der eigentliche Streitpunkt ist, ist im Talmud deutlich ausgesprochen worden, bSota 30b:

"Worin besteht ihr Streit? - Einer ist der Ansicht, das Sabbatgebiet sei aus der Tora, und einer ist der Ansicht, es sei rabbanitisch."

Die Halaka folgt der Ansicht von R. Eliezer,[38] so daß innerhalb der rabbinischen Tradition die 2000 Ellen, die man am Sabbat gehen darf, nicht als Gebot der Tora verstanden werden, sondern als Lehre der Rabbinen.

Dieses Ergebnis ist für die Analyse der hier untersuchten Stelle in Ep 121,10 des Hieronymus von Bedeutung. In der rabbinischen Literatur selbst gilt die Erlaubnis, am Sabbat 2000 Ellen zurücklegen zu dürfen, nicht als göttliches, sondern als rabbinisches - menschliches - Gebot.

---

36 M. Sota 5, 3a

37 M. Sota 5, 3b

38 Auch in der gleichzeitig zur Mischna entstandenen Tosefta wird

3.5. Hieronymus

Nach der Untersuchung der rabbinischen Diskussion um den Sabbatweg soll nun gefragt werden, wie Hieronymus in seiner Auslegung von Kol 2, 16-23 in Ep 121, 10 dazu kommt, auf diese Frage einzugehen. Keiner der erhaltenen patristischen Kommentare zum Kolosserbrief geht an dieser Stelle auf den Sabbatweg oder auf die vorhergenannte Untersuchung von Blut auf Reinheit oder Unreinheit ein.[39] Die Diskussion um den Sabbatweg an dieser Stelle ist kein fester Bestandteil der Auslegungstradition, die Auseinandersetzung mit jüdischer Auslegung und jüdischem Leben geht vielmehr auf Hieronymus selbst zurück.[40]

Den Schlüssel zum Verständnis der Auslegung des Hieronymus bieten jeweils Stichworte aus dem Kolosserbrief. Für das Thema "Reinheit und Unreinheit" gibt Kol 2, 16 das Stichwort: *Nemo vos iudicet in cibo et potu.*[41] Das Thema "Sabbat" ist in demselben Vers angesprochen: *aut in parte sabbatorum.*[42] Für den Weg, den Hieronymus mit seiner Auslegung beschreitet, ist der Begriff *doctrinae hominum* aus Kol 2, 22 entscheidend.[43]

---

die Meinung Eliezers als maßgeblich wiedergegeben; T. Sota 5, 13.

39 s. o. Anm. 13. Frau Dr. Caroline Hammond-Bammel hat in der Diskussion im Anschluß an den Vortrag auf die Möglichkeit hingewiesen, daß der verlorene Kolosser-Kommentar des Origenes die Auslegung des Hieronymus an dieser Stelle beeinflußt hat. Diese Hypothese läßt sich nicht verifizieren. Zum einen weicht die einzige Stelle an der Origenes in *De principiis* den Sabbatweg von 2000 Schritten erwähnt (s. u.), von der Auslegung des Hieronymus ab. Die Auslegung, die Origenes möglicherweise im Kolosser-Kommentar vorgetragen hat, hätte also im Widerspruch zu den Aussagen in De principiis stehen müssen. Zum anderen müßte der Kolosser-Kommentar völlig ohne Wirkungsgeschichte geblieben sein, denn in keinem der anderen altkirchlichen Kommentare zum Kolosserbrief finden sich Spuren der Diskussion um den Sabbatweg.

40 Abgesehen von der Erwähnung des Sabbatweges durch Origenes in *De principiis* IV 3, 2 (s. u.) gibt es in der patristischen Literatur keine weiteren Angriffe gegen die jüdische Auslegung, die erlaubt, am Sabbat 2000 Ellen weit zu gehen.

41 Hieronymus Ep 121, 10, CSEL 56, 44, 10-12: *nemo vos iudicet - de his, qui magistros esse se iactant - in cibo et potu - quod alia munda sint, alia inmunda.*

42 Hieronymus Ep 121, 10, CSEL 56, 44, 18.

43 Diese Arbeitsweise des Hieronymus läßt sich an vielen anderen Stellen beobachten. Hier seien nur zwei Beispiele genannt. Im ersten

Ausgehend von diesem Stichwort, strukturiert Hieronymus seine Exegese und schließt sie mit dem Beweis ab, daß die Juden menschliche Vorschriften über Gottes Gebote stellen.

Neben den Stichworten aus dem auszulegenden Text lassen sich gerade in diesem Teil der Auslegung des Hieronymus von Kol 2, 18-23 auch Einflüsse des Origenes nachweisen. Im Buch IV von *De principiis*, das sich mit der Hermeneutik der Heiligen Schrift beschäftigt,[44] finden sich Vorlagen für die Argumentation des Hieronymus.[45] Origenes bezieht die Äußerungen von Kol 2, 16-23 ebenfalls auf die Juden.[46] Der Akzent liegt für Origenes auf der Verwendung der Sabbatruhe als Beispiel für ein - nach wörtlicher Auslegung - unerfüllbares Gebot, das

---

behandelten Abschnitt (CSEL 56, 48, 15-20) ist es das Stichwort *aniles fabulae* (1. Tim 4, 7), das die Auslegung des Hieronymus bestimmt. Ergänzend kann hier, weil es sich um den Kontext antijüdischer Polemik handelt, noch der Begriff "*judaicae fabulae*"(Tit 1, 14a) angeführt werden. Im Kommentar zum Titusbrief (ca. 387-389 verfaßt) verläuft die antijüdische Argumentation des Hieronymus ganz ähnlich: *Qui hanc habet fidei et doctrinae sanitatem atque verborum, non attendet Judaicis fabulis et mandatis hominum aversantium se a veritate. Acquiescamus paulisper Judaeis, et eorum, qui apud eos sapientes vocantur, patienter ineptias audiamus; et tunc intelligemus quae sunt Judaicae fabulae sine auctoritate Scripturae, sine ulla assertione rationis, animalia quaedam et fabulosa fingentium, ... Judaicis servit fabulis et mandatis hominum aversantium veritatem* (Comm. in Ep ad Titum 1, 14 MPL 26, 575).

44 H. Görgemanns / H. Karpp (Hg.), Origenes, Vier Bücher von den Prinzipien, Darmstadt 1985^2, Einleitung S. 14: "... legt gegen Juden und Häretiker, aber auch gegen naive ungeschulte Christen die Notwendigkeit und das Verfahren der geistlichen Auslegung dar."

45 Die Überprüfung der Werke des Origenes ergab, daß diese Stelle in *De principiis* die einzige ist, an der Origenes das Maß von 2000 Ellen in Verbindung mit dem Sabbat erwähnt. Die Überprüfung wurde für die griechisch erhaltenen Werke mit Hilfe des *Thesaurus Linguae Graecae* (hg. University of California, Irvine 1987) auf CD-ROM durchgeführt; gesucht wurden alle Formen von "διοχίλιοι". Für die Benutzung des *Thesaurus* danke ich Prof. Dr. D. Hagedorn vom Papyrologischen Institut der Universität Heidelberg. Für die lateinisch erhaltenen Werke wurden mit Hilfe der *Biblia Patristica* (Bd. 3, Origène), sämtliche Zitate von Ex 16, 29; Num 35, 2-8 und Kol 2, 16-23 nachgeschlagen.

46 Origenes, De principiis IV 2, 6.

"geistlich" verstanden werden muß.[47] Dabei nimmt er auch Bezug auf die jüdische Auslegung des Ruhegebotes, derzufolge bis zu 2000 Schritte zurückzulegen erlaubt ist.[48] Origenes polemisiert in der Frage des Sabbatweges gegen den Umgang der Juden mit dem Gesetz. Aber es findet sich bei ihm kein Hinweis darauf, daß er die rabbinische Diskussion um den Sabbatweg genau kennt.[49] So bezeichnet er die 2000 Ellen als "Raum" (τόπος) eines jeden, der aber wird in der rabbinischen Literatur mit 4 Ellen angegeben (s.o. Anm. 33f.: bErubin 51a). In der Frage des Lasttragens am Sabbat ist Origenes besser informiert.[50]

Der Zweck, den Origenes mit seiner Argumentation in *De principiis* IV, 2-3 und an anderen Stellen verfolgt ist, aufzuzeigen, daß bei bestimmten Schriftstellen der literale Schriftsinn nicht zu einer sinnvollen Auslegung führt. Seiner Meinung nach sind bestimmte Vorschriften des mosaischen Gesetzes unsinnig oder nicht zu erfüllen - dafür ist das Ruhegebot am Sabbat eines der

---

47 Origenes, De principiis IV 3, 2: εἰ δὲ καὶ ἀδύνατα νομοθετούμενα βούλεσθε ἰδεῖν,...ἀλλὰ καὶ τὸ διαβόητον σάββατον τῷ ἀκριβοῦντι ...ἀδύνατόν ἐστι φυλαχθῆναι κατὰ τὴν λέξιν,...

48 Origenes, De principiis IV 3, 2: εἴς τινα δὲ φλυαροῦσιν εὑρησιλογοῦντες, ψυχρὰς παραδόσεις φέροντες, ὥσπερ καὶ περὶ τοῦ σαββάτου, φάσκοντες τόπον ἑκάστου εἶναι δισχιλίους πήχεις.

49 Origenes erwähnt die rabbinische Diskussion nicht. Er berichtet nur vom Samaritaner Dositheus, der das Ruhegebot so zugespitzt hat, daß ein jeder in der Stellung verharren müsse, in der er sich beim Einbruch des Sabbats befunden habe. Belege für ein solches Verhalten finden sich erst bei den Karäern, nicht aber in der rabbinischen Literatur. Der einzige weitere Hinweis, den Origenes auf die rabbinische Auslegung zum Sabbatweg gibt, ist sehr vage. Er sagt über die Juden nur, daß sie das strenge Ruhegebot unzureichend auslegen: *Quid enim tam impossibile quam Sabbati observatio secundum litteram legis? Jubetur enim non exire de domo sua, non se movere de loco suo, nihil oneris levare. Quae quia impossibilia vident Judaei qui secundum carnem legem observant, inepta quaedam et ridicula commentantur, quibus impossibilitatem legis sarcire videantur.*

50 Zum Thema "Lasttragen am Sabbat" berichtet Origenes in *De Principiis* IV 3, 2 von den rabbinischen Auseinandersetzungen darüber, was eine Last und was das Lasttragen sei (cf. M. Shabbat). Im Kommentar zu Röm 5, 1 (PG 14, 1020D) weist Origenes ein weiteres Mal auf die biblischen Verbote des Lasttragens, Gehens und Feuermachens am Sabbat hin.

wichtigsten Beispiele.[51] Weil das Gesetz nicht dem Buchstaben nach zu erfüllen ist,[52] muß es geistlich verstanden und geistlich erfüllt werden.

Hieronymus folgt der Argumentation des Origenes, wenn er zum Ende des besprochenen Abschnitts aus Ep 121, 10 resümiert, daß das Gesetz durch geistlichen Gehorsam erfüllt werden muß. Er übernimmt aber nicht einfach die Äußerungen des Origenes zu Kol 2, 16-23. Bei Hieronymus liegt neben der besseren Kenntnis der rabbinischen Diskussion auch eine Verschiebung im Aufbau der Polemik vor. Er versucht nicht nur - wie Origenes - zu beweisen, daß es unerfüllbare Vorschriften des Gesetzes gibt.[53] Hieronymus will vielmehr die Juden überführen, daß sie sich - entgegen ihrer eigenen Aussage - nicht an das Gesetz halten. Dafür nimmt er ebenfalls das Ruhegebot am Sabbat als Beispiel. Hieronymus wirft den Juden vor, menschliche Gesetze dem Gesetz Gottes vorzuziehen. Diesen Gedankengang entfaltet er im Anschluß an das Stichwort *doctrina hominum* aus Kol 2, 22.

In der Auseinandersetzung mit der rabbinischen Auslegung des Ruhegebotes am Sabbat beweist Hieronymus seine Kenntnis

---

51 Zum Vergleich sei hier eine Stelle aus dem Römerbrief-Kommentar zitiert. Origenes, Comm. in Ep. ad Romanos 1, 10, PG 14, 856B: *Per litteram namque infirmabatur lex, ut non posset impleri. Quis enim impleret vel de Sabbato quod scriptum est: Non te movebis de loco tuo in die Sabbatorum (quomodo enim fieri poterat, ut se aliquis penitus non moveret de loco suo in die Sabbatorum?), vel de legibus leprae in stamine, vel in pariete, vel in pelliculae exortae, et mille alia in quibus secundum litteram tanquam secundum carnem infirmata est lex?*

52 Dieses an Paulus orientierte Verständnis des Gesetzes entfaltet Origenes auch an anderen Stellen, z.B. In Exodum Homilia 11, 6, PG 12, 381C: *Non enim potest facere lex sicut Judaei dicunt, quia infirmatur lex in carne, id est in littera, et nihil potest secundum litteram facere: nihil enim ad perfectum adducit lex.*

53 Der einzige christliche Kommentator, der im Zusammenhang von Kol 2, 16-23 auch noch auf die Unerfüllbarkeit des Gesetzes hinweist, allerdings ohne jeden Bezug zum Sabbatgebot, ist Theodoret von Cyrus, der im Anschluß an Kol 2, 16 darauf hinweist, daß man unmöglich dreimal im Jahr von Kolossä in Phrygien nach Jerusalem pilgern konnte, deshalb sagt er über die legales traditiones: *Neque enim poterant eas implere*; PG 82, 611.

der rabbinischen Literatur.[54] Das wird zum einen an der richtigen Verwendung der 2000 Ellen als Maß des Sabbatweges deutlich, zum anderen aber auch an der Aufzählung der Rabbinen, auf die sich - nach der Aussage des Hieronymus - die Juden zu berufen pflegen, wenn sie in der Auslegung von Ex 16, 29 in die Enge getrieben werden: "... *Barachibas*[55] *et Symeon*[56] *et Hellel*[57]".[58] Es handelt sich dabei um R. Aqiba, R. Schimon ben Jochai und Hillel. Hillel und R. Aqiba gehören zu den wichtigsten rabbinischen Lehrern überhaupt. Beiden wird in Mischna, Tosefta und Talmud höchste Wertschätzung zuteil. R. Simeon ist wesentlich weniger bekannt. Er ist aber ein herausragender Schüler R. Aqibas und gilt in der rabbinischen Tradition ebenfalls als

---

54 Hieronymus ist der einzige Kirchenvater, der sich sachlich richtig zu der Frage des Sabbatweges äußert. Selbst Origenes scheint nicht die Kenntnisse des Hieronymus gehabt zu haben (s.o.). Die Untersuchung der bereits im *Thesaurus Linguae Graecae* auf CD-ROM enthaltenen Korpora ergab, daß kein anderer der griechischen Kirchenväter das spezielle Maß von 2000 Ellen für den Sabbatweg kennt. Als lateinisches Beispiel sei Augustin genannt, der die Einhaltung der Sabbatruhe für die Juden seiner Umgebung bezeugt und weiß, daß die Juden am Sabbat nicht reisen dürfen, ohne aber auf die rabbinischen Vorschriften und Diskussionen einzugehen; cf. Thomas Raveaux, Augustin über den jüdischen Sabbat seiner Zeit, in: REAug 28 (1982) S. 213-221.

55 Bei *Barachibas* handelt es sich um Rabbi Aqiba (עֲקִבָה בֶּן יוֹסֵף). R. Aqiba ist einer der bedeutendsten Lehrer der mischnischen Zeit. Auf ihn geht ein Großteil der Lehrentscheidungen zurück. Er hat den Bar- Kochba Aufstand unterstützt und ist deshalb von den Römern hingerichtet worden. Zur Identifizierung von *Barachibas* mit R. Aqiba s. S. Krauss, The Jews in the Works of the Church Fathers. VI. Jerome, in: JQR 6 (1894) 253.

56 Bei *Symeon* handelt es sich um Rabbi Schimon ben Jochai, einen Schüler R. Aqibas. Sein Lehrhaus hat sich in Tekoa befunden, er gehörte dem Synhedrion von Uscha an und hat den Aufstand von 136 gegen die Römer unterstützt. *Symeon* entspricht der LXX- Umschrift Συμεων.

57 Bei *Hellel* handelt es sich um Hillel den Alten, die von Hieronymus benutzte Namensform entspricht der griechischen Umschrift Ἕλληλ. Hieronymus selbst erwähnt Hillel zusammen mit Schammai auch im *Comm. in Jesajam* als bedeutendes Schulhaupt.

58 Hieronymus, Ep 121, 10 CSEL 56, 49, 2.

bedeutende Autorität.[59] Die Aufzählung dieser drei Rabbinen scheint zufällig zu sein. Daß das nicht so ist, wird bei näherer Betrachtung deutlich.

Die drei von Hieronymus erwähnten Rabbinen werden innerhalb der rabbinischen Tradition nicht zu einer gemeinsamen Gruppe gerechnet. Trotzdem springt eine Gemeinsamkeit der drei ins Auge. Sie gehören zu den Rabbinen, die dazu neigen, in ihren Entscheidungen strenge Vorschriften möglichst durch mäßigende Auslegung abzumildern. Der Gegensatz zwischen Hillel und Schammai und ihren Schulen ist klassisch: Hillel und seine Schule plädieren fast ausnahmslos für die weniger strenge Auslegungsmöglichkeit. Bei R. Aqiba ist die Tendenz zur Erleichterung weniger stark, aber er ist es, der in der Frage des Sabbatweges versucht, die 2000 Ellen als Gebot der Tora zu verstehen. Bei allen Entscheidungen, die von R. Simeon überliefert werden, läßt sich die Tendenz zur Mäßigung strenger Vorschriften klar erkennen.[60] Diese Gemeinsamkeit der drei ist der Grund für Hieronymus, sie in einem Atemzug zu nennen. Er zählt Rabbinen auf, auf die man sich in Fällen der Abschwächung strenger Gebote berufen kann, darunter R. Aqiba, der die Diskussion um den Sabbatweg wesentlich bestimmt hat. Die Aufzählung, die Hieronymus macht, ist also nicht zufällig; sie beruht vielmehr auf einer guten Kenntnis der divergierenden Strömungen innerhalb der rabbinischen Tradition.

Daß Hieronymus das Gebot des Ruhens am Sabbat an dieser Stelle seiner Auslegung behandelt, ist - wie oben dargelegt - in der Übernahme der Auslegung des Origenes begründet. Der Vorwurf, den Hieronymus an dieser Stelle den Juden macht, sie zögen menschliche Gesetze dem Gesetz Gottes vor, legt sich

59 Das läßt sich an einer talmudischen Bemerkung zeigen (bGit 67a): Isi b. Jehuda zählt die Vorzüge der Weisen auf; dabei sagt er über R. Aqiba, er sei eine vollgestopfte Schatzkammer, und über R. Simeon: "R. Simeon mahlt viel und verschüttet wenig. Hierzu wird gelehrt, er vergesse wenig und was er verschüttet, ist nur Kleie. So sagte auch R. Simeon zu seinen Schülern: Kinder, lernt meine Normen, denn meine Normen sind ausgesucht, von den ausgesuchten Normen R. Aqibas."

60 Im Traktat Erubin, der sich mit den Sabbatvorschriften beschäftigt, sind alle Äußerungen, die von R. Simeon überliefert werden, im erleichternden Sinn gemeint: III, 4; IV, 6.11; V, 6; VI, 6; VIII, 2.5; IX, 1; X, 2.3.

durch den Text (Kol 2, 22b) nahe. Dieser Vorwurf ist hier aber ebensowenig zufällig angebracht wie die Aufzählung der drei Rabbinen. Es zeigt sich vielmehr, welch gute Kenntnis Hieronymus von der innerjüdischen Diskussion hat. Wie im Abschnitt oben erwähnt, ist der Vorwurf, den Hieronymus den Juden macht, selbst schon Bestandteil der rabbinischen Diskussion. Gerade das Fehlen einer biblischen Begründung der 2000 Ellen wird dort als Problem empfunden. Hieronymus trifft mit seiner kurzen Bemerkung einen Punkt, an dem ihm von rabbinischer Seite schlecht widersprochen werden könnte. Die Vorschrift, daß man am Sabbat eine Strecke von 2000 Ellen zurücklegen darf, ist auch nach der rabbinischen Tradition keine Vorschrift, die der Tora entstammt. Es handelt sich um die Entscheidung von Rabbinen, also um menschliche Gebote - genau wie Hieronymus den Juden vorwirft. Die Nennung R. Aqibas in diesem Zusammenhang ist ein starkes Indiz dafür, daß Hieronymus die rabbinische Diskussion kennt, denn innerhalb der rabbinischen Literatur ist die Frage, ob die 2000 Ellen ein Gebot der Tora sind oder nicht, unlösbar mit dem Namen R. Aqibas verknüpft. Das zeigt, daß Hieronymus in seiner zunächst so beiläufig scheinenden Polemik eine Stelle aufs Korn nimmt, an der er den Gegner ernsthaft trifft.

Hieronymus stellt in seiner Polemik gegen die jüdische Aufweichung des Sabbatgebotes die jüdische der christlichen Art des Umgangs mit den alttestamentlichen Geboten gegenüber. Er versucht, die jüdische Selbstdarstellung, die Gebote der Tora wortgetreu zu erfüllen, an Hand des prominenten Beispiels "Sabbat" zu widerlegen.

Eine neuzeitliche Bestätigung seiner Kritik erfährt Hieronymus von Jacob Neusner, einem unverdächtigen Zeugen und profunden Kenner der rabbinischen Literatur und Theologie. Neusner weist in seinen zahlreichen historisch-kritischen Studien nach, daß bis auf wenige Ausnahmen die zentralen Bestimmungen der einzelnen Mischnatraktate auf einer nicht textgemäßen oder außerbiblischen Begründung beruhen[61] - wie hier am Beispiel des Sabbatweges zu beobachten.

Hieronymus setzt mit seiner Kritik allerdings nicht historisch-kritisch an, sondern theologisch. Im Gefolge des Paulus ist es eine der Grundüberzeugungen des Hieronymus, daß das Gesetz nicht zu erfüllen ist, weil ihm die menschliche Sünde entgegensteht. Die Konsequenz, die Hieronymus aus dieser theologischen Einsicht für die christliche Hermeneutik des Alten Testaments zieht, ist, daß das Alte Testament "geistlich" ausgelegt werden muß.[62] Damit folgt Hieronymus der oben dargelegten Ansicht des Origenes aus *De principiis*.[63].

4. ZUSAMMENFASSUNG

Nachdem die verschiedenen Teilaspekte der Auslegung von Kol 2, 16-23 in Ep 121, 10 des Hieronymus analysiert worden sind, soll am Schluß eine Zusammenfassung versucht werden.

Die beiden Themen, die Hieronymus zu einem Angriff gegen die Juden benutzt, "Untersuchungen von Reinheit und Unreinheit an Frauenblut" und "Sabbatruhe", sind vom Text, Kol 2, 16-23, vorgegeben. Beide Themen werden von Hieronymus in Ep 121,10 in unterschiedlicher Weise zu antijüdischer Polemik benutzt. In beiden Fällen sind antijüdische Polemik und die genaue Kenntnis jüdischer Lehren und Gebräuche unlösbar miteinander verwoben. Die Kenntnisse des Hieronymus bilden in beiden Fällen den

61 Jacob Neusner, A History of the Mishnaic Law of Purities, Part 16, Niddah, Leiden 1977 (SJLA 6/16) S.7: "We have already seen substantial evidence that any notion of Pharisaism (or later rabbinic Judaism) as the true and direct descendant of the Old Testament is contradicted by the most fundamental assumption of one Mishnah-tractat after another."

62 Wie die geistliche Auslegung des Ruhegebotes am Sabbat aussehen kann, zeigt Origenes in seiner Homilie zu Numeri 28, 1, GCS 30, 23, 4: *In sabbato unusquisque sedet in loco suo et non procedit ex eo. Quis ergo est locus animae spiritalis? Iustitia locus eius est, veritas, sapientia, sanctificatio et omnia, quae Christus est, locus animae est. Ex quo loco eam non oportet exire, ut vera sabbata custodiat et diem festum in sacrificiis exigat sabbatorum, sicut et dominus dicebat: Qui in me manet, et ego in eo.*

63 S. o. Anm. 44.

(Hinter-) Grund der Polemik. Im Fall der Untersuchung von Frauenblut auf Reinheit oder Unreinheit erweist sich die Behauptung des Hieronymus, die Synagogenvorsteher hätten eine Geschmacksprobe durchzuführen, als Unterstellung. Im Fall der Sabbatgebote hingegen ist die Polemik des Hieronymus eine Kritik am Gesetzesverständnis des Judentums, die gezielt an einem zentralen Punkt ansetzt, um den es auch innerjüdische Auseinandersetzungen gibt. Neuere Untersuchungen zum Selbst- und Gesetzesverständnis des rabbinischen Judentums geben Hieronymus in seiner Kritik sachlich recht, wenn festgestellt wird, daß ein Großteil der Begründungen für rabbinische Entscheidungen nicht als sachgemäße Auslegung der Heiligen Schrift verstanden werden kann.[64]

Daß eine so qualifizierte Form der antijüdischen Polemik direkt neben einer simplen Unterstellung wie der "Geschmacksprobe" steht, ist verwunderlich. Diese Tatsache paßt aber in das Bild, das sich von der gesamten Arbeit des Hieronymus gewinnen läßt: Licht und Schatten liegen bei ihm so nahe beieinander wie bei keinem anderen großen Kirchenvater.

---

64 S. o. Anm. 61.

Jews and Christians on the Bible: Demarcation and Convergence [325-451]

William Horbury

1. JEWS AND CHRISTIANS

The phrase 'Jews and Christians on the Bible' naturally also raises the question of the relationship between Judaism and Christianity. Some hold, with historians including Heinrich Graetz, Adolf von Harnack, Yehezkel Kaufmann and Jacob Neusner, that Jews and Christians respectively represent two mainly independent movements; from this viewpoint, the signs of demarcation in exegesis too are likely to appear of primary importance. Others, however, would underline the common inheritance or the common perspective of Jews and Christians, following historians like James Parkes, Hans-Joachim Schoeps, Marcel Simon and Nicholas de Lange; and for them the convergences in biblical interpretation might be expected to stand out particularly boldly. A general view of exegesis should therefore embrace not only forms and methods, which often bring similarities to notice, but also the texts interpreted and the subjects treated, points at which the Jewish and the Christian ways often divide. In the end, however, any comparison between Jewish and Christian exegesis in the golden age between Nicaea and Chalcedon must also be an implicit appraisal of the relation between Judaism and Christianity in the ancient world.

The fourth and the early fifth century were *aurea saecula* not only for Christians, but also for Jews; at the same time they were at least a silver age for pagans. This claim can be made with some assurance in respect of literary history, but up to a point it has a broader application as well. In the Roman Empire, although the Jewish patriarchate in Tiberias came to an end about 425, the Jews remained an exceedingly important minority, as the relative tolerance of the laws in the Theodosian Code attests.[1] Beyond the imperial borders, the large and prosperous diaspora in Babylonia was an outstanding centre of rabbinic study. In Galilee during these years the rabbinic movement shaped a literature which moulded all subsequent Jewish history, above all the Talmud Yerushalmi and the Midrash Rabbah on Genesis and Leviticus; in Babylonia at the same time the long drawn-out compilation of the gigantic Babylonian Talmud was probably beginning. The impression of Jewish prosperity is confirmed by excavations, such as those which have brought to light the synagogues of Sardis (fourth century) or Hammath Tiberias (buildings of the fourth and the fifth centuries).[2]

As regards the pagan population, there is much to support Sir Samuel Dill's phrase 'the tenacity of paganism'.[3] After Julian, indeed, the cult of the gods was prohibited, and their temples fell into ruins or were turned into churches, whereas synagogues, although they were also attacked, were still protected by law; but pagans, like Jews, retained political significance. Sometimes pagan reactions to the new situation seem to resemble those of the Jews. The poet Claudian, for example, still writes as though he were reciting to Virgil's audience 'cum patribus populoque, penatibus et magnis dis';[4] and rabbinic exegetes, likewise, find in their

1 K.D. Reichardt, 'Die Judengesetzgebung im Codex Theodosianus', *Kairos* xx (1978), 16-39; B.S. Bachrach, 'The Jewish Community of the Later Roman Empire As Seen in the *Codex Theodosianus*', in J. Neusner, E.S. Frerichs & C. McCracken-Flesher (edd.), *"To See Ourselves as Others See Us": Christians, Jews, "Others" in Late Antiquity*, (Chico, California 1985) 399-421.

2 A.T. Kraabel, 'The Diaspora Synagogue: Archeological and Epigraphic Evidence since Sukenik', *ANRW* ii, 19, 1 (1979), 477-510 (483-8); M. Dothan, *Hammath Tiberias* (Jerusalem, 1983), 27-70.

3 S. Dill, *Roman Society in the Last Century of the Western Empire* (2nd edn, revised, London 1910), title of Book I; respect for paganism in various places throughout the fourth century and sometimes still in the fifth is noted by R. MacMullen, *Paganism in the Roman Empire* (New Haven & London, 1981), 132-4; on Rome at the end of the fourth century see B.L. Visotzky, 'Hillel, Hieronymus and Praetextatus', JANES xvi-xvii (1984-85) [=*Ancient Studies in Memory of Elias Bickermann*], 217-24.

4 Virgil, Aen. viii 679, cf. iii 12. Claudian was a pagan as Augustine and Orosius state (A. di Berardino, in A. di Berardino (ed.), *Patro-*

ancestral tradition a self-sufficient world: neither the pagan poet nor the Jewish teachers make more than sparing and enigmatic allusion to the Christians.

Nevertheless, Jewish-Christian controversy went on in these circumstances, as it had before Constantine. For the reader of Christian exegesis, this may sound obvious. Almost every exegetical writing has something *adversus Iudaeos*, and such controversy seems almost unavoidable on topics like the law or the messiah. Here, however, an important preliminary question for comparison of Jews and Christians on the Bible is raised. *Prima facie*, Christian exegesis seems to reflect genuine debate, and hence genuine common ground between Jews and Christians. At the same time, however, the rabbinic texts seem to offer little on Christianity, as has already been noted. It is true that Greek and Latin writings by Jews of this period are probably lost (see below); nevertheless, it has continually been claimed that Jews, comparable in this respect with pagans like Claudian, gave no serious attention to Christian biblical interpretation. The Christian biblical exegeses and writings *adversus Iudaeos* would then have been intended for the Christians themselves, not only for instruction in the understanding of the scriptures, but also (according to Harnack's classical presentation) as an answer to pagan objections: 'der Jude aber, wie der Christ ihn sich dachte, war der Heide'.[5]

Harnack's phrases still re-echo, for example in the work of H. Tränkle and (indirectly) of H. Schreckenberg.[6] Through Harnack's pupil A. C. McGiffert these opinions spread in the Eng-

logy, iv (E. T. Maryland, 1986), 308) or perhaps an unbaptised Christian of pagan education and inclination (W. Schmid, 'Claudianus I', *RAC* iii (1957), cols. 152-67 (158-65); Alan Cameron, 'Claudian', in J. W. Binns (ed.), *Latin Literature of the Fourth Century* (London, 1974), 134-59 (154-5 & n. 37), also finds an artificial air in the pagan-sounding verses).

5 A. Harnack, *Die Altercatio Simonis et Theophili nebst Untersuchungen über die antijüdische Polemik in der alten Kirche* (TU iii 1, Leipzig, 1883), 57, 64-5.

6 H. Tränkle, *Q. S. F. Tertulliani Adversus Iudaeos* (Wiesbaden, 1964), lxx-lxxi, n. 6; H. Schreckenberg, *Die christlichen Adversus-Judaeos- Texte und ihr literarisches und historisches Umfeld (1.-11. Jh.)* (Frankfurt a. M., 1982), 26-7 [I have not seen the 2nd edn, 1990].

lish-speaking world as well, notably in the influential work of G.F. Moore.[7] More recently, Harnack's thesis has been presented afresh, with a newly-considered argument, by D. Rokeah; he holds that, after the Bar-Kokhba revolt, genuine polemic was exchanged only between Christians and pagans.[8] (Being myself an English pupil of a German scholar, I may perhaps be permitted to recall that I once laid a few pages of criticism of Harnack's thesis before my teacher. After due consideration he simply said, 'I incline more and more to the theory of Harnack'.) In summary one can perhaps say that Harnack was right in recognizing the internal importance of exegesis *adversus Iudaeos* for Christian education, but wrong in supposing that significant contact between Jews and Christians ceased. The continuation of such contact throughout the whole period of the ancient church has been shown especially by Jean Juster, James Parkes, Marcel Simon, Bernhard Blumenkranz and (with regard to exegesis in particular) R.L. Wilken and N.R.M. de Lange.[9] It is perhaps not always fully recognized that Harnack himself was ready to acknowledge such contacts in connection with particular situations or writings, such as Justin Martyr's *Dialogue* or the pseudo-Cyprianic *Adversus Iudaeos*.[10] Patristic and legal sources on Christian converse with Jews and Jewish proselytes and sympathisers suggest that anti-Jewish exegesis may not be unconnected with Jewish biblical interpretation; and this hypothesis finds confirmation in the

7 A.C. MacGiffert, *Dialogue between a Christian and a Jew* (Marburg, 1889), 2-4, 8; G.F. Moore, 'Christian Writers on Judaism', *HTR* xiv (1921), 198.

8 D. Rokeah, *Jews, Pagans and Christians in Conflict* (Jerusalem & Leiden, 1982), 9-10, 209-12.

9 J. Juster, *Les Juifs dans l'empire romain* (2 vols., Paris, 1914), i, 53-4 (note); J. Parkes, *The Conflict of the Church and the Synagogue* (London, 1934), e.g. 189-94, 374; M. Simon, *Verus Israel* (E.T. London, 1986), 137-46; B. Blumenkranz, *Die Judenpredigt Augustins* (Basel, 1946, repr. Paris, 1973), 2-3; R.L. Wilken, *Judaism and the Early Christian Mind. A Study of Cyril of Alexandria's Exegesis and Theology* (New Haven & London, 1971), 9-53; N.R.M. de Lange, *Origen and the Jews* (Cambridge, 1976), 89-135.

10 Harnack, *Die Altercatio Simonis*, 73-4, 78 n. 59; *Die Chronologie der altchristlichen Litteratur bis Eusebius* (2 vols, Leipzig 1897, 1904), ii, 402, n. 7; W. Horbury, 'The Purpose of Pseudo-Cyprian, *Adversus Iudaeos*', *Studia Patristica* xviii. 3 (1989), 291-317.

variety, and sometimes also the strength, with which Jewish arguments are presented in the Christian texts.

Further, the traces of polemic on the Jewish side are rather more diverse in date and origin than the study of rabbinic material has sometimes been thought to suggest. On this subject, David Rokeah can perhaps be called too systematic, Johann Maier too sceptical. Rokeah finds that the rabbinic texts reflect a development: genuine polemic with Christians would have lasted only until about 150, and thereafter would have given way to cool disputation without mutual influence. Maier, on the other hand, assumes that nascent Christianity was so unimportant to the Jewish communities of Galilee and Mesopotamia that only after Constantine, and especially in the period of the rise of Islam, when the political situation compelled attention to the subject, were a few anecdotes in the rabbinic tradition referred - incorrectly - to Jesus and his followers.[11] Somewhat similarly, but attaching greater importance to the Christian influence, Jacob Neusner (see the following section) thinks of a convergence of Jewish and Christian concerns in the fourth century, under the new conditions of the Christian empire; but this convergence, in his view, does not constitute any real harmonization of the two movements. There is no doubt that the periods of Christian origins, of the establishment of a Christian empire, and then of the rise of Islam, are likely to have been of special importance in Jewish-Christian relations; but some Jewish material probably reflects other times as well. Notably, the outspoken Jewish polemic in the Toledoth Jeshu appears to presuppose the importance gained by Tiberias under the Jewish patriarchs, but its agreements with the speeches of the Jew of Celsus in Origen, with Tertullian on Jewish claims, and with passages in the probably third-century Commodian, indicate the currency of Jewish anti-

11 Rokeah, 61-5, 76-83; J. Maier, *Jesus von Nazareth in der talmudischen Überlieferung* (Darmstadt, 1978), 273-5 and *Jüdische Auseinandersetzung mit dem Christentum in der Antike* (Darmstadt, 1982), 196-9; for criticism with regard to an important text, Sanh. 43a, see W. Horbury, 'The Benediction of the *Minim* and Early Jewish-Christian Controversy', *JTS* N.S. xxxiii (1982), 19-61 (56-8), and for affirmation of Jewish awareness of Christianity, Irsai and Visotzky as cited in nn. 13 & 37, below.

Christian traditions in the second century and later.[12] A similar outspokenness emerges in classical rabbinic exegesis in Midrash Qoheleth Rabbah (compiled in Palestine, perhaps during the sixth century); in the explanations of Ecclesiastes i 8, anecdotes on Jesus's teaching and on Christian witchcraft and license are gathered together, and the appearance of some of these in the Tosefta suggests their continuous circulation from the pre-Constantinian period.[13]

Light is thrown on our subject by a saying handed down in rabbinic tradition in the name of Abbahu of Caesarea, who flourished about the beginning of the fourth century. In the context it appears that Abbahu has recommended his Babylonian colleague Safra to the *minim* or 'heretics' (among whom, as probably here, Christians are sometimes to be recognized), but Safra cannot give them a good answer on the apparently anti-Jewish text Amos iii 2 'You only have I known of all the families of the earth: therefore will I visit upon you all your iniquities'. Abbahu accordingly says to the *minim*: 'We (in Palestine), because we live cheek by jowl with you, make it our business to study (the Bible); they (in Babylonia) do not study it' (Babylonian Talmud, A.Z.

---

12 The view that Celsus reproduces genuine Jewish polemic is affirmed by de Lange, *Origen*, 66-9; G. Sgherri, *Chiesa e Sinagoga nelle opere di Origene* (Milan, 1982), 28-41; and E. Bammel, *Judaica. Kleine Schriften I* (Tübingen, 1986), 265-83; it is denied, however, by Maier, *Jesus*, 251-8; on Tertullian see W. Horbury, 'Tertullian on the Jews in the Light of De Spectaculis xxx. 5-6', *JTS* N.S. xxiii (1972), 455-9 and Maier, *Jesus*, 69 & 258-9 (noting correspondences with the Toledoth Jeshu, suggesting polemical tradition from Rome as a possible background, but warning (69) against the assumption that this would have been universally current among Jews); on the relevant passages in Commodian, see Blumenkranz, *Judenpredigt*, 87-8 *with Juifs et chrétiens dans le monde occidental* (Paris, 1960), 169 (and a further note on the question of dating in his *Les auteurs chrétiens latin du moyen âge sur les juifs et le judaïsme* (Paris, 1963), 38-9), Horbury, 'Tertullian', 458, n. 5 and E. Bammel, 'Die Zeugen des Christentums', in H. Frohnhofen (ed.), *Christlicher Antijudaismus und jüdischer Antipaganismus* (Hamburg, 1990), 170-80 (172, n. 6).

13 Interpreted as anti-Christian by B. L. Visotzky, 'Overturning the Lamp', *JJS* xxxviii (1987), 76-7; a different explanation is given by Maier, *Jesus*, 143-4 and *Auseinandersetzung*, 119-120.

4a).[14] In fact, although Palestine was the homeland of the midrash, Babylonian teachers too, of course, studied the Bible, as will be noticed further below. The importance of the saying in the present connection is its demonstration that a close connection between exegesis and apologetic was recognized by Jews. Here Jewish interpretation marches together with the likewise apologetically directed Christian exegesis. Christian sources of the fifth century also depict Jews as speaking freely on Christ and the church.[15] An instance is offered by the ironic remarks of the Jew Simon in *Altercatio Simonis*, for example at vi, 22 Erubescere poteris, Theophile, si hoc dictum [sc. potuisse Christum tam maledictam et ludibriosam sustinere passionem] minime comprobaveris. nam scriptum est in Deuteronomio, *Maledictus omnis qui pendet in ligno*; or at vi, 25, in the innocent query Ergo ecclesia fornicaria est? (Harnack, *Die Altercatio Simonis*, 29, 34).[16] It may perhaps be suggested that just as in the pagan world the proud reserve of Claudian is flanked by the keenly critical treatment of Christians and Jews in his contemporary Rutilius Namatianus, and by the learned anti-Christian biblical exegesis of Porphyry and his successors,[17] so in the Jewish community re-

---

14 אנן דשכיחינן גביכון רמינן אנפשין ומעיינן אינהו לא מעייני According to Simon, *Verus Israel*, 184-6, 407-8 (where S. Liebermann also is cited for this opinion), the Minim here are gentile Christians; according to Maier, *Jesus*, 138-9 (collecting literature on the passage) they are more likely to be apostate Jews, because Safra through them obtains a tax rebate, and they must therefore have been involved in fiscal administration, which might seem questionable for Christians about the year 300. They are explained as Christian *agoranomoi*, however, with reference to notices of pre-Constantinian Christian officials in Caesarea and elsewhere, by L.I. Levine, *Caesarea under Roman Rule* (Leiden, 1975), 128. On the general question of the interpretation of the word *minim* de Lange, *Origen*, 43-4, thinks it probable that the word was first used for gentile Christians in the second half of the third century.

15 Blumenkranz, *Juifs et chrétiens*, 269-70; note also the irony of the Jewish speeches in the *Altercatio Simonis* (in mid-fifth-century Gaul), as quoted in the text, below.

16 The bite of these passages goes unnoted in the useful summary by Blumenkranz, *Auteurs*, 27-31.

17 Dill, 47-8, 310-12 (Rutilius); successors of Porphyry, whose work (summarized by T.D. Barnes, *Constantine and Eusebius* (Cambridge, Mass., & London, 1981), 174-9) continued to trouble exegetes in our

serve and outspokenness on the subject of Christian biblical interpretation can both now and later exist side by side.

Lastly, one may suspect that, despite their new prosperity, Christians did not immediately lose the sense of being newcomers and a minority vis-à-vis the Jews. One object of anti-Jewish controversy is to justify separate Christian existence, and above all the Christian claim to the Jewish scriptures. These books were the focus of a culture which Christians shared with Jews, and in which they were often dependent on Jews. There were strong motives for Christians to seek Jewish exegetical knowledge.

To sum up these introductory considerations concerning Jews and Christians on the Bible: first, one can scarcely discuss demarcation or convergence between Jewish and Christian exegesis without assessing the relationship between the Jewish and the Christian communities. Secondly, as regards the historical situation, despite the ever-increasing strength of the Christians the Jews fashioned for themselves a classical exegetical literature in Hebrew and Aramaic, above all in Galilee but also in Babylonia, during just this golden age of ecclesiastical literature. There is more to be said on the geography and the languages of Jewish exegesis in this period. The period is in many respects, however, still pagan; culturally, neither Jews nor Christians are independent of the Graeco-Roman atmosphere and Graeco-Roman exegesis, and Jewish reaction to the new Christian influence may resemble one or another pagan position. Thirdly, Christian exegesis speaks most obviously of demarcation - or, more precisely, of internal needs, and, perhaps, of concern with pagans rather than Jews. Jewish exegesis is not expressly anti-Christian; but Christian literature abounds in topoi *adversus Iudaeos*. Nevertheless, these topoi reflect not only the inner need of the Christian community for scriptural proof in catechesis or in argument *adversus gentes*, and not only Christian self-definition, but also genuine shared concerns. Lastly, Christians probably retained a sense of cultural dependence on Jews, above all in re-

---

period (notably Apollinaris of Laodicea, Didymus the Blind and Jerome), include Hierocles (possibly identical with the unnamed pagan objector answered in the *Apocritus* of Macarius Magnes) and Julian.

spect of the Jewish scriptures, and remained eager to learn from Jewish knowledge.

To claim this much is already to affirm common ground between Jews and Christians on the Bible. This answer to the question of the significance of the countless passages *adversus Iudaeos* in Christian exegesis demands in turn, however, an examination of the phrase 'the Bible' in connection with Jews and Christians. For Christians the Jewish scriptures became an 'Old' Testament read together with a 'New', and among the Jews the written Torah was co-ordinated with traditions which took on independent literary life in the Mishnah and the Talmud. To what extent, then, did Jews and Christians truly share one Bible?

2. THE BIBLE

Challenging the Donatists in 405 to a contest for scriptural proofs, Augustine cited the daily searching of the scriptures by believers who heard Paul in Beroea (Acts xvii 11-12).[18] 'What scriptures did they search, but the canonical scriptures of the Law and the Prophets (nisi canonicas Legis et Prophetarum)? to which have been added the Gospels, the apostolic Epistles, the Acts of the Apostles, and the Revelation of John (quibus accesserunt Evangelia, apostolicae Epistulae, Actus Apostolorum, Apocalypsis Ioannis)' [Augustine, *Epistula ad Catholicos contra Donatistas*, 51 (xix), PL xliii 430]. Augustine's question may indicate awareness that the passage in Acts could be used, as it had been

18 Augustine based his challenge on a biblical florilegium designed to prove the geographical universality of the catholic church (H. Chadwick, 'Tyconius and Augustine' in C. Kannengießer & Pamela Bright (edd.), *A Conflict of Christian Hermeneutics in Roman Africa: Tyconius and Augustine* (Protocol of the Fifty-eighth Colloquy of the Center for Hermeneutical Studies, Berkeley, California, 1989), 48-55 (51)). In Acts xvii 11-12 Jews are mentioned first as believers, some gentiles afterwards, but Augustine does not speak of the believers as Jews, and perhaps took them to be primarily gentiles; the greek and latin texts of verse 12 in Codex Bezae imply relatively few Jewish believers, many gentiles. Chrysostom, by contrast (*hom.* xxxvii. 1-2 on Acts), notes in his exposition that there were gentiles too, but implies in a comment in his initial reading of the passage that those who searched the scriptures were Jewish.

by Priscillian, to assert that apocryphal prophecies were accepted by the early believers;[19] but it also expresses a standard opinion, which Augustine expects the Donatists to share, that the New Testament books were an accession to an Old Testament canon which was recognized in apostolic times, and that the whole collection was still to be read with attention to canonical questions.

In such questions the Christians of the period under review constantly followed the Jews. There were of course assertions of Christian independence, such as had earlier emerged in Tertullian's defence of Enoch, despite the fact that some rejected it 'because it is not admitted into the Jewish book-case (*armarium*)' (*De Cult. Fem.* i.3); but the Jewish canon retained such authority that departure from it continued to need defence. So, from Origen onwards, the number of 'the covenant-books, as the Hebrews hand down' (Origen on Ps.1, quoted by Eusebius, *H.E.* vi 25, 4 and in the Philokalia, iii [Robinson, pp.40-41]) is often reckoned as twenty-two, with Josephus, *Ap.* i 38-40, and Melito.[20] Josephus himself does not mention the total, but the

---

19 Priscillian, *De fide et apocryphis,* p.52 Schepps, quoted with comments by A. Harnack, *Über den privaten Gebrauch der Heiligen Schriften in der alten Kirche,* (Beiträge zur Einleitung in das Neue Testament, v; Leipzig, 1912), 76-8; the passage is noted in the course of a fuller summary of Priscillian's arguments by O. Wermelinger, 'Le canon des latins au temps de Jérôme et d'Augustin', in J.D. Kaestli & O. Wermelinger (edd.), *Le canon de l'Ancien Testament. Sa formation et son histoire,* (Geneva, 1984), 153-210 (160).

20 R. Hennings kindly informs me that, in a forthcoming publication, he will support the view that Origen derived the number twenty-two from his reading of the book of Jubilees rather than from reference to contemporary Jews. Quotations of the Greek Jubilees by George Syncellus and others indeed show that the Greek text of chapter II, and probably also the original, mentioned twenty-two biblical books at verse 23 (R.H. Charles, followed by C.Rabin in H.F.D. Sparks, *The Apocryphal Old Testament* (Oxford, 1984), 16; R.T. Beckwith, *The Old Testament Canon of the New Testament Church* (London, 1985), 235-40 prefers verse 15 as the more likely place, but regards the reference as an expansion of the original text, introduced by the Greek translator). Nevertheless, in view of Origen's concern with Jewish opinion on the canon it may be thought in general unlikely that he would have represented twenty-two as the Jewish total if the figure (however derived) did not find acceptance among the Jews whom he

number twenty-two is specified by Origen, Athanasius, Cyril of Jerusalem, Canon 60 of Laodicea, Epiphanius and Gregory Nazianzen.[21] Origen, Athanasius, Epiphanius and Nazianzen all add that this number is also the total number of the letters of the Hebrew alphabet.[22] Origen and Epiphanius add the names of the books in transliterated Hebrew, as Jerome later did; transliterated Hebrew titles are also found, but without the number twenty-two, in the list of books edited together with the Didache by Bryennius. The alternative reckoning of twenty-*four* books, which appears in II Esdras (IV Ezra) xiv 44-6, and became customary in rabbinic tradition (for example, Qoh. R. xii 1), emerges in the Christian west in connection with the twenty- four elders of the Apocalypse, in Victorinus of Pettau, the Cheltenham List and Jerome.[23] Hilary of Poitiers harmonizes the divergent traditions. In the context of a discussion of the symbolism of the alphabet in Ps. cxix (cxviii), he first of all mentions the number of twenty-two biblical books, probably in dependence on Origen or Eusebius, and in connection with the Hebrew alphabet. Then, however, he adds that some people include the books of Judith and Tobit in their reckoning, in order to reach the total of twenty-four, in agreement with the letters of the *Greek* alphabet. This double reference of the biblical book-collection is well suit-

consulted. De Lange, *Origen,* 52-3 hold that Origen's list with its explicit total of twenty-two represents a Jewish tradition current in his day. This view gives full value to Origen's claim 'as the Hebrews hand down', quoted in the text, above.

21 The sources in what follows, where not otherwise mentioned, are the passages gathered in translation by E. Junod, 'La formation et la composition de l'Ancien Testament dans l'église grecque des quatres premiers siècles', Kaestli & Wermelinger, *Canon,* 105-51 (124-51) and Wermelinger, 'Canon des latins', 197-210; see also J. N. D. Kelly, *Early Christian Doctrines* (5th edn London, 1977), 53-6 and H. F. D. Sparks, 'Jerome as Biblical Scholar', in P. R. Ackroyd & C. F. Evans (edd.), *The Cambridge History of the Bible,* i (Cambridge, 1970), 510-41 (532-5).

22 W. Sanday, *Inspiration* (3rd edn, London, 1896), 112-5 (collection of the passages; number-symbolism and cosmological speculation in connection with the Old Testament and the New Testament canon); de Lange, *Origen,* 52-3, n. 24 (Jewish analogies to the symbolism of the letters); both authors connect the Jewish count of twenty-two letters with the cosmic letter-symbolism of the Sepher Yetsirah.

23 Sanday, *Inspiration,* 113.

ed (he adds) to the special relationship between the gospel and the Roman empire, which governs both Jews and Greeks: 'specialiter evangelica doctrina in Romano imperio, sub quo Hebraei et Graeci continentur, consistit'.[24] The lists of books correspondingly often refer themselves expressly to Jewish tradition (so the list published by Bryennius, and Origen, Cyril of Jerusalem, Epiphanius, Rufinus, and Jerome).

Habitual reference to Jewish opinion also appears in the discussion of *non-canonical* books by fourth-century Christian authors. For an important group of writers, either in or in connection with the eastern provinces - Athanasius, Epiphanius of Salamis, Rufinus, probably also Cyril of Jerusalem[25] - the canonical books formed the first of three classes of books. The non-canonical books were divided into two classes. These two classes were sharply distinguished, sometimes with special emphasis on the rejection of apocrypha. (Earlier examples of such a division are the notices of Antilegomena in Eusebius [for example, *H.E.* vi 13, 6] and in the Muratorian Canon, in these cases with reference to the Antilegomena of both the Testaments.) Rufinus calls these three classes of books *canonici*, *ecclesiastici*, and *apocryphi* respectively; the name *ecclesiastici* was already traditional, he says, for the second class, comprising Wisdom, Ecclesiasticus and other Septuagintal books: 'alii libri sunt qui non *canonici* sed *ecclesiastici* a maioribus appellati sunt'.[26] The Council of Trent, however, protected the canonicity of this second class of books with an anathema, and Sixtus Senensis then introduced the names *protocanonici*, *deuterocanonici*, and *apocryphi* for the

24 Hilary, *Tractatus super Psalmos*, Prol. [Instructio Psalmorum], 15 (CSEL xxii, p. 13).

25 Cyril probably recognized the 'libri ecclesiastici', despite his warning against apocrypha (*Catech. iv* 36, xv 16), because he also speaks of books which are read in the church (so Wermelinger, 'Le canon des latins', 164-5; but Kelly, *Doctrines*, 55 and Junod, 'Formation', 129-30 hold that he rejected the *ecclesiastici*). Cyril quotes Wisdom and Ecclesiasticus to the catechumens, *Catech.* vi 4, ix 2,16, xi 19, etc.

26 Rufinus, *Explanatio Symboli*, 36, translated in Wermelinger, 'Le canon des latins', 198.

same three classes of books.[27] This change in the names in itself underlines the extent to which, in Rufinus's traditional terminology, 'the' canon was that of the Hebrews; other books were indeed recognized, but called 'ecclesiastical' rather than 'canonical'. For Athanasius, comparably, these ecclesiastical books are 'other books outside the canonical number', ἕτερα βιβλία τούτων ἔξωθεν - one may recall the rabbinic phrase 'the outside books', הספרים החיצונים (Sanh. x 1 and elsewhere) - and 'not canonical', οὐ κανονιζόμενα; nevertheless (he says) they were affirmed by the fathers to be suitable reading for catechumens.[28] In this last point Harnack probably rightly discerned the Christian adoption of a Jewish usage.[29] By contrast with the recommendation of the 'libri ecclesiastici', severe warnings against apocrypha (books in the third class, Enoch above all) sometimes appear (so in Athanasius, Cyril of Jerusalem, Nazianzen).

Jerome obviously stands together with these authors, and accordingly is no innovator in his contention for the 'hebraica veritas'. He forms an exception not in his theory of the canon, but in his learning, his eloquence, and his literary productivity. As regards our subject, a group of important authors, Jerome included, stand out as representing a dependence on Jewish biblical knowledge which already appears in Melito and Origen, and as referring themselves in canonical questions to Jewish authority. Jews and Christians are of course divided by the Christian biblical canon; nevertheless, precisely in this context of the canon, learned Christians honour the Jews as custodians of the scriptures, and wish to accept their traditions as authoritative. Here the position of the learned was probably not far removed from the instinctive reverence for Jewish biblical knowledge found also among simpler Christians.

Nevertheless, the intellectual strength of this inclination was to be found in the eastern provinces. Augustine will have spoken for many in the west when he compiled an Old Testament list of

---

27 Sixtus Senensis, *Bibliotheca Sancta* (1566), i 1 (Cologne, 1626, p. 2), with special reference to early Christian terminology.

28 Festal Letter 39.11 (PG xxvi 1437), of 367, translated with reference also to Coptic fragments in Junod, 'Formation', 141-4.

29 Harnack, *Über den privaten Gebrauch der heiligen Schriften*, 51-2, 85.

forty-four canonical books, following the contents of the Septuagint without any division into two classes, and without any mention of the Jews (*De doctrina christiana*, ii 8, 13); this canon was endorsed by the Councils of Hippo (393) and Carthage (397), and by Pope Innocent I. Augustine did indeed wish, as it seems, to deprive the Jews of their reputation for biblical knowledge; they ought not to become a court of appeal for Christians in biblical questions. This happened, as we know from Augustine (Ep. lxxi 3-5), when the Christians of Oea in Tripolitania, hearing Jerome's new translation with some suspicion, resorted to the Jews in order to discover the true identification of Jonah's shade-tree (Jonah iv 6 קיקיון, Old Latin *cucurbita*, Vulgate *hedera*). In this particular case Augustine was perhaps not altogether displeased that Jerome was hoisted on his own petard, but in general he wanted to depict the Jews not as authorities, but simply as 'capsarii', satchel-bearers who carried the books for the Christians without being able to understand them (*Enarr. in Ps.* xl 14, lvi 9, on Ps. xli 12, lvii 3).[30] Apart from this particular intention to deflate popular esteem for Jewish knowledge, it was of course customary to make the acceptance of books in the churches an important criterion of canonicity. However, the factors in the formation of Augustine's view of the canon are to be assessed, ecclesiastical usage rather than Jewish tradition was determinative for him.

It is the more striking, therefore, that Augustine himself can appeal to a Jewish canon. He holds that the books of this canon once existed as a collection in the Jerusalem temple, protected by the care of successive high priests; Enoch's writings, however, were never accepted into this collection, and they were rightly excluded: 'non frustra non sunt in eo canone scripturarum, qui servabatur in templo Hebraei populi succedentium diligentia sacerdotum' (*De civitate Dei* xv 23, 4). Here Augustine seems to reflect not only what we have seen to be a standard Christian warning against Enoch, but also a contemporary Jewish tradi-

30 Bammel, 'Zeugen', 174-5 examines the implications of Augustine's terms with emphasis on their importance for Christian anti-pagan apologetic.

tion, which perhaps has reached him indirectly.[31] Josephus (e.g. Ant. iv 302-4) and the Mishnah (e.g. Kelim xv 6), speak of biblical MSS. in the temple, as Deut. xxxi 24-6 already do with regard to the tabernacle, but not of a collection of this kind.[32] One may compare Epiphanius's remark, perhaps of similar origin, that Wisdom and Ecclesiasticus were not laid up in the ark of the covenant (*De mens. et pond.* 4). Secondly, Wisdom and Ecclesiasticus, according to Augustine, are honoured in the western church, above all because of their prophecies of the suffering of Christ and the faith of the gentiles (Wis. ii 12-21, Ecclus. xxxvi 1-5); yet these prophecies are not written in the canon of the Jews, and therefore cannot be used in disputation: 'adversus contradictores non tanta firmitate proferuntur, quae scripta non sunt in canone Iudaeorum' (*De civitate Dei* xvii 20, 1). Here ecclesiastical opinion continues to be more important than the Jewish canon, but Augustine finds it advisable to mention this canon, and he can himself when necessary appeal to its repute for high antiquity and authenticity. In all, therefore, even Augustine is a witness to the importance of the Jewish Bible and its canon for the Christians.

These aspects of the history of the canon are not unfamiliar, but their implications for Jewish-Christian exegetical convergence probably deserve greater emphasis. The patristic comments attest a clear and widespread Christian inclination to recognize the Jewish norm of biblical literature, and therewith the position of the Jews as hereditary custodians of scripture. The Christians think that they share the Jewish Bible, and they want to share it in its most authoritatively recognized Jewish form.

On the other hand, the Jewish opinion which most immediately impinged on the Christians was sometimes at least that prevalent in the western diaspora, opinion therefore which did not come straight from the centres of Jewish study in Galilee and the east, although there is reason to think that it often represented Palestinian views. Further, for the Christians, in Augustine's phrase, there were 'added' certain other books to the Jewish number. Such qualifications of the impression of Christian dependence on

---

31 Reports on contemporary Jews in Augustine are gathered by Blumenkranz, *Judenpredigt*, 62-8.

32 For the passages see Beckwith, *Canon*, 80-86.

Jewish definitions of scripture naturally lead back to the question already asked: How far did Christians and Jews truly share 'one Bible'? The question is particularly sharply posed in Jacob Neusner's assessment of the situation as one in which there was very little common ground, above all in respect of the Christian and the Jewish canons.

For Neusner, to give the briefest outline of his position in *Judaism and Christianity in the Age of Constantine* and *Writing with Scripture*,[33] the Jewish canon is the twofold Torah. This canon therefore comprises the Hebrew Bible, and above all the written Torah in the Pentateuch, in close connection with the documents of the oral Torah in the classical rabbinic literature, especially the Mishnah, the Talmud and the Midrashim; but in fact it is a canon which is never closed, because of the continuing development of the oral Torah. The rabbinic documents together with the Hebrew Bible make up a single unity, just as for the Christians the two Testaments form one seamless robe. Jews and Christians therefore shared the same Bible only in appearance, because in each tradition it was united with another distinctive and very highly esteemed body of material. In the fourth century, it is true, the same themes emerged in both patristic and rabbinic literature. Thus explanation of history is found in Eusebius and also in Genesis Rabbah, the Messiah is important both for Chrysostom and for the Talmud Yerushalmi, and the identification of the true Israel is a theme common to Aphrahat, Leviticus Rabbah and Genesis Rabbah; and all these great subjects were

33 J. Neusner, *Judaism and Christianity in the Age of Constantine* (Chicago & London, 1987); J. Neusner, with W.S. Green, *Writing with Scripture* (Minneapolis, 1989). On the absence of genuine Jewish-Christian encounter on canonical questions, see especially *Constantine*, 114-45. In the present paper it is urged not that Jews and Christians discussed canonical matters, with reference to the distinctive Jewish and Christian traditions now associated with the Jewish scriptures (the questions on which Neusner emphasizes the absence of debate); but that Christians willingly attached themselves to what they understood to be a Jewish norm, that some Jews are likely to have been aware of Christian interest in information on this point, and that in both communities the books of the Jewish scriptures continued, despite interpretative developments, to be recognized as an independent entity.

discussed by Jews and Christians in a similar way, with reference to the scriptures. Yet this occurred only under the influence of the new political situation. The subsequent relationship of Jews and Christians was indeed moulded by the fourth-century discussions, but Judaism and Christianity remained totally diverse. If a learned Jew had been present at the Council of Nicaea, he would have understood nothing of the christological debates, just as his Christian counterpart would have been unable to see the point of halakhic argument; neither could attain insight into the issues preoccupying the other's community. Even on a subject which on the face of it looks both shared and fundamental, the issue of the canon, the concerns of the two communities are quite different, and there is no true exchange of opinion.

In these writings, as in his earlier book on Aphrahat, Neusner seeks to do full justice to the church fathers (and indeed he opines that, in a present-day American university, Eusebius would have needed to occupy at least six professorial chairs). His thesis receives support first of all from their common acceptance of the New Testament, an acceptance which then governs interpretation of the 'Old'; but it can also appeal to the bifocal character of rabbinic literature, in which (leaving aside the Targum) only the midrash is formally dependent on the Hebrew Bible. The two Talmuds form a kind of commentary on the Mishnah, not on the books of the written Torah. It is true that the so-called halakhic midrashim unite the Mishnah with the biblical laws, but if the biblical laws are fundamental, the presentation of the Mishnah independently of them remains noteworthy. The use of biblical interpretation in the fourth century, in the Talmud Yerushalmi and in the midrashim Genesis Rabbah and Leviticus Rabbah, to explore themes of moment to Christians as well as Jews might seem to indicate common ground with Christians; but Neusner forbids this conclusion by pointing to the political situation.

One may ask, however, if the formal dependence on scripture seen in the midrashim does not represent a pre-rabbinic attitude of veneration for the biblical books, which Christians inherited from their origins and which continued to be strongly manifested among Jews throughout the rabbinic period and in many different genres of rabbinic literature. Thus, the important collections of legal material in Philo and Josephus are presented as biblical interpretation, the Aramaic Targums on the Bible were developed concurrently with the rabbinic writings, and in the rabbinic literature itself biblical interpretation is of course found not only in midrashim, but within the Mishnah and the Talmud. In the halakhah of the Mishnah and the Babylonian Talmud a distinction can be drawn between biblical and rabbinical items, traditions 'from the Torah' and traditions from 'the words of the scribes' or 'from our teachers'.[34] Whether the oral Torah derives from the written is a great and time-honoured question, but for the present purpose it matters mainly that there was enough biblical interpretation, and enough stress on the independent authority of the written Torah, to *make* it a question.[35]

It may be asked, similarly, whether the biblically-elaborated themes of Talmud and Midrash in the fourth century, striking as they are in their convergence with Christian concerns and exegesis, are restricted in time and place to the new conditions of the Christian empire. To speak only of the messianic theme, the extensive messianic passages in the Targums include material which is probably partly earlier and partly later than Constantine. Messianic passages in synagogue poetry are for the most part probably later, but they diverge significantly from the emphases of the midrash without losing the close midrashic ties with the Bible.[36] Messianism is comparably important, to mention much earlier literature, in the Septuagint and its Jewish revisions in the west, and in the Peshitta Pentateuch in the east. The treatment

34 For example, in Mishnah, Sanhedrin xi 3 and Babylonian Talmud Berakoth 20b, noted with other passages by W. Bacher, *Die Exegetische Terminologie der jüdischen Traditionsliteratur* (2 parts, Leipzig 1899, 1905, reprinted in one volume, Darmstadt 1965), i, p.134 n.4; ii, p.2. In discussion of the paper as delivered orally M. Jacobs drew attention to this distinction as an indication of the continuing importance of the scriptures.

35 H.L. Strack & G. Stemberger, *Einleitung in Talmud und Midrasch* (Munich, 1982), 129-132; E.T. [by M.N.A. Bockmuehl, Edinburgh 1991], 141-5.

36 W. Horbury, 'Suffering and Messianism in Yose ben Yose', in W. Horbury & B. McNeil (edd.), *Suffering and Martyrdom in the New Testament* (Cambridge, 1981), 143-82.

of this theme in biblically-governed ways which converge with Christian approaches seems therefore to be very widely attested.

Lastly, considerable Jewish-Christian contact and common ground emerged from the foregoing discussions of polemic and the canon. Jews would probably not have given weight to outside opinion on the number of the books, but some Jews would have known that Christians were concerned to follow a Jewish norm. Against this background it would seem possible that, although a Jew might not enter into christological argument, he could be aware of the main topics of debate (as the well-publicized character of the Arian controversy would suggest); just as a Christian, although he would not sympathize with the niceties of halakhic discussion, could have some comprehension of the importance of oral tradition in Jewish eyes (as Jerome, Augustine and others know that Jewish teachers pass on tradition called *deuterosis*, doubtless the Greek for *mishnah*, although in Christian usage *deuterosis* covered a wider range of material than that incorporated in *the* Mishnah).[37] In general, the differences between Christians and Jews were not such as to rule out some mutual knowledge, however sketchy.

Christians in the period from Nicaea to Chalcedon who shared the widespread respect for the Jewish canon studied above were therefore largely justified in thinking that they shared the Jewish Bible, despite the interpretative divergence arising from the New Testament and ecclesiastical tradition on the one hand, and halakhic tradition on the other. In Judaism the written Torah did not lose independent authority. In Christianity, likewise, the 'Old Testament' was not confounded with the 'New'. The 'Old' was recognized as the nucleus to which the 'New' had been added, and as a

37 On Jewish awareness of Christian arguments and writings, see O. Irsai, 'R. Abbahu Said: "If a man Should Say to You 'I am God' -He is a Liar"', *Zion* xlvii (1982), 173-7 [Hebrew], and Visotzky, 'Overturning the Lamp' (see n. 13, above), 'Trinitarian Testimonies', *USQR* xlii (1988), 73-85, and 'Anti-Christian Polemic in Leviticus Rabbah', *Proceedings of the American Academy for Jewish Research* lvi (1990), 83-100; on Christian awareness of rabbinic institutions, de Lange, *Origen*, 34-5 (Jerome on *deuterosis*); Strack-Stemberger, *Einleitung*, 43 (E. T. 38) and Blumenkranz, *Judenpredigt*, 65-6 (Augustine, *Contra Adversarium legis et prophetarum* ii 1 (PL xlii 637), on orally transmitted traditions as *deuterosis*).

body of literature still circulating separately among the Jews; and it therefore kept a distinctive éclat as the truly ancient and authentic repository of wisdom and oracles.[38] So Augustine could stress, in the anti-Donatist treatise already quoted (*Epistula ad Catholicos* 50 (xix), PL xliii 430), that the Lord himself (Luke xxiv 44-7) expected the disciples to be convinced not by the resurrection appearances in themselves, but because they could find the sequence crucifixion-resurrection foretold in the ancient canonical writings of the Law and the Prophets and the Psalms.

3. DEMARCATION AND CONVERGENCE

The foregoing comparison of patristic and rabbinic attitudes to the Jewish scriptures has once again drawn attention to the geography and the languages of exegesis. To what extent were these divisive in the period under review? Christian knowledge of Hebrew was minimal, but Jewish use of Hebrew was itself restricted. Thus the Mishnah (Sotah vii 1) permits important prayers and biblical passages, including the Shema, to be recited in any language, and Greek is the principal language of Jewish inscriptions in Rome and the eastern provinces (it is followed far behind by Latin, and is strongly represented in Palestine and Syria, where Aramaic and Hebrew inscriptions are of course also numerous). Many Jews read and studied their own scriptures in translation, although by the fifth century a Jewish marriage-contract from Antinoupolis gives Greek in Hebrew transliteration.[39] By this time, therefore, there would probably be pressure, such as is later mentioned in Justinian's Novella of 553, for *public* reading of the Hebrew biblical text only, rather than the Hebrew

38 On the Jewish scriptures presented as a body of wisdom and prophecy in Christian apologetic, see W. Horbury, 'Old Testament Interpretation in the Writings of the Church Fathers', in M. J. Mulder & H. Sysling (edd.), *Mikra: Text, Translation, Reading and Interpretation of the Hebrew Bible in Ancient Judaism and Early Christianity* (Assen & Philadelphia, 1988), 727-87 (740-44).

39 P. Col. Inv. 5853, ed. C. Sirat, P. Cauderlier, M. Dukan & M. Friedmann, *Papyrologica Coloniensia* xii (Opladen, 1986), discussed by N. R. M. de Lange, 'Judaísmo y cristianismo: mitos antiguos y diálogo moderno', *Miscelanea de estudios arabes y hebraicos* xxxix (Granada, 1990), 5-29 (27).

followed by a translation.[40] For the most part, however, Christians and Jews were united in use of the languages prevalent where they lived, above all Greek in the eastern provinces and Greek and Latin in the west, but with a notable Christian as well as Jewish share in the Aramaic of the eastern frontier regions (Syria, Mesopotamia, Babylonia; in our period, Jews in Egypt also were using Aramaic as well as Greek). Among Jews in the Holy Land Aramaic and Greek were rival vernaculars, and Hebrew needed some encouragement; in a saying current from the early third century it was asked 'in the land of Israel, why speak the Syrian tongue? Use either Hebrew or Greek' (Babylonian Talmud, Sotah 49b, in the name of R. Judah the Prince).

In Greek, and probably also in Latin and Aramaic, the Jewish biblical translations were shared by Christians. The same is likely to be true of Jewish exegetical helps, to judge by the clear and abundant evidence in Greek (Christian use of Philo, Josephus, other Jewish writings, and information from contemporary Jews). On the other hand, as noted already, Jews were developing what came to be a classical literature of exegesis and legal tradition largely in Hebrew and Aramaic, and in Galilee and the east, whereas Christian exegetical culture was predominantly Greek, with increasingly important Latin tributaries, and centred further towards the west; but the eastern Roman provinces, above all Syria, the Holy Land and Egypt, formed an important area of overlap.[41] On the Jewish side, much exegesis now surviving only in Hebrew or Aramaic will probably once have been current also in Greek, not only in a city such as Caesarea, noted above, but also, as the Greek Jewish inscriptions of Galilee[42] and the many

40 Such pressure is envisaged in the third century by de Lange, *Origen*, 57.

41 On the Holy Land in our period, see G. Stemberger, *Juden und Christen im Heiligen Land: Palästina unter Konstantin und Theodosius* (Munich, 1987), with the essay under the same title by A.M. Ritter in J. van Amersfoort & J. van Oort (edd.), *Juden und Christen in der Antike* (Kampen, 1990), 116-124.

42 Note the many Greek epitaphs of Besara/Beth She'arim (edited by M. Schwabe & B. Lifschitz, *The Greek Inscriptions* (Jerusalem, 1967)), and the Aramaic and Greek inscriptions of the Hammath Tiberias synagogue mosaic (Dothan, *Hammath Tiberias* (n.2, above), 53-62).

Greek loan-words in the midrash suggest, in the Galilaean centres of study like Tiberias.

There was therefore not the great sundering of cultures and interests which is initially suggested by the contrasts between Christian Greek and Latin on the one hand, and Jewish Hebrew and Aramaic on the other, or between the Christian identification with the Roman empire, exemplified above in Hilary of Poitiers, and the Persian links of the eastern Jewish population.[43] Further, as argued in the previous section, biblical interpretation remained a central Jewish concern, integrated with yet distinguishable from the development of legal tradition. Here it is significant that, as mentioned in section (i), the midrash was developed not only in Palestine, with its strong Christian presence, but also over the Roman frontier in Babylonia; the Targum, substantially of Palestinian origin like the midrash, was also intensively studied and corrected in Babylonia.[44]

The distribution of the Jewish and Christian populations and languages was therefore not in itself divisive, and despite important differences between Jewish and Christian presuppositions the two communities can each be said to have made interpretation of the same set of scriptural books a major concern. Sometimes a common language will have meant particularly extensive common ground in exegesis, notably where both Christians and Jews habitually read the Bible in Greek.[45] Thus it is in the Greek-speaking context that one can most clearly detect the progressive influence on Christians of a Jewish tendency to-

---

43 Evidence for Sassanid favour towards the Jews is summarized by J.G. Snaith, 'Aphrahat and the Jews', in J.A. Emerton & S.C. Reif (edd.), *Interpreting the Hebrew Bible: Essays in honour of E.I. J. Rosenthal* (Cambridge, 1982), 235-50 (236-7).

44 G. Stemberger, 'Midrasch in Babylonien. Am Beispiel von Sota 9b-14a', *Henoch* x (1988), 183-203; A. Goldberg in S. Safrai (ed.), *The Literature of the Sages,* First Part (Assen & Philadelphia, 1987), 336 (allowing for Babylonian midrashic creativity despite the Palestinian origin of much midrash in the Babylonian Talmud); P.S. Alexander, 'Jewish Aramaic Translations of Hebrew Scriptures', in Mulder & Sysling, *Mikra,* 217-53 (217-8 (Targum Onkelos), 223 (Targum Jonathan), 249 (Targumic tradition in Babylonia)).

45 De Lange, *Origen,* 11, 51-2, 57-8 (mainly on third-century Caesarea).

wards greater ἀκρίβεια, as ecclesiastical exegetes reckon more and more with the Jewish revisions of the Septuagint, and in their principles of exposition are conformed, as noted above, to the canon-based interpretation already exemplified in different ways in Philo and Josephus. As F.C. Burkitt commented, 'The Church was singularly willing to accept the verdict of Jewish scholarship, even at the cost of abandoning famous proof- texts'.[46] In Christian reception of this influence the fundamental character of the Hebrew text was of course implicitly acknowledged, and it seems likely that the Jewish revisions themselves reflect both a strong sense of the importance of the Hebrew among Jews, even though Hebrew was not widely spoken, and effective communication between Palestinian centres of study (themselves Greek-speaking) and the Greek-speaking western diaspora.[47]

Observations such as these have to satisfy those who look for Jewish exegetical works in Greek, and perhaps also Latin, from the same time as the great Greek and Latin writings of Christian exegesis. Some material is probably lost, some may survive in Christian transmission, for example in the Old Latin version (the *Collatio Legum* is a possible instance of the survival of a separate treatise), and Philo and Josephus will have had Jewish as well as Christian readers;[48] the Roman Jewish community, for instance, at the time (384) when Jerome was studying books borrowed

46 F.C. Burkitt, 'The Debt of Christianity to Judaism', in E.R. Bevan & C. Singer (edd.), *The Legacy of Israel* (Oxford, 1927), 69-96 (88-9).

47 The significance of rabbinic material on exchange between the Holy Land and the western diaspora, especially Rome, is emphasized by M. Hengel in M. Hengel (with a contribution by H. Bloedhorn), 'Der alte und der neue "Schürer"', *JSS* xxxv (1990), 19-72 (42); the non-rabbinic evidence for patriarchal influence on the diaspora synagogues is surveyed by S.J.D. Cohen, 'Pagan and Christian Evidence on the Ancient Synagogue', in L.I. Levine (ed.), *The Synagogue in Late Antiquity* (Philadelphia, 1987), 159-181 (170-75).

48 Some (not primarily exegetical) Jewish Greek writings later than Josephus surviving in Christian transmission are noted by de Lange, 'Mitos', 25 (add the apologia in the pseudo-Clementine *Homilies* iv-vi, discussed by Simon, *Verus Israel*, 49-50); the importance of Josephus for a Jewish readership is brought out by L. Troiani, 'I Lettori delle Antichità Giudaiche di Giuseppe: prospettive e problemi', *Athenaeum* N.S. lxiv (1986), 343-53.

from a Roman synagogue library by a Jewish acquaintance, will certainly have included scholarly members.[49] As consolation for the absence of Jewish Greek and Latin commentaries there are just the many individual cases in which a Christian writer depends not merely on Philo, Josephus or Jewish biblical versions and apocryphal writings, but also or instead on contemporary Jewish interpretation.[50] (Some non-literary confirmation of diaspora biblical study and its mediation to Christians is offered by inscriptions and remains of Jewish and Christian art, notably at Dura Europus and in the Roman catacombs.[51]) The agreements with rabbinic literature to be detected in many of these instances on the face of it bear out the view just expressed, that results of the studies carried on in the Holy Land, under the aegis of the patriarch for most of our period, were disseminated to the wes-

49 Jerome, *Ep.* xxxvi 1, to Damasus (Jerome was dictating a reply to Damasus, 'cum subito Hebraeus intervenit, deferens non pauca volumina, quae de synagoga quasi lecturus acceperat. Et illico habes, inquit, quod postulaveras: meque ... ita festinus exteruit, ut omnibus praetermissis ad scribendum transvolarem'), with comments in J.N.D. Kelly, *Jerome* (London, 1975), 83-4; L. Cracco Ruggini, 'La Lettera di Anna a Seneca nella Roma pagana e cristiana del IV secolo', *Augustinianum* xxviii (1988), 301-25, especially 305 & n. 9, 322-5.

50 Studies of the material are gathered in J.R. Baskin, 'Rabbinic-Patristic Exegetical Contacts in Late Antiquity: a Bibliographical Reappraisal', in W.S. Green (ed.) *Approaches to Ancient Judaism,* v (Atlanta, 1985), 53-80.

51 Jewish inscriptions include the titles φιλομαθής (Aphrodisias), διδάσκαλος νομομαθής (Rome), μαθητὴς σοφῶν (Rome), σοφοδιδάσκαλος (Sardis), discussed by Reynolds & Tannenbaum, *Aphrodisias,* 30-34; on Old Testament scenes in early Christian art (the importance of which was emphasized in discussion of this paper by G. Kretschmar), and the question of their Jewish background, Horbury, 'Interpretation', 755-8, and nn. 138-9 (literature; see especially G. Stemberger, 'Die Patriarchenbilder der Katakombe in der Via Latina im Lichte der jüdischen Tradition', *Kairos* N.F. xvi (1974), 19-78); at Mopsuestia in Cilicia, in a fifth-century basilica identified by some as a church and by others as a synagogue, the partly-preserved Greek inscription of a mosaic depicting Samson with the harlot of Gaza offers an expanded Greek text of Judg. xvi 1-2 (R. Stichel, 'Die Inschriften des Samson-Mosaiks in Mopsuestia und ihre Beziehung zum biblischen Text', *Byzantinische Zeitschrift* lxxii (1978), 50-61, notes that, if Jewish, it illustrates diaspora exegesis, and if Christian, Jewish influence).

tern as well as the eastern diaspora. In Persia and Mesopotamia, on the other hand, where the Christians were humbler and less numerous, Aphrahat and Ephrem Syrus have been judged to reflect Jewish, but not specifically rabbinic, contacts.[52]

Language and geography, then, do not bring about demarcation to the extent which might have been expected; but contrasts remain. Thus the company of famous named authors in the church stand over against lost or anonymous Jewish writers in Greek and Latin (but the names on the rabbinic roll of honour are scrupulously preserved). Again, rabbinical exegesis employed Hebrew, in which not all Jews were fluent, whereas patristic Greek united the majority of Christians in many places (although this contrast is modified by the presence of extensive portions of Aramaic in the midrash, and by the importance of Coptic and Syriac as Christian vernaculars).

On the other hand, there are great similarities between the forms of midrashic and later patristic literature. In particular, the midrash, with its collection of exegeses by various rabbis, corresponds closely to the catena, traditionally originating with Procopius of Gaza at the end of the fifth century; the rabbinic and the patristic representatives of the catena-form arise, as N. R. M. de Lange emphasizes, at the same place and time.[53] The so-called homiletic midrashim, based on sermons for the sabbaths and festivals, likewise resemble Christian collections of homilies. On the verges of rabbinic literature, biblical versions, including the rabbinically-influenced Aquila in Greek, could be shared, as noted already, and the Aramaic Targum Onkelos has affinities with the Peshitta Syriac used by Christians. Lastly, the biblically-based Hebrew poems used in synagogue hymnody (*piyyutim*) developed at the same time as their Syriac and Greek Christian counterparts, notably in Ephrem Syrus and Romanus,

52 J. Neusner, *Aphrahat and Judaism* (Leiden, 1971), especially 144-9, 187-95, 244; Murray, *Symbols*, 10, 18-19; Snaith, 'Aphrahat', 247-50.

53 N.R.M. de Lange, 'Midrach et Byzance: une traduction française du "Midrach Rabba". Notes critiques.', *RHR* ccvi (1989), 171-81 (173-5); on contemporary Jewish and Christian treatment of one book, M. Hirschman, 'The Greek Fathers and the Aggada on Ecclesiastes: Formats of Exegesis in Late Antiquity', *HUCA* lix (1988), 137-65.

and likewise excel in allusive exegesis.[54] Their antecedents include Aramaic hymns handed down in the Targumic tradition, and papyrological discoveries have underlined the concurrence of Jewish and Christian developments in hymnody by exposing the circulation in our period in Egypt both of the Jewish Aramaic *'ezel Mosheh* (in a fourth-fifth century papyrus), on Moses at the Red Sea, and of a Christian Latin 'Psalmus abecedarius' (in a fourth-century papyrus), on the birth and marriage of the Virgin and the birth of Christ.[55]

With regard to the *modes* of exegesis, Jewish hermeneutical methods appear to have been derived above all from the Greek background of philosophy and rhetoric, as is the case in Christian exegesis too, and among both Jews and Christians there is the same contrast and confluence of literal and symbolic interpretation (embracing typology and allegory).[56] The Christian claim (e.g. Origen, *Contra Celsum* v 60) that the Jews stick to a literal interpretation and thereby miss the true sense refers to differences not of exegetical method but of custom and tenet, especially over the Pentateuchal laws and messianic prophecy. The important shared exegetical principle of the canon has received attention above.

54 Some probably fifth-century Hebrew material is translated and studied in Horbury, 'Yose'; see also Z. Malachi, 'Jewish and Christian Liturgical Poetry: Mutual Influences in the First Four Centuries', *Augustinianum* xxviii (1988), 237-48.

55 Y. Yahalom, '"Ezel Moshe" - according to the Berlin Papyrus', *Tarbiz* xlvii (1978), 173-84 [Hebrew]; W. Speyer, 'Der bisher älteste lateinische Psalmus abecedarius. Zur editio princeps von R. Roca-Puig', reprinted (with additional notes) from: *Jahrbuch für Antike und Christentum* x (1967), 211-216 in W. Speyer, *Frühes Christentum im antiken Strahlungsfeld*, (Tübingen, 1989), 64-9, 494.

56 P.S. Alexander, 'Quid Athenis et Hierosolymis? Rabbinic Midrash and Hermeneutics in the Graeco-Roman World', in P.R. Davies & R.T. White (edd.), *A Tribute to Geza Vermes* (Sheffield, 1990), 101-24; Horbury, 'Interpretation', 763-70; B.L. Visotzky, 'Jots and Tittles: On Scriptural Interpretation in Rabbinic and Patristic Literatures', *Prooftexts* viii (1988), 257-69; F.M. Young, 'The Rhetorical Schools and their Influence on Patristic Exegesis', in Rowan Williams (ed.), *The Making of Orthodoxy. Essays in Honour of Henry Chadwick* (Cambridge, 1989), 182-99.

Lines of demarcation appear more readily with regard to *lemmata* in combination with *themes*. Here the differing festivals and lectionary practices of the two communities are important. Thus the Psalms of dereliction and the narrative of the Exodus were for Christians linked from early times with the Passion and Easter, and the traces of Christian lectionaries from the time of Augustine show the importance of New Testament lessons, by contrast with the primacy in the synagogues of the reading of the Law. There is not a complete overlap between the texts thought specially worthy of comment by Christians and Jews.[57] Nevertheless, because the Bible is highly valued common property, texts which one might expect to be left aside are in fact interpreted. Thus, there is no marked Christian neglect of Pentateuchal passages on diet or ritual.[58] They are of course symbolically interpreted. On the Red Heifer, for example, Theodoret in a scholastic manner (*Quaest. in Num.* 35-6, on Num. xix) and Cyril of Alexandria with homiletic skill (*Glaphyra* on Numbers, PG lxix 625-36) build on ancient Christological exegesis, such as is already met in Hebrews and the Epistle of Barnabas; but the Jewish defence and commendation of such laws in the midrash can also make them symbolic, as was already the case in the Letter of Aristeas and Philo (so on the Heifer, in Pesikta de-Rab Kahana, iv and Num. R. xix 1-8). Yet, as appears from the passages just cited, the natural Christian association of these laws is with reconciliation through Christ, which is readily linked with apologetic against Judaism; so Cyril stresses that 'the purification which is in Christ is outside the synagogue of the Jews' (PG lxix 633). The Jewish associations of these laws, on the other hand, include the interpretation and defence of other laws of purity and diet; so Solomon is said to have perceived the solution of many specified problems of these laws, although the rite of the Heifer still puzzled him (Pesikta de-Rab Kahana iv 3, Num. R. xix 3). Nevertheless, the strong Christian instinct towards literal and practical interpretation of the Pentateuchal laws (part of the reason why

57 Neusner, *Aphrahat*, 157-87 finds that a very large number of Aphrahat's anti-Jewish proof-texts receive no rabbinic comment in material likely to be before or contemporary with Aphrahat (messianic texts form an interesting exception).

58 Horbury, 'Interpretation', 762-3.

apologetic is needed when the laws are not observed) can manifest itself freely where the mainstream Christian rejection of Jewish customs is not at stake, notably in connection with the priesthood, tithing and usury[59] The demarcation between Christian and Jewish exegesis of biblical laws seems therefore to arise less from any special hermeneutical methods than from the differing ancestral customs and messianic interpretations of the two communities.

Johann Maier has brought out the importance of discovering the 'range of association' of any given text (its *Assoziationskontext* or-*horizont*) when comparing Jewish and Christian exegesis.[60] Such an exercise can reveal demarcation and convergence at the same time. The ways may divide, in particular, as noted already in connection with the festivals, because for Christian exegesis the New Testament is likely to suggest associations not available to the Jewish reader.

An example is offered in the great Torah Psalm cxix. Verse 120 'my flesh bristles for fear of thee' appears in the LXX as 'Nail (καθήλωσον) my flesh [plural] because of thy fear', and correspondingly in the Gallican Psalter as 'Confige timore tuo carnes meas'. In the LXX the Hebrew verb סמר, 'to bristle' has been given the sense 'to nail' which it has in the Mishnah (and the biblical noun for 'nail' is formed from the same consonants), and has been understood as an imperative. The meaning 'to nail', but not the imperative, is endorsed by Theodotion and Aquila (Symmachus, followed by Jerome, gives 'bristle').

Following the LXX, from very early times Christian exegesis associates this verse with the nails of the cross,[61] either as a prophetic testimony of the Passion (quoted between Pss. xxii 20 and 16 at Barn. v 13, Irenaeus, *Dem.* 79, and after Ps. xxii 17-22 at Cyprian, *Test.* ii 20, and paraphrased in one form of an early

59 Examples are discussed by Horbury, 'Interpretation', 744-8.

60 Maier, *Auseinandersetzung*, 208; id., "'Siehe, ich mach(t)e dich klein unter den Völkern...": Zum rabbinischen Assoziationshorizont von Obadja 2', in L. Ruppert, P. Weimar & E. Zenger (edd.), *Künder des Wortes: Beiträge zur Theologie der Propheten; Josef Schreiner zum 60. Geburtstag* (Würzburg, 1982), 203-15.

61 Christian exegesis of the verse is summarized by M. Harl, *La chaîne palestinienne sur le psaume 118* (2 vols., Paris, 1972), ii, 706-7.

Christological interpolation in Ps. xxxviii 20)[62] or, as a prayer (here the LXX imperative is important) on the Pauline theme of crucifixion with Christ (linked in comments on the psalm with Matthew x 38 by Origen [quoted in the Palestinian catena on the psalm], and with Gal. ii 20 by Theodoret and Augustine; Chrysostom [Hom. iv on I Thess., 457A, on iii 13] calls Paul 'the man nailed by the fear of God'). In the Old Latin the association with the cross was strengthened by the insertion of 'clavis', 'with nails', after 'confige' (so in the Latin text of Barnabas and in Cyprian); Hilary of Poitiers and Augustine in their comments ad loc. both mention this form of the text and commend it as a translation of the Greek, and Augustine echoes the Old Latin when he says elsewhere that the fear of God should fasten all the impulses of pride to the wood of the cross, 'quasi *clavatis carnibus* omnes superbiae motus ligno crucis adfigat' (*De doctrina christiana* ii 7).

In these interpretations the use of the verse as a testimony is distinctively Christian, although the practice of collecting biblical testimonies was inherited from Jewish custom within the broader Graeco-Roman context of excerpting and anthologizing; but the moral and mystical understandings developed in Origen, Theodoret, Hilary and Augustine are in the end, despite their Pauline inspiration, not so far removed from the mystical as well as moral attitude to the fear of God already underlined by the imperative in the LXX. In the midrash, however, the moral element is strengthened at the expense of the mystical by interpretation of 'fear' as 'fear of Gehenna', but this in turn is linked again with the fear of heaven, a great rabbinic as well as Christian virtue, by reference to Isa. xxxiii 7 and Prov. xxviii 14 'Blessed is the man who fears continually' (Midrash Tehillim ad loc.).

In this example, then, distinctively Christian associations arising from the New Testament govern the Christian exegesis of a text from the psalter. They ensure its use as a proof-text, but otherwise - with the addition of the theme of crucifixion with Christ - they take it along mystical and moral lines already marked out in the LXX. The LXX translation itself is not fanciful,

62 R. Petraglio, 'Le interpolazioni cristiane del salterio greco', *Augustinianum* xxviii (1988), 89-109 (100, n.20).

but a reasonable rendering of the Hebrew, largely endorsed in two Jewish revisions of the LXX; it is worth noting that the seventeenth-century Jewish commentator David Altschuler of Prague once again drew attention to the probable connection between the Hebrew verb in this verse and the biblical noun meaning nail. The rabbinic interpretation of the Hebrew text is predominantly moral, but so is much of the Christian comment. The Christ-mysticism which seems at first so strikingly Christian a feature of this comment is itself in this case a not wholly inappropriate development of a pre-rabbinic Jewish mystical understanding of the fear of God, which already seemed to the LXX translators to be present in the Hebrew text. As in the interpretations of the Red Heifer noted above, there is considerable overlap between Jewish and Christian understandings, and the ways diverge, once again, not primarily for exegetical reasons, but because of differences between the Christian and the Jewish inheritance, in particular the distinctive centrality of a realized messianism in Christian thought and the New Testament literature.

The study of many such examples of association would complement and check the rough outlines of demarcation and convergence which have been attempted here, with special reference to the years 325-451. It was repeatedly urged above that to see demarcation only is not enough, despite all that seems to speak for the self-contained separate development of Judaism and Christianity. Some consideration was given in particular to arguments for separation drawn from the apparent presence of Christian and absence of Jewish polemic (section (i)), from the importance of the new political situation under Constantine as suggesting special reasons for some thematic convergence between rabbinic and Christian literature (section (ii)), and from the differing views of the Hebrew Bible symbolized by the emergence of the New Testament on one side and of the Mishnah and the Talmud on the other (section (ii)). Arguments for an exegetical interrelationship drew especially on evidence for Jewish-Christian contacts in controversy and in study (section (i)), and on the noteworthy Christian desire to share the Jewish Bible in the canonical form recognized by Jews (section (ii)). Lastly, in section (iii) the geography and languages of exegesis were shown to allow convergence as well as demarcation, the great similarities in the forms and modes of exegesis were underlined, and in examination of a longer and a shorter text, from the Pentateuch and the Psalter respectively, it was argued that lemmata in combination with themes and in their Jewish and Christian contexts of association, where demarcation would be apparent, could also show considerable convergence.

The demarcation observed has arisen from the differences between Jewish and Christian custom and conviction rather than from any conflict of exegetical methods. These differences were keenly felt by Christians, and mattered also to some Jews. They did not mean, however, that the Bible was understood so differently as not truly to be shared. Exegesis for catechetical purposes would part Christians from Jews at a number of points, especially concerning the law and the messiah; but other kinds of interpretation joined hands. Of special note is the mass of exegesis from both sides devoted to moral instruction and exhortation. It is not misleading to continue to speak of Jews and Christians *on the Bible*.

Far-reaching divergence of approach to this subject was noted at the beginning of the paper and considered at the principal stages *en route*. It may therefore be helpful to conclude with some brief formulations of positions, which at least the writer thinks defensible, on exegesis in the Jewish and Christian communities between 325 and 451.

(i) Jews and Christians shared a common sub-culture, the literary focus of which was the Jewish scriptures. Jerome stood for a widespread Christian instinct of respect for the Hebrew text and the Jewish canon.

(ii) The Jewish scriptures continued to be recognized in each community as an independent body of authoritative writings, despite their close bonds with the New Testament and ecclesiastical tradition among the Christians, and with rabbinic tradition among the Jews.

(iii) The abundant rabbinic literature was in process of formation at this time. It is the best guide to Jewish exegesis in the period, but it is not a complete guide.

(iv) Particularly important supplements to the rabbinic texts are the ancient biblical versions, for the most part shared with

Christians, and used extensively by the more scholarly Christian exegetes of this period.

(v) Languages and geography were not significantly divisive factors, especially in view of Jewish biblical study in the vernaculars (Aramaic, Greek, and probably also Latin).

(vi) Exegetical methods were shared, and divergent interpretation reflected differences of custom and tenet, not of exegetical principle. Jewish-Christian controversy encouraged some convergence of interest.

(vii) Jewish and Christian special interests deeply marked interpretation in each community, but did not blot out the features of a common Bible.

Bemerkungen zur Psalmexegese des Asterius

Wolfram Kinzig

Im zweiten Band ihres grundlegenden Werks zur Psalmexegese bei den Kirchenvätern "Les Commentaires Patristiques du Psautier (IIIe-Ve siècles)"[1] hat Marie-Josèphe Rondeau unter Aufnahme von Anregungen Carl Andresens[2] deutlich gemacht, wie wichtig neben der allegorischen und der typologischen Auslegungsmethode gerade für die Psalmen ein Interpretationsverfahren ist, das sie "prosopologisch" nennt.[3] Ihre Arbeit stützt sich in erster Linie auf die Kirchenväter, bei denen dieses Verfahren voll ausgebildet ist, also vor allem auf Origenes (in der Überarbeitung des Hieronymus), Eusebius, den sogenannten Athanasius, Didymus, die Antiochener Diodor und Theodor und, auf lateinischer Seite, auf Hilarius und Augustin. Unter den Autoren, die bei ihr keine Berücksichtigung finden, da hier die einschlägige Terminologie fehle, gehört neben Hippolyt, Apollinarius, Gregor von Nyssa und Evagrius auch der Homilet Asterius.[4] Von diesem Asterius, der nicht, wie früher aufgrund einer von Marcel Richard und Eiliv Skard entwickelten These angenommen wurde, mit dem Sophisten gleichen Namens identisch ist, sondern im späten vierten oder frühen fünften Jahrhundert im syrischen Antiochien oder in der Nähe gelebt hat,[5] besit-

1 Rom 1982/85 (OrChrA 19/220).

2 Zur Entstehung des trinitarischen Personbegriffes, ZNW 52 (1961), S. 1-39.

3 Zum Problem der Terminologie vgl. Rondeau, a. a. O. (Anm. 1), II, S. 8, Anm. 7.

4 Ebenda, S. 14. Beiläufig erscheint die prosopologische Methode bei Basilius, Johannes Chrysostomus und den späteren Kommentatoren des fünften und sechsten Jahrhunderts (ebenda).

5 Vgl. meine Arbeiten In Search of Asterius. Studies on the Authorship of the Homilies on the Psalms, Göttingen 1990 (FKDG 47) mit vollständiger Bibliographie (im folgenden kurz: IS); Kurzfassung unter dem Titel Asterius Amasenus, Asterius Sophista or Asterius Ignotus? Reflections on the Authorship of the Homilies on the Psalms (ed. Marcel Richard), in: StPatr XX, Leuven 1989, S. 15-23; ferner: Er-

zen wir eine Sammlung von Psalmenhomilien, die Richard im Jahre 1956 erstmals vollständig herausgab.[6] Darunter befinden sich eine Anzahl von Osterhomilien, denen meist ebenfalls ein Psalm zugrundeliegt.

Die Auslegung des Asterius folgt nun in der Tat nicht der prosopologischen Methode, zumindest nicht in der strikten Form, wie sie bei den von Frau Rondeau untersuchten Autoren vorliegt. Sie sind aber auch sonst in vielem außerordentlich unorthodox. Leider fehlt es bislang noch an einer einschlägigen Untersuchung, die die Besonderheiten der asterianischen Psalmexegese in ihrer Gesamtheit zum Thema hat.[7] Aus diesem Grunde muß ich mich im folgenden auf die Mitteilung einiger vorläufiger Beobachtungen beschränken, die ich mir im Laufe meiner Arbeit an

---

bin Kirche. Die Auslegung von Psalm 5, 1 in den Psalmenhomilien des Asterius und in der Alten Kirche, Heidelberg 1990 (AHAW.PH 1990/2; im folgenden kurz: EK).

6 Asterii Sophistae Commentariorum in Psalmos quae supersunt; accedunt aliquot homiliae anonymae, edidit Marcel Richard, Oslo 1956 (SO. S.16). Eiliv Skard publizierte wenige Jahre später einen Index hierzu, der überdies wichtige Corrigenda et addenda Richards enthält: Eiliv Skard, Index Asterianus, Oslo 1962 (SO S.17).

7 Vgl. aber die Bemerkungen bei Hansjörg auf der Maur, Die Osterhomilien des Asterios Sophistes als Quelle für die Geschichte der Osterfeier, Trier 1967 (TThSt 19), S.10-12 und passim; Zvjezdan-Vjekoslav Linić, Die Taufe bei Asterios dem Sophisten, Diss. Innsbruck 1970, S.33, 37-112 (Taufsymbolik); Giancarlo Gelsi, Kirche, Synagoge und Taufe in den Psalmenhomilien des Asterios Sophistes, Wien 1978 (Dissertationen der Universität Graz 40), S.30-44. Die sprachlichen und stilistischen Besonderheiten hat nach Max Schmid, Beiträge zur Lebensgeschichte des Asterius von Amasea und zur philologischen Würdigung seiner Schriften, Bonn/Leipzig 1911, Eiliv Skard ausführlich studiert; vgl.v.a. Asterios von Amaseia und Asterios der Sophist, SO 20 (1940), S.86-132; Bemerkungen zu den Asterios-Texten, SO 27 (1949), S.54-69; Zu Asterios, SO 34 (1958), S.58-66; Auge und Ohr bei Asterios Sophistes, SO 35 (1959), S.128f; Zum temporalen Gebrauch von οὕτως. Eine Bemerkung zu den Asteriostexten, SO 37 (1961), S.151f. Ferner Maurice F. Wiles/Robert C. Gregg, Asterius: A New Chapter in the History of Arianism?, in: Robert C. Gregg (Hg.), Arianism: Historical and Theological Reassessments, Philadelphia 1985 (Patristic Monograph Series 11), S.111-151, 123ff. In EK habe ich versucht, einen Aspekt dieser Exegese deutlich zu machen, nämlich die Auslegung von Psalm 5, 1.

einer deutschen Übersetzung der Homilien für die "Bibliothek der griechischen Literatur" notiert habe.[8]

1. BIBEL[9]

Asterius benutzte eine Bibel, deren Kanon im Alten Testament die Apokryphen als Schrift mit einschloß, im Neuen Testament hingegen die kleinen Katholischen Briefe und die Apokalypse ausließ.

Über die äußere Form dieser Bibel läßt sich sagen, daß mindestens der Psalter vermutlich in Stichen eingeteilt war und (in einer Art Apparat?) Varianten enthielt. Doch war diese Bibel keine Abschrift der Hexapla. Im Psalter bot sie einen im wesentlichen "lukianischen" Text, der jedoch mit einigen ägyptischen (westlichen) Elementen durchsetzt war. Außerdem enthielt die Bibel möglicherweise eine griechische Umschrift des hebräischen Textes, der aber nicht mit der zweiten Kolonne der Hexapla übereinstimmt. Asterius selbst hat die Bedeutung dieser griechischen Transkription nicht verstanden. Er sprach demnach kein Hebräisch bzw. Aramäisch.[10]

Ferner scheint der Autor auch ein Testimonienbuch herangezogen zu haben, das noch eine sehr alte, christlich bearbeitete Rezension des Psalters enthielt.

Sowohl was den Kanon anbetrifft, als auch hinsichtlich der Charakteristik des Textes, stimmt diese Bibel mit der überein, die wir für die Antiochener Johannes Chrysostomus, Theodor von Mopsuestia und Theodoret vorauszusetzen haben. Außerdem ist die Beziehung zu Diodor und zur Syro-Hexapla Pauls von Tella offenbar recht eng.

---

8 Ich folge der Psalm-Zählung des masoretischen Textes.

9 Vgl. zum Folgenden IS S. 176-225.

10 Daß Asterius kein Hebräisch verstand, geht aus 18, 15 hervor. Vgl. dazu IS S. 199f.

2. INSPIRATION

Die Schrift ist für Asterius - wie für alle Kirchenväter - von Gott bzw. dem Heiligen Geist inspiriert, wie er immer wieder betont.[11] Besonders schön kommt dies in 26, 1 zum Ausdruck:

"Schön ist die prophetische Flöte des Hirten und Königs (sc. Davids). Denn sie hat als Rohr die Sprache, als Atem den Parakleten, als Ton das Wort, als Melodie das maßvolle Vergnügen, als Tonart die Prophetie und als Unterstützung (?)[12] die Geistesgabe von oben" (pp. 205, 23-206, 5).[13]

Da Gott es ist, der sich Davids als seiner Flöte bedient, gibt es "nichts Zweideutiges oder Widersprüchliches in der göttlichen Schrift. Denn es handelt sich um Regeln des Vaters, Gesetze des göttlichen Logos und Worte des Heiligen Geistes" (13, 13 [p. 97, 12-15]).[14]

3. AUTORSCHAFT

David ist immer der Autor der Psalmen.[15] Eine Auslegung nach dem ἐκ/ἀπὸ πρόσωπου-Schema, wie es sich bei anderen Autoren findet, fehlt bei Asterius fast gänzlich.[16] Doch kann Christus gelegentlich als Sprecher eines Psalms erscheinen. So vor allem in Hom. 28, 5-7 zu Psalm 16, 1b, wo die christologische Interpretation durch Act 2, 31 vorgegeben ist.[17] Eine Erklärung für

---

11 Vgl. die von Skard, Index, s.v. θεόπνευστος angegebenen Stellen.

12 Ὄχημα wörtl.: "Wagen", "Kutsche", was hier aber keinen Sinn ergibt.

13 Καλός ὁ τοῦ ποιμένος καὶ βασιλέως προφητικὸς αὐλός· ἔχει γὰρ κάλαμον τὴν γλῶσσαν καὶ πνεῦνα τὸν παράκλητον καὶ φθόγγον τὸν λόγον καὶ μέλος τὴν σώφρονα ἡδονὴν καὶ ἁρμονίαν τὴν προφητείαν καὶ ὄχημα τὸ ἄνωθεν χάρισμα.

14 Ἀλλ᾽ οὐδὲν ἀμφίβολον ἢ ἐναντίον ἐν τῇ θείᾳ γραφῇ· τοῦ γὰρ πατρός εἰσιν ὅροι, τοῦ δὲ λόγου νόμοι, καὶ τοῦ ἁγίου πνεύματος λόγοι.

15 Vgl. auch EK S. 31f.

16 Vgl. EK S. 97. Lediglich in Frg. 16 (p. 262, 17f) erscheint die einschlägige Terminologie. Zur Problematik EK, ebenda.

17 Darauf spielt Asterius in 28, 4 (p. 225, 7f) deutlich an. Die auffallenden Ähnlichkeiten dieser Passage mit den späteren Improperien des römischen Kreuzverehrungsritus am Karfreitag hat auf der Maur, a.a.O. (Anm. 7), S. 125-151, allerdings unter unzutreffenden Vorausset-

diesen Übergang von der *vox de Christo* zur *vox Christi* bietet Asterius allerdings nicht.

4. SCHLÜSSEL ZUR EXEGESE

Über seine exegetischen Grundsätze äußert sich Asterius selten, und wenn, dann eher beiläufig. Seine hermeneutische Terminologie ist vage und unpräzise.[18] Seine Auslegungen werden überdies durch seine Vorliebe für rhetorisches Dekor verunklart, so daß es oft schwierig ist, den roten Faden zu finden. Gleichwohl spielen bei Asterius drei Kriterien eine Rolle, die ihm den Zugang zum Verständnis eines Psalms eröffnen:

4.1. Das Neue Testament

Die Auslegung (ἑρμηνεία) wird durch das Vorbild der apostolischen Schrifterklärung bestimmt. Auf die Auslegung von Ps 16, 1b als Rede Christi aufgrund von Act 2, 31 wurde bereits hingewiesen. Bei seiner christologischen Auslegung von Psalm 2 betont Asterius gelegentlich:

> "Und man möge nicht befremdet sein darüber, daß wir den vorliegenden Psalm auf die Auferstehung Christi gedeutet haben: Denn wir sind dem apostolischen Vorbild gefolgt und haben die paulinische Auslegung als Richtschnur" (2, 13 [p. 6, 6-9]).[19]

Ebenso deutet er in derselben Homilie (2, 4) Ps 2, 1f ("Weshalb tobten die Völker und machten die Nationen vergebliche (Pläne)? Es standen die Könige der Erde auf, und die Fürsten versammelten sich dazu") nach dem Vorbild des Neuen Testamentes (Act 4, 24-28) auf "Herodes und Pontius Pilatus mit den Völkern und Stämmen Israels" und stellt dann lapidar fest:

> "So erklären also die Apostel diese Personen; sie anders zu erklären ist unmöglich" (2, 4 [p. 5, 27f]).

---

zungen (Asterius der Sophist Autor der Psalmenhomilien), eingehend diskutiert.

18 Vgl. unten Anm. 46.

19 Καὶ μηδένα ξενιζέτω ὅτι τὸν προκείμενον ψαλμὸν τῇ ἀναστάσει Χριστοῦ ἡρμόσαμεν· ἀποστολικῷ γὰρ κανόνι ἠκολουθήσαμεν καὶ τὴν Παύλου ἑρμηνείαν ὡς νόμον κατέχομεν. Vgl. auch 2, 4; 28, 4.

Diese Orientierung an der kirchlichen Lehre steht wohl auch dahinter, wenn der Exeget an anderer Stelle von den δόγματα spricht, die von den Aposteln tradiert würden, und die das Erbe der Kirche darstellten.[20]

4.2. Die Reihenfolge der Psalmen

Immer wieder wird auch die Reihenfolge der Psalmen als Hinweis auf deren Auslegung angeführt. So wird etwa Psalm 8, 1 von Psalm 7 aus erschlossen:

"»*Zum Ende, über den Keltern; ein Psalm dem David*« (Ps 8, 1). Der vorliegende achte Psalm paßt ausgezeichnet zum vorhergehenden siebten Psalm. Warum? Höre: In jenem wurde von der Kirche gesprochen: »*Und für diese wende dich zur Höhe*« (Ps 7, 8). Herr, »*wende dich zur Höhe*«, der du sprichst: »*Und wie Moses die Schlange in der Wüste erhöhte, so muß der Menschensohn erhöht werden*« (Joh 3, 14). »*Wende dich zur Höhe*«, der du gesagt hast: »*Auch ich, wenn ich erhöht bin, werde alle zu mir ziehen*« (Joh 12, 32 v.l.).

»*Für diese wende dich zur Höhe*«: Und wenn ich mich zur Höhe wende, was dann? »*Und die Versammlung der Stämme wird dich umkreisen*« (Ps 7, 8). *Viele Hunde umzingelten mich*« (Ps 22, 13 v.l.), die Stämme der Juden, die gegen dich bellen: »*Fort, fort! Kreuzige ihn!*« (Joh 19, 15). »*Und die Versammlung der Stämme*«, (das heißt) der Völker, »*wird dich umkreisen*«, um zu sagen: »*Ich ging im Kreis und opferte in seinem Zelt*« (Ps 27, 6). Jene »*umkreisten*« dich »*wie Bienen eine Wabe*« (Ps 118, 12 v.l.) »*Und die Versammlung der Stämme wird dich umkreisen*« wie eine wilde Olivenpflanze: » *Deine Söhne sind wie neugepflanzte Ölbäume rings um deinen Tisch*« (Ps 128, 3).

Und was ist die Versammlung der Stämme? Das Kelterngehäuse, der Bau der Kirchen Christi. »*Zum Ende über die Keltern*« (Ps 8, 1)" (17, 3-5 [p. 124, 2-20]).[21]

---

20 Vgl. 15, 1 (p. 108, 14); 30, 3 (p. 240, 1-4).

21 Εἰς τὸ τέλος, ὑπὲρ τῶν ληνῶν· ψαλμὸς τῷ Δαυίδ. Ἁρμόδιος καὶ φίλος τῷ πρὸ τούτου ἑβδόμῳ ψαλμῷ ὁ προκείμενος ὄγδοος ψαλμός. Πῶς; Ἄκουσον. Ἐν ἐκείνῳ ἐλέγετο ὑπὲρ τῆς ἐκκλησίας. Καὶ ὑπὲρ ταύτης εἰς ὕψος ἐπίστρεψον. Κύριε, εἰς ὕψος ἐπίστρεψον, ὁ εἰπών· Καὶ καθὼς Μωυσῆς ὕψωσε τὸν ὄφιν ἐν τῇ ἐρήμῳ, οὕτως ὑψωθῆναι δεῖ τὸν υἱὸν τοῦ ἀνθρώπου. Εἰς ὕψος ἐπίστρεψον, ὁ εἰρηκώς· Κἀγὼ ἐὰν

Ebenso stellt er in Hom. 23 über Psalm 13 zunächst einen Widerspruch zwischen der Überschrift ("Zum Ende; ein Psalm dem David") und dem zweiten Vers fest. Ein Psalm sei nämlich das "Gebet fröhlicher Menschen" (23, 3: εὐθῆμούντων παράκλησις; vgl. Jak 5, 13), während David klage: "Wie lange noch, Herr, wirst du mich am Ende vergessen?" Nun beziehe sich der Titel aber gar nicht auf den Anfang des Psalms, sondern auf dessen "Ende". Und dort heißt es tatsächlich in Vers 6: "Mein Herz wird über deine Rettung frohlocken; ich will dem Herrn singen, der mir wohlgetan hat, und dem Namen des höchsten Herrn Psalmen singen" (vgl. Hom. 23, 3). Woher aber dann der traurige Anfang? Der Schlüssel hierfür ist im elften (nach Zählung der LXX: zehnten) und zwölften (elften) Psalm zu finden:

"»*Wie lange noch, Herr, wirst du mich am Ende vergessen*« (Ps 13, 2a). Weshalb aber sagte er dies? Die Reihenfolge der Psalmen lehrt uns das Verständnis des Psalms. Denn als er von Saul verfolgt und von dessen Heer bedrängt, von den Ziphäern denunziert und von den Getthäern bedroht wurde, hörte er von den Soldaten, die ihn begleiteten, im zehnten Psalm: »*Flüchte dich in die Berge wie ein Spatz, denn siehe, die Sünder haben den Bogen gespannt*« und so weiter (Ps 11, 1f). Ferner antwortete David, im Vertrauen auf die Fürsorge Gottes wie auf eine unbesiegbare Rüstung, denen, die ihn in Unruhe versetzten: »*Ich vertraue auf den Herrn; wie könnt ihr (da) zu zu meiner Seele reden: Flüchte dich in die Berge wie ein Spatz?*« (Ps 11, 1). Als ferner sein frommes und Gott liebendes Heer dahinschwand, so daß er schließlich oft allein war und nicht mehr aus noch ein wußte, sagte er in dem vorhergehenden elften Psalm: »*Rette mich, Herr, denn der Heilige ist ver-*

ὑψωθῶ, πάντας ἑλκύσω πρὸς ἐμαυτόν. Ὑπὲρ ταύτης είς ὕψος ἐπίστρεψον· καὶ ἐὰν εἰς ὕψος ἐπιστρέψω, τί; Καὶ συναγωγὴ λαῶν κυκλώσει σε· Περιεκύκλωσάν με κύνες πολλοί, οἱ Ἰουδαίων λαοί, τὸ Ἆρον, ἆρον, σταύρωσον αὐτὸν, ὑλακτοῦντες κατὰ σοῦ. Καὶ συναγωγὴ λαῶν, τῶν ἐθνῶν, κυκλώσει σε, ὡς λέγειν· Ἐκύκλωσα καὶ ἔθυσα ἐν τῇ σκηνῇ αὐτοῦ. Ἐκύκλωσάν σε ἐκεῖνοι ὡς αἱ μέλισσαι κηρίον. Καὶ συναγωγὴ λαῶν κυκλώσει σε ὡς φυτεία ἐλαιῶν· Οἱ υἱοί σου ὡς νεόφυτα ἐλαιῶν κύκλῳ τῆς τραπέζης σου. Καὶ τίς ἡ συναγωγὴ τῶν λαῶν; Ἡ ἐνθήκη τῶν ληνῶν, ἡ οἰκοδομὴ τῶν τοῦ Χριστοῦ ἐκκλησιῶν· Εἰς τὸ τέλος, ὑπὲρ τῶν ληνῶν.

schwunden« (Ps 12, 2), wobei er auch das mit ihm verfolgte Heer heilig nannte (...).

Da also »*die Sünder den Bogen spannten und Pfeile im Köcher bereit hielten, um die, die standhaften Herzens sind, niederzuschießen*« (Ps 11, 2), nämlich die Begleiter Davids, diese aber verschwunden waren, die einen durch Flucht, die anderen aus Mutlosigkeit ohnmächtig geworden, deswegen schrie er: »*Rette mich, Herr, denn der Heilige ist verschwunden*« (Ps 12, 2)" (23, 5f. 8 [p. 176, 19-177, 6. 18-23]).[22]

In Hom. 20 schließlich wird die Nummer des ausgelegten Psalms in der Septuaginta zur Interpretation der Psalmüberschrift herangezogen (Ps 12, 1: "Zum Ende, über den achten (Tag); ein Psalm dem David"):

"Ferner höre ein wunderbares Geheimnis! Weshalb begegnet der Psalm »*über den achten (Tag)*« als der elfte? Der dritte und der achte (Tag) der Auferstehung zusammengezählt ergibt die Zahl elf. Im vorliegenden elften Psalm aber wird die Auferstehung des Herrn behandelt. Denn es wurde angekündigt, der Herr werde bei seiner Auferstehung sprechen: »*Wegen der Mühsal der Armen und des Seufzens der Bedürftigen, werde ich jetzt auferstehen, spricht der Herr*« (Ps 12, 6 v.l.). Weil also der dritte und der achte (Tag) Bilder für die Aufer-

---

22 Ἕως πότε, κύριε, ἐπιλήσῃ μου εἰς τέλος; Διὰ τί δὲ τοῦτο ἔλεγεν; Ἡ ἀκολουθία τῶν ψαλμῶν διδάσκει ἡμᾶς τὴν ἔννοιαν τοῦ ψαλμοῦ. Ἐπειδὴ γὰρ διωκόμενος ὑπὸ τοῦ Σαοὺλ καὶ ἐλαυνόμενος ὑπὸ τῆς αὐτοῦ στρατιᾶς, ὑπό τε τῶν Ζιφαίων ἐνδιαβαλλόμενος καὶ ὑπὸ τῶν Γετθαίων ἐπιβουλευόμενος, ἤκουσεν ὑπὸ τῶν συνόντων αὐτῷ στρατιωτῶν ἐν τῷ δεκάτῳ ψαλμῷ. Μεταναστεύου ἐπὶ τὰ ὄρη ὡς στρουθίον, ὅτι ἰδοὺ οἱ ἁμαρτωλοὶ ἐνέτειναν τόξον, καὶ τὰ ἑξῆς. Εἶτα ὁ Δαυίδ, τεθαρρηκὼς τῇ προνοίᾳ τοῦ θεοῦ ὡς ἀνικήτῳ πανοπλίᾳ, ἀπεκρίνατο τοῖς ἐκταράσσουσιν αὐτόν· Ἐπὶ τῷ κυρίῳ πέποιθα· πῶς ἐρεῖτε τῇ ψυχῇ μου· Μεταναστεύου ἐπὶ τὰ ὄρη ὡς στρουθίον; Εἶτα, ἐπειδὴ ὠλιγοῦτο αὐτῷ ὁ εὐσεβὴς καὶ φιλόθεος στρατός, ὡς καὶ μόνον πολλάκις εὑρεθέντα ἀμηχανεῖν, ἔλεγεν ἐν τῷ πρὸ τούτου ἑνδεκάτῳ ψαλμῷ· Σῶσόν με, κύριε, ὅτι ἐκλέλοιπεν ὅσιος, ὅσιον καλῶν καὶ τὸν συνδιωκόμενον αὐτῷ στρατὸν. [...] Ἐπεὶ οὖν οἱ ἁμαρτωλοὶ ἐνέτειναν τόξον καὶ ἡτοίμασαν βέλη εἰς φαρέτραν τοῦ κατατοξεῦσαι τοὺς εὐθεῖς τῇ καρδίᾳ, τοὺς συνόντας τῷ Δαυίδ, οἱ δὲ ἐξέλιπον, οἱ μὲν φεύγοντες, οἱ δὲ τῇ ἀθυμίᾳ λιποθυμοῦντες, διὰ τοῦτο ἐβόα· Σῶσόν με, κύριε, ὅτι ἐκλέλοιπεν ὅσιος. Vgl. auch Gelsi a.a.O. (Anm. 7), S. 36-38. Vgl. ähnlich auch 25, 1.

stehung sind, der dritte und der achte (Tag) aber die Zahl elf ergeben, deswegen begegnet der Psalm der Auferstehung als der elfte: »*Zum Ende, über den achten (Tag); der*« elfte »*Psalm dem David*« (Ps 12, 1)" (20, 7 [155, 4-15]).[23]

4. 3. Die Psalmenüberschriften

Die Psalmenüberschriften werden von Asterius im Gegensatz zur Auffassung der antiochenischen Exegeten[24] nicht nur als echt angesehen und kommentiert; sie eröffnen vielmehr den Zugang zum richtigen Verständnis der Psalmen:

> "Aber laßt uns den Titel ansehen! Was bei den Testamenten die Siegel sind, das sind bei den Psalmen die Überschriften. Wie also die, die die Testamente öffnen (möchten), zuvor die Siegel lösen und (nur) so das Dokument lesen (können), so entrollen die, die die Psalmen lesen und interpretieren (möchten), zuvor ihre Überschriften und (können nur) so die in ihnen geschriebenen Dinge aufspüren" (21, 3 [160, 3- 161, 2]).[25]

Dies ist nun nicht einfach nur Rhetorik: Die Psalmenüberschriften spielen in der Auslegung des Asterius tatsächlich eine zentrale Rolle. Sie bestimmen insbesondere, ob ein Psalm literal-paränetisch oder christologisch-ekklesiologisch zu interpretieren ist - darüber gleich mehr. Gerade in den Psalmen, die literal gedeutet werden, sind die Überschriften wie Inschriften

---

23 Λοιπὸν ἄκουσον θαυμαστὸν μυστήριον. Διὰ τί ἑνδέκατος κεῖται ὁ ὑπὲρ τῆς ὀγδόης ψαλμός; Ἡ τρίτη καὶ ἡ ὀγδόη τῆς ἀναστάσεως συναπτόμεναι τὸν ἑνδέκατον ποιοῦσιν ἀριθμόν. Ἐν δὲ τῷ προκειμένῳ τῷ ἑνδεκάτῳ ψαλμῷ φέρεται ἡ τοῦ κυρίου ἀνάστασις· ἐν αὐτῷ γὰρ ἀναστῆναι ὁ δεσπότης ἐπηγγείλατο εἰπών· Ἕνεκεν τῆς ταλαιπωρίας τῶν πτωχῶν καὶ τοῦ στεναγμοῦ τῶν πενήτων νῦν ἀναστήσομαι, λέγει κύριος. Ἐπεὶ οὖν ἡ τρίτη καὶ ἡ ὀγδόη εἰκόνες ἀναστάσεως, ἡ δὲ τρίτη καὶ ἡ ὀγδόη ποιοῦσι τὸν ἑνδέκατον ἀριθμόν, διὰ τοῦτο ἑνδέκατος κεῖται ὁ τῆς ἀναστάσεως ψαλμός· Εἰς τὸ τέλος, ὑπὲρ τῆς ὀγδόης· ψαλμὸς τῷ Δαυὶδ ἑνδέκατος.

24 Vgl. EK S. 50f.

25 Ἀλλ' ἴδωμεν τὴν προγραφήν. Ὅπερ εἰσὶν ἐν ταῖς διαθήκαις αἱ σφραγῖδες, τοῦτο ἐν τοῖς ψαλμοῖς αἱ ἐπιγραφαί. Ὥσπερ οὖν οἱ τὰς διαθήκας ἀνοίγοντες πρῶτον τὰς σφραγῖδας λύουσι καὶ οὕτω τὸν χάρτην ἀναγινώσκουσιν, οὕτως οἱ τοὺς ψαλμοὺς ἀναγινώσκοντες καὶ ἑρμηνεύοντες πρῶτον τὰς ἐπιγραφὰς ἀναπτύσσουσι καὶ οὕτω τὰς ἐν αὐτοῖς γραφὰς ἀνιχνεύουσιν. Vgl. auf der Maur, a. a. O. (Anm. 7), S. 98; Wiles/Gregg, a. a. O. (Anm. 7), S. 125.

auf einem Denkmal zu verstehen, die das dargestellte Ereignis erklären:

"Wie der Betrachter des kaiserlichen Bildes nicht die (dargestellten) Personen noch die Aufschriften übersieht, sondern sowohl die Zeichnung als auch die Aufschriften eingehend liest, so sollte auch der, der die Zeichnung des Psalms (= den Text) liest, die Aufschrift, den Autor und den Inhalt prüfen. Und weshalb die Aufschrift? Denn die Veröffentlichung der Geschichte ist der Ausgangspunkt für die Auslegung. Wie lautet also die Aufschrift des vorliegenden Psalms? »*Ein Psalm dem David, den er dem Herrn über die Worte des Chousi, des Sohnes des Iemenei sang*« (Ps 7, 1). Stell dir also, Bruder, den Text als Denkmal vor, die Aufschrift als Lobpreis, David als den Schreiber und den Helden Chousi als den beschriebenen Feldherrn" (13, 1 [p. 92, 18-93, 2]).[26]

Ein besonderes Problem stellt hier der Satz ὀφθαλμὸς γὰρ τῆς ἑρμηνείας ἡ τῆς ἱστορίας ἀπόδειξις dar, den Asterius einer unbekannten Quelle entnommen haben dürfte.[27] Leider bleibt dabei undeutlich, ob die ἱστορία für Asterius nur der *Ausgangspunkt* (im Sinne von "Quelle")[28] oder das *Zentrum* der ἑρμηνεία ist. Ein Blick auf die Auslegungspraxis unseres Autors, der wir uns jetzt zuwenden wollen, läßt beide Interpretationsmöglichkeiten offen.[29]

---

26 Ὥσπερ ὁ τῆς βασιλικῆς εἰκόνος θεατὴς οὐ παρορᾷ τὰ πρόσωπα οὐδὲ τὰ ἐπιγράμματα, ἀλλὰ καὶ τὴν γραφὴν καὶ τὴν ἐπιγραφὴν βλέμματι ἀσπάζεται, οὕτως ὁ γραφὴν ψαλμοῦ ἀναγινώσκων ζητεῖν ὀφείλει τὴν ἐπιγραφὴν καὶ τὸν γράψαντα καὶ τὸν γραφόμενον. Καὶ διὰ τί τὸ ἐπίγραμμα; Ὀφθαλμὸς γὰρ τῆς ἑρμηνείας ἡ τῆς ἱστορίας ἀπόδειξις. Τίς οὖν ἡ προκειμένη τοῦ ψαλμοῦ ἐπιγραφή; Ψαλμὸς τῷ Δαυίδ, ὅν ᾖσε τῷ κυρίῳ ὑπὲρ τῶν λόγων Χουσὶ υἱοῦ Ἰεμενεί. Ἴδε μοι, ἀδελφέ, στήλην τὴν γραφὴν καὶ ἐγκώμιον τὴν ἐπιγραφὴν καὶ γραφέα τὸν Δαυὶδ καὶ στρατηγὸν γραφέντα τὸν ἀριστέα Χουσί.

27 Echte Parallelen fehlen. Vgl. Herod., *hist.* 1, 1: Ἡροδότου Ἁλικαρνησσέος ἱστορίης ἀπόδεξις ἥδε... Apul., *met.* 3, 7 ("Solis et Iustitiae... oculum"), von Skard, a.a.O. (Anm. 7), 1958, S. 65, Anm. 3 herangezogen, ist keine echte Parallele. Wieso Skard hier von "einer auffallend 'modernen' Bedeutung" von ἱστορία im Sinne von "Entwicklungsgeschichte" sprechen kann, verstehe ich nicht. Ἱστορία ist einfach die biblische "Geschichte", die *story*.

28 Belege in PGL s.v. C. Bei Asterius in p. 12, 8.

29 Dasselbe Bild vom Denkmal erscheint auch in 28, 1-4, wo es

5. PRAXIS DER AUSLEGUNG

Grundlegend für die Exegese des Asterius ist die traditionelle Unterscheidung des Kosmos in die Welt der Erscheinung (αἰσθητός, φαινόμενος) und die intelligible (νοητός) Welt. Während erstere der αἴσθησις offensteht, ist für die Einsicht in letztere der Verstand (νοῦς) vonnöten.[30] Um zu dieser höheren Erkenntnis zu gelangen, bedarf es der Übung und des Unterrichtes, wie Asterius in Hom. 29, 18 anschaulich deutlich macht:

> "Und weshalb ernannte er die Himmel, das Firmament, die Tage und Nächte zu Lehrern? Damit die, die nicht auf die Propheten und Apostel hören wollten, die Werke der Schöpfung als Lehrer hätten. So sagte Moses zum Volk: *»Und wenn du zum Himmel aufblickst, den Mond und die Sterne umherziehen siehst, bete sie nicht an, weil sie Gott, der Herr, den Völkern zugeteilt hat«* (Dtn 4, 19), nicht zur Anbetung, sondern zur Belehrung: Denn *»die Himmel erzählen die Ehre Gottes«* (Ps 19, 2a).
>
> Denn wie, wenn man die eigenen Kinder zur Schule schickt, die, die noch kleiner sind, den einheimischen und benachbarten Schulen anvertraut, die reiferen und verständigen aber in größere Städte sendet, um anspruchsvollere Reden zu lernen, so brachten die Propheten, die wie Väter ihre Kinder die Menschen dazu anhalten, die Lektionen der Gotteserkenntnis zu erlernen, die unreiferen und kindlicheren an der Hand zu den Schulen in der Nachbarschaft, (nämlich) zum Tag und zur Nacht, die reiferen aber und die, die über geübte seelische Sinnesorgane verfügen (vgl. Hebr 5, 14), was die Unterscheidung zwischen Gut und Böse angeht, führten sie zu den besten und höchsten Schulen, zum Himmel und zum Firmament; dabei sagen sie zu diesen, weil sie reif sind: *»Die Himmel erzählen«* (Ps 19, 2a), jene aber ermahnen sie, weil sie noch Kinder sind: Lernt, ihr Kleinen, wie *»der Tag dem Tag ein Wort weitersagt«* (Ps 19, 3a), (das heißt) euch miteinander zu vertragen, *»und die Nacht der Nacht die Erkenntnis mitteilt«* (Ps 19,

durch die Überschrift von Ps 15, 1 nahegelegt wird. Zur Topik vgl. Josef Engemann, Art. Herrscherbild, in: RAC XIV (1988), Sp. 966-1047, v. a. 1042-1044.

30 Zu den Belegen vgl. Skard, Index.

3b), (das heißt), den Menschen zur Erkenntnis der Gotteserkenntnis zu rufen. Wenn aber jemand zu faul für die benachbarten Schulen, (nämlich) den Tag und die Nacht, ist, so soll er zu den noch niedrigeren Lehrern gehen, zur Ameise und zur Biene, da er hört: *»Geh zur Ameise, oh Fauler«* (Spr 6, 6), oder begib dich zur Biene und lerne! Von den Propheten, Aposteln, den Himmeln und Tagen wolltest du nicht lernen -(nun) lerne von der Ameise und der Biene, der Vernünftige von den Unvernünftigen und Niedrigen! Wir aber, die wir das Buch des Himmels und der Erde lesen und die Geschöpfe als Buchstaben Gottes erkennen und die Heiligen zu Lehrern haben, werden hoffentlich mit ihnen im Himmelreich wohnen" (29, 18 [236, 23- 237, 28]).[31]

31 Καὶ διὰ τί οὐρανοὺς καὶ στερέωμα καὶ ἡμέρας καὶ νύκτας διδασκάλους ἐπέστησεν; Ἵνα οἱ τῶν προφητῶν καὶ ἀποστόλων ἀκοῦσαι μὴ θέλοντες τὰ ἔργα τῆς δημιουργίας διδασκάλους ἔχωσιν. Οὕτως ἔλεγε τῷ λαῷ ὁ Μωυσῆς· Καὶ μὴ ἀναβλέψας εἰς τὸν οὐρανὸν καὶ ἰδὼν τὸν ἥλιον καὶ τὴν σελήνην καὶ τοὺς ἀστέρας πλανηθεὶς προσκυνήσῃς αὐτοῖς, ἃ ἀπένειμε κύριος ὁ θεός σου τοῖς ἔθνεσιν, οὐκ εἰς προσκύνησιν, ἀλλ' εἰς μάθησιν· Οἱ οὐρανοὶ γὰρ διηγοῦνται δόξαν θεοῦ.

Ὥσπερ γὰρ οἱ τὰ ἑαυτῶν τέκνα εἰς διατριβὰς πέμποντες, τοὺς μὲν ἔτι νηπιωτέρους εἰς τὰς ἐντοπίους καὶ γείτονας σχολὰς παραδιδόασι, τοὺς δὲ τελειοτέρους καὶ ἔμφρονας εἰς τὰς μακροτέρας πόλεις ἐπι τῇ τῶν ὑψηλοτέρων λόγων μαθήσει ἀποστέλλουσιν, οὕτως οἱ προφῆται, ὡς πατέρες τέκνα, τοὺς ἀνθρώπους μαθεῖν τὰ τῆς θεογνωσίας μαθήματα προτρεπόμενοι, τοὺς μὲν ἀτελεστέρους καὶ νηπιάζοντας πρὸς τὰς ἐγγὺς διατριβάς, πρὸς τὴν ἡμέραν καὶ τὴν νύκτα, ἐχειραγώγησαν, τοὺς δὲ τελειοτέρους καὶ τὰ αἰσθητήρια τῆς ψυχῆς γεγυμνασμένα ἔχοντας πρὸς διάκρισιν καλοῦ τε καὶ κακοῦ εἰς τὰς μακροτάτας καὶ ὑψηλοτέρας διατριβάς, εἰς τὸν οὐρανὸν καὶ τὸ στερέωμα, ὡδήγησαν, τούτοις μὲν ὡς τελείοις λέγοντες· Οἱ οὐρανοὶ διηγοῦνται δόξαν θεοῦ, ἐκείνοις δέ, ὡς παιδίοις παραινοῦντες· Μάθετε, ὦ τέκνα, πῶς ἡ ἡμέρα τῇ ἡμέρᾳ ἐρεύγεται ῥῆμα, ἀλλήλαις πράττουσαι, καὶ νὺξ νυκτὶ ἀναγγέλλει γνῶσιν, εἰς γνῶσιν θεογνωσίας καλοῦσαι τὸν ἄνθρωπον. Εἰ δέ τις πρὸς τὰς ἐγγὺς διατριβὰς τῆς ἡμέρας καὶ τῆς νυκτὸς ὀκνηρότερος γένηται, πρός τοὺς ἔτι ταπεινοτέρους διδασκάλους ἀπερχέσθω, πρὸς τὸν μύρμηκα καὶ τὴν μέλισσαν ἀκούων· Ἴθι πρὸς τὸν μύρμηκα, ὦ ὀκνηρέ, ἢ πορεύθητι πρὸς τὴν μέλισσαν καὶ μάθε. Ἀπὸ προφητῶν καὶ ἀποστόλων καὶ οὐρανῶν καὶ ἡμερῶν μαθεῖν οὐκ ἠθέλησας· ἀπὸ τοῦ μύρμηκος καὶ τῆς μελίσσης, ὁ λογικὸς ἀπὸ ἀλόγων καὶ ταπεινῶν, μάνθανε. Γένοιτο δὲ ἡμᾶς, τὴν βίβλον οὐρανοῦ καὶ γῆς ἀναγινώσκοντας καὶ γράμματα θεοῦ τὰ δημιουργήματα

Nur der geübte Christ vermag also von der unreifen zur vollkommenen Gotteserkenntnis aufzusteigen, das Buch des Himmels und der Erde zu lesen und so die Geheimnisse des Kosmos in all ihrem Reichtum zu erkennen.

Diese Stufung der Welt und der darauf aufbauenden Erkenntnis wird nun für die Exegese in dreierlei Weise fruchtbar gemacht. Erstens zieht Asterius Phänomene der sinnlich wahrnehmbaren Welt heran, um daran geistliche Wahrheiten deutlich zu machen. So gibt es neben dem sichtbaren Frühling mit der sichtbaren Sonne auch den geistlichen Frühling der Auferstehung mit der geistlichen Sonne Christus.[32] In Abwandlung dieses Bildes wird Christus als das geistliche Licht der Auferstehung der Erschaffung des sinnlich wahrnehmbaren Lichts gegenübergestellt.[33] Hier geht es also um Veranschaulichung der "geistlichen" Wahrheiten des Christentums durch Analogie im Bereich der sinnlich wahrnehmbaren Welt.

Zweitens kann Asterius diese Unterscheidung aber auch unmittelbar in den auszulegenden Text eintragen. So interpretiert er bisweilen ein und dasselbe Wort "ästhetisch" und "noetisch". In seiner Auslegung von Ps 7, 2 ("Herr, mein Gott, auf dich hoffe ich; rette mich von allen meinen Verfolgern") etwa differenziert er zwischen der Verfolgung durch sinnlich wahrnehmbare Häretiker und nur geistig zu erfassende Häretiker, d.h. Übel wie Unzucht, Ehebruch, Sünde und Gottlosigkeit (13, 17 [p.99, 5-7]). Beide Ebenen sind im Psalmvers enthalten. Und der Löwe im anschließenden Vers Ps 7, 3a ("...damit mir niemand wie ein Löwe die Seele raubt...") ist κατὰ αἴσθησιν auf Davids Verfolger, κατὰ νοῦν hingegen auf den Teufel zu beziehen, der über die Dämonen gebietet (13, 20 [p.100, 27]).[34] Diese Auslegung kann durchweg als "historisch" oder "literal" bezeichnet werden, da

βλέποντας καὶ διδασκάλους τοὺς ἁγίους ἔχοντας, μετ' αὐτῶν εὑρεθῆναι ἐν τῇ βασιλείᾳ τῶν οὐρανῶν. Vgl. auch 29, 23. In 29, 17 (p.236, 22f) wird die θεογνωσία als Frucht der θεοῦ προσκύνησις bezeichnet. Gelegentlich betont Asterius auch die Wichtigkeit der Heiligenverehrung für die Gotteserkenntnis (vgl. etwa 28, 1 [p.223, 19]).

32 Vgl. 16, 1 (p.117, 4f); ferner 7, 18 (p.62, 15f).

33 Vgl. 20, 5 (p.154, 11).

34 In 13, 22 (p.101, 22f) wird die literale Deutung dann seltsamerweise ausdrücklich abgelehnt. Ähnlich auch die Unterscheidung πρὸς τὸ ῥητόν-πρὸς διάνοιαν in Frg. 17 (p.264, 15-21).

sie den Text immer auf der Ebene der erzählten "story" (ἱστορία)[35] versteht, ihn aber gewissermaßen in die Tiefe hinein um die "noetische" Dimension erweitert.[36] Die zusätzliche Verstehensebene wird durch den Wortlaut des Textes "angedeutet" (αἰνίττεσθαι).[37] Diese Auslegungsform dient fast durchweg paränetischen Zwecken und bietet den Anlaß zu Ausführungen im Diatribenstil eines Chrysostomus. So ist der, der "die Eitelkeit liebt" (Ps 4, 3b), auf der literalen Ebene Absalom, dessen Schicksal gleichzeitig zur Mahnung davor wird, irdische Schönheit nicht überzubewerten - womit unserem Autor das Stichwort für eine Tirade gegen weiblichen Putz gegeben ist (Hom. 4, 18-20). Umgekehrt ist der Prophet David das *exemplum*, an dem sich christliche Lebensführung zu orientieren hat. Dies wird von Asterius programmatisch in Hom. 3, 2 bei der Auslegung von Ps 3, 1 ("ein Psalm Davids, als er vor seinem Sohn Abessalom floh") formuliert:

> "Denn erfahre, weshalb David von Abessalom verfolgt wurde, damit du, indem du die Sache als Grundstein erkennst, durch die Gottesfurcht auferbaut werdest. Denn wie der Bau ohne den Grundstein hinfällig ist, so nützt die Schrift nichts ohne die Erkenntnis des Zieles. Der selige David hatte ein Ziel, nämlich durch den vorliegenden Psalm das Leben zu erziehen und zu ermahnen, niemals Böses zu tun und die Gesetze Gottes zu mißachten, damit der Sünder nicht auch das erleide, was er selbst erlitt" (pp. 14, 17-15, 2).[38]

Drittens schließlich hebt er von der literalen Exegese eine christologisch-ekklesiologische Auslegung ab, wobei die Psal-

---

35 Vgl. auch 5, 15 (39, 19f). Eine ähnliche Unterscheidung auch in 29, 15 (p. 235, 10-13).

36 Vgl. auch 26, 11 (p. 210, 21f), wo Asterius zwischen dem "Buchstaben" (γράμμα) und dem "Geist" (νοῦς) der Schrift unterscheidet.

37 Vgl. 1, 2 (1, 12); 19, 15 (146, 10).

38 Μάθε γὰρ διὰ τί ἐδιώκετο ὁ Δαυὶδ ὑπὸ τοῦ Ἀβεσσαλώμ, ἵν', ὡς θεμέλιον τὸ πρᾶγμα εὑρών, οἰκοδομεθῇς τῷ φοβῷ τοῦ θεοῦ. Ὡς γὰρ ἄνευ τοῦ θεμελίου σαθρὰ ἡ οἰκοδομή, οὕτως ἄνευ τῆς εὑρέσεως τοῦ σκοποῦ οὐκ ὠφελεῖ ἡ γραφή. Σκοπὸν εἶχεν ὁ μακάριος Δαυὶδ διὰ τοῦ προκειμένου ψαλμοῦ παιδεῦσαι τὸν βίον καὶ σωφρονίσαι μεδέποτε κακοποιεῖν καὶ καταφρονεῖν τῶν νόμων τοῦ θεοῦ, ἵνα μὴ ὁ ἁμαρτήσας τοιαῦτα πάθῃ οἷα καὶ αὐτος ἔπαθεν. Vgl. ähnlich auch 24, 1 (p. 182, 12-15); ferner 21, 5 (p. 161, 23-25).

men als Prophezeiung des Mysteriums der Kirche verstanden und dementsprechend allegorisch-typologisch interpretiert werden.[39] Dies wird etwa in Hom. 18, 14 zu Ps 9, 1 begründet:

"»*Über die Geheimnisse des Sohnes*« (Ps 9, 1). Und wer ist der Sohn? Der eingeborene Gott, der Logos, der Sohn gleichen Wesens mit dem Vater, der Schöpfer des Alls. Der Herr selbst ist (dafür) Zeuge: »*Er sprach zu mir: Du bist mein Sohn*« (Ps 2, 7). Zeuge ist auch der Vater: »*Du bist mein geliebter Sohn*« (Mt 1, 11=Lk 3, 22). Wenn aber Vater und Sohn (dies) bezeugen, ist alles weitere Zeugnis überflüssig. Und woher kannte David die Geheimnisse des Sohnes? Weil sie ihm der Sohn enthüllte hatte. Er sagt selbst: »*Die unbekannten (Dinge) und die Geheimnisse hast du mir offenbart*« (Ps 51, 8). Denn er sagte David die Mysterien, weil er sein Vater nach dem Fleisch war. Und welches sind die Geheimnisse des Sohnes? Die Mysterien über seine Inkarnation, die seit Anfang der Zeiten und Epochen verhüllt waren, seinen Heiligen aber offenbart wurden, darunter auch dem David. Und daß David die geheimen Mysterien des Sohnes offenbart wurden, (dafür) ist der Prophet selbst Zeuge, wenn er über dessen Herabkunft aus dem Himmel sagt: »*Und er neigte den Himmel und stieg herab*« (2 Sam 22, 10a). »*Dunkelheit bedeckte sein Versteck*« (2 Sam 22, 12a)" (18, 4f [132, 9-24]).[40]

---

39 Vorwiegend christologisch - ekklesiologisch: Ps 1 (Hom. 1), 2 (2), 5 (6, 7, 8, 11), 8 (14-17), 9 (18); 11 (20-22), 15 (28); vorwiegend literal - paränetisch: Ps 3 (Hom. 3), 4 (4, 5), 5 (9, 10), 7 (13), 10 (19), 12 (23, 24), 18 (29); Mischformen: Ps 6 (Hom. 12), 13 (25), 14 (26).

40 Ὑπὲρ τῶν κρυφίων τοῦ υἱοῦ. Καὶ τίς ὁ υἱος; Ὁ μονογενὴς θεὸς λόγος, ὁ τοῦ πατρὸς υἱὸς ὁμοούσιος, ὁ τοῦ κόσμου ποιητής. Μάρτυς αὐτὸς κύριος· Εἶπε πρός με· Υἱός μου εἶ σύ. Μάρτυς καὶ ὁ πατήρ· Σὺ εἶ ὁ υἱός μου ὁ ἀγαπητός. Πατρὸς δὲ καὶ υἱοῦ μαρτυροῦντος, πᾶσα λοιπὸν μαρτυρία περιττή. Καὶ πόθεν ᾔδει τὰ κρύφια τοῦ υἱοῦ ὁ Δαυίδ; Ἀφ' ὧν ἀπεκάλυφεν αὐτῷ ὁ υἱός. Αὐτος λέγει· Τὰ ἄδηλα καὶ τὰ κρύφια τῆς σοφίας σου ἐδήλωσάς μοι· ὡς γὰρ πατρὶ κατὰ σάρκα τῷ Δαυὶδ εἶπε τὰ μυστήρια. Καὶ τίνα τὰ κρύφια τοῦ υἱοῦ; Τὰ περὶ τῆς ἐνανθρωπήσεως αὐτοῦ μυστήρια, τὰ ἀποκεκρυμμένα ἀπὸ τῶν αἰώνων καὶ ἀπὸ τῶν γενεῶν, φανερωθέντα δὲ τοῖς ἁγίοις αὐτοῦ ὡς καὶ τῷ Δαυίδ. Καὶ ὅτι ἐφανερώθη τῷ Δαυὶδ τὰ κρύφια μυστήρια τοῦ υἱοῦ, μάρτυς ὁ αὐτὸς προφήτης, καθὼς λέγει περι τῆς ἐξ οὐρανῶν αὐτοῦ καταβάσεως· Καὶ ἔκλινεν οὐρανοὺς καὶ κατέβη. Ἔθετο σκότος ἀποκρυφὴν αὐτοῦ.

Die Passage ist nicht nur deswegen wichtig, weil hier einmal ein Terminus erscheint, der dogmengeschichtlich eindeutig zugeordnet werden kann (ὁμοούσιος), [41] sondern auch deshalb, weil eine Erklärung dafür gegeben wird, warum David Psalmen verfassen kann, die auf Christus hin auszulegen sind. Diese Unterscheidung wird in 26, 5f (pp. 207, 22-208, 24) sehr schön sichtbar, wo Asterius Zelt und Berg aus Ps 14, 1 ("Herr, wer darf als Gast in deinem Zelt wohnen, und wer darf auf deinem heiligen Berg weilen?") zunächst κατὰ ἱστορίαν auslegt als das Zelt des Moses und den Tempel(berg) Salomos, dies anschließend aber auch, κατὰ θεωρίαν, typologisch (εἰκόνας καὶ τύπους) auf die sichtbare Kirche in der Welt und die himmlische Kirche deutet.[42]

Dieser christologisch-ekklesiologische Aspekt tritt naturgemäß besonders in den Homilien hervor, die für die Osterwoche bestimmt waren. Die regelmäßige Predigt während der Osteroktav kommt gegen Ende des vierten Jahrhunderts auf.[43] In der Liturgie dieser Oktav spielten die Psalmen 5, 8, 12, 16, 19 und 45 offenbar eine bedeutende Rolle, da die erhaltenen Osterhomilien des Asterius (Nr. 6, 8, 9, 11, 14, 15, 16, 21, 22, 28, 30, 31) sie in den Mittelpunkt rücken. Wie wir gleich an einem signifikanten Beispiel sehen werden, sind die Auslegungen erfüllt von dem österlichen Mysterium, das sie in immer neuen Wendungen preisen.

Die drei von mir genannten Aspekte, in denen die Unterscheidung der intelligiblen von der sinnlich wahrnehmbaren Welt zum Tragen kommt, werden von Asterius nicht immer sorgfältig auseinandergehalten, sondern in vielfältiger Weise miteinander verknüpft.[44] Auf diese Weise entsteht ein kunstvolles, bisweilen geradezu spielerisch wirkendes Gewebe von Sinnebenen und unerwarteten Bezügen. So dient die Exegese oft weniger dem Verständnis des biblischen Textes als solchem, sondern bildet den Ausgangspunkt für assoziative Reisen in die auf wunderbare Weise geordnete Schöpfung Gottes.

---

41 Vgl. dazu die ausführliche Diskussion in IS S. 140-142.

42 Vgl. ferner 11, 6 (p. 78, 2): Joseph als εἰκών Christi.

43 Vgl. IS S. 162f. Zum Folgenden auch auf der Maur, a. a. O. (Anm. 7), passim, v. a. S. 98-102.

44 Vgl. etwa Hom. 15, 3.

6. SPRACHE UND STIL

Diese kunstvolle Ordnung versucht Asterius nun auch in der sprachlichen und stilistischen Gestaltung seiner Homilien abzubilden. Maurice Wiles und Robert Gregg haben ganz zu Recht festgestellt: "As exegete, he remains essentially a rhetorician."[45] Aus diesem Grunde muß sich jede Darstellung der Exegese des Asterius auch mit seiner Sprache und seinem Stil beschäftigen. Seine Auslegung dient nicht nur einfach der Erklärung des biblischen Textes, sie ist nicht in erster Linie "akademische" Philologie (auch wenn Asterius die Methodik paganer wie christlicher Schulexegese nicht unbekannt ist,[46]) sondern sie "entfaltet" den Psalm in einem ganz unmittelbaren Sinn. Die kunstvolle Gestalt der Predigt ist ein schwacher Abglanz des Schöpfungs- und Heilshandelns Gottes, von dem David in den Psalmen gewissermaßen in geheimnisvollen Kürzeln spricht.

Hierzu bedient sich Asterius des rhetorischen Arsenals, das für den sogenannten asianischen Stil typisch ist. Dieser Stil wurde von maßgeblichen Kreisen innerhalb der Zweiten Sophistik propagiert,[47] die ihren größten Einfluß auf die christliche Predigt gerade im vierten Jahrhundert ausübt.[48] Gregor von Nazianz ist hierfür ein markantes Beispiel, dessen Rhetorik Eduard Norden als "gemäßigten Asianismus" bezeichnet hat.[49] Der Stil

---

45 Wiles/Gregg a. a. O. (Anm. 7), S. 125.

46 Vgl. etwa Skard, a. a. O. (Anm. 7), 1940, S. 120f, 130; 1949, S. 57f, 67.

47 Vgl. allgemein Karl Gerth, Art. Die Zweite oder Neue Sophistik, in: PRE S VIII, 1956, Sp. 719-782. Der asianische Stil war innerhalb der Zweiten Sophistik allerdings nicht durchweg anerkannt; ein Überblick über die alte Kontroverse zwischen Erwin Rohde und Georg Kaibel in dieser Frage bei G.W. Bowersock, Greek Sophists in the Roman Empire, Oxford 1969, S. 9f. Vermittelnd schon Eduard Norden, Die antike Kunstprosa vom VI. Jahrhundert bis in die Zeit der Renaissance, 2 Bände, 4. Aufl., Leipzig/Berlin 1923, I, S. 351-392 sowie Gerth, a. a. O., Sp. 725f. Anders, und m. E. korrekturbedürftig, George A. Kennedy, Greek Rhetoric under Christian Emperors, Princeton, New Jersey 1983, S. 45-51. Zur Sophistik ebenda, S. 133-179.

48 Vgl. auf der Maur, a. a. O. (Anm. 7), S. 11 mit Anm. 87a. Vgl. ferner Norden, a. a. O. (Anm. 47), II, S. 550-553.

49 Norden, a. a. O. (Anm. 47), II, S. 564.

des Asterius ist dem Gregors in vielem ähnlich,[50] geht in seinen Manierismen über diesen aber noch deutlich hinaus. Er ist sprachlich gekennzeichnet durch eine gesuchte Wortwahl, syntaktisch durch eine Vorliebe für lange parataktische Strukturen sowie einen überreichen Gebrauch an Tropen und Figuren. Als Beispiel hierfür zitiere ich im folgenden den sogenannten Osternachtshymnus aus Hom. 11, 4, dessen Traditionsgeschichte auf der Maur eingehend studiert hat.[51] Ich habe versucht, durch die graphische Anordnung etwas von der komplexen stilistischen Form deutlich zu machen:

῏Ω τοῦ θαύματος.[52]
῾Ο ᾅδης κατέπιε τὸν δεσπότην Χριστὸν καὶ οὐκ ἔπεψεν.[53]
῾Ο λέων κατέπιε τὸν ἀμνὸν καὶ ἀπεστομαχίσθη.
῾Ο θάνατος κατέπιε τὴν ζωὴν καὶ ναυτιάσας ἔμεσε
καὶ τοὺς προκαταποθέντας.

῾Ο γίγας τὸν ἀποθανόντα Χριστὸν βαστάσαι οὐκ ἴσχυσεν.
῾Ο νεκρὸς φοβερὸς τῷ γίγαντι γέγονε.
ζῶντι ἐπάλαισε καὶ ὑπὸ νεκροῦ νικηθεὶς ἔπεσεν.
Εἰ ὑπὸ ζῶντος ἐνικήθη ὁ διάβολος, εἶχε προφασίζεσθαι ὅτι θεῷ παλαίειν οὐκ ἴσχυσα.
᾿Αλλὰ ζῶντι ἐπάλαισε καὶ ἀποθανόντι ὑπέπεσε
καὶ πᾶσαν πρόφασιν ἀπώλεσεν.

Εἷς κόκκος ἐσπάρη καὶ ὅλος κόσμος ἐτράφη.

---

50 Vgl. Norden, a.a.O. (Anm.47), II, S.562-569. Ferner Hans-Georg Beck, Rede als Kunstwerk und Bekenntnis. Gregor von Nazianz, München 1977 (BAW.PH 1977, 4), v.a. S.11ff; Bernhard Wyß, Art. Gregor II (Gregor von Nazianz), in: RAC XII, 1983, Sp.793-863, 800-806; Kennedy, a.a.O. (Anm.47), S.215-239, der Gregor aber als Attizisten sieht (vgl. S.238 und schon S.50).

51 A.a.O. (Anm.7), S.103-112; ferner ders., Der Osterlobpreis Asterius' des Sophisten, LJ 12 (1962), S.72-85.

52 Genitiv des Ausrufs.

53 Im folgenden zahlreiche Antithesen in Form von durch καὶ verbundene Isokola.

Ὡς[54] ἄνθρωπος ἐσφάγη καὶ ὡς θεὸς ἐζωοποιήθη
καὶ ἐζωοποίησε τὴν οἰκουμένην.

Ὡς ὄστρεον ἐπατήθη καὶ ὡς μαργαρίτης ἐκόσμησε τὴν ἐκκλησίαν.
Ὡς πρόβατον ἐτύθη καὶ ὡς ποιμὴν ῥάβδῳ τῷ σταυρῷ ἐδίωξε τὴν τῶν δαιμόνων ἀγέλην.
Ὡς λύχνος ἐπὶ λυχνίαν τὸν σταυρὸν ἐσβέσθη
καὶ ὡς ἥλιος ἀνέτειλεν ἐκ τοῦ τάφου.
Ἦν ἰδεῖν θέαμα διπλοῦν·

σταυρουμένου[55] Χριστοῦ ἡ ἡμέρα ἐσκοτίζετο καὶ
ἀνισταμένου αὐτοῦ ἡ νὺξ ὡς ἡμέρα ἐφωτίζετο.

Διὰ τί ἡ ἡμέρα ἐσκοτίζετο;
Ἐπειδὴ περὶ αὐτοῦ γέγραπται. Ἔθετο σκότος ἀποκρυφὴν αὐτοῦ (Ps 17,12).
Διὰ τί δὲ ἡ νὺξ ὡς ἡμέρα ἐφωτίζετο;
»Ὅτι σκότος οὐ σκοτισθήσεται ἀπὸ σοῦ, καὶ νὺξ ὡς ἡμέρα φωτισθήσεται« (Ps 138,12).

Ὦ[56] νὺξ ἡμέρας λαμπρότερα·
ὦ νὺξ ἡλίου φαιδροτέρα.
ὦ νὺξ χιόνος λευκοτέρα.
ὦ νὺξ ἀστραπῆς φαεινοτέρα.

ὦ νὺξ λαμπάδων διαυγεστέρα.
ὦ νὺξ παραδείσου τερπνοτέρα.

ὦ νὺξ σκότους ἀπηλλαγμένη.
ὦ νὺξ φωτὸς πεπληρωμένη.

ὦ νὺξ ἡ τὸν ὕπνον διώκουσα.
ὦ νὺξ ἡ ἀργυρεῖν μετ᾽ ἀγγέλων διδάσκουσα·

---

54 Achtfache Anapher ὡς.

55 Antithesen in Form von Isokola mit Homoioteleuton; vgl. dazu auch Norden, a.a.O. (Anm. 47), II, S.565f.

56 Isokola mit sechzehnfacher Anapher und Homoioteleuton; Oxymoron; Auflösung der Periode; vgl. dazu Norden, a.a.O. (Anm.47), II, S.566f.

ὦ νὺξ φοβερὰ τοῖς δαίμοσιν.
ὦ νὺξ ἐνιαυτοῦ ἐπιθυμία.
ὦ νὺξ νυμφαγωγὸς τῆς ἐκκλησίας.
ὦ νὺξ ἡ τῶν νεοφωτίστων μήτηρ.
ὦ νὺξ ἐν ᾗ νυστάξας ὁ διάβολος γεγύμνωται.
ὦ νὺξ ἐν ᾗ ὁ κληρονόμος εἰς τὴν κληρονομίαν τὴν κληρονόμον εἰσήγαγεν.

»Εἰς τὸ τέλος, ὑπὲρ τῆς κληρονομούσης« (Ps 5, 1) (11, 3f [p. 76, 19-77, 19]).

Die Passage stellt einen sprachlichen Höhepunkt in den Psalmenhomilien dar. Sie vermittelt einen plastischen Eindruck davon, welchen rhetorischen Aufwand unser Autor betreibt. Sprache und Stil sind für ihn nicht nur Vehikel der Verkündigung, sondern die äußere Form spiegelt den Reichtum der christlichen Botschaft wider. Darin gleicht Asterius, neben Gregor, etwa auch dem - allerdings wesentlich früheren - Melito von Sardis[57] und dürfte insofern typisch für eine relativ breite Tradition innerhalb der altkirchlichen Homiletik seit dem zweiten Jahrhundert sein, für die der prunkvolle, panegyrische Stil zur christlichen Predigt allgemein und insbesondere zur Osterhomilie[58] gehörte

57 Vgl. Alois Grillmeier, Jesus der Christus im Glauben der Kirche I, Freiburg/Basel/Wien 1979, S. 350; Kennedy, a. a. O. (Anm. 47), S. 208; Wiles/Gregg, a. a. O. (Anm. 7), S. 123f; Georg Kretschmar, Die Wahrheit der Kirche im Streit der Theologen. Überlegungen zum Verlauf des Arianischen Streites, in: Jan Rohls /Gunter Wenz, (Hg.), Vernunft des Glaubens. Wissenschaftliche Theologie und kirchliche Lehre, Festschrift zum 60. Geburtstag von Wolfhart Pannenberg, Göttingen 1988, S. 289-321, 309ff. Zu den inhaltlichen Ähnlichkeiten mit Melito vgl. auch auf der Maur, a. a. O. (Anm. 7), S. 138-142; EK S. 89ff.

58 Vgl. z. B. CPG 4526, 4605, 4611, die beiden Paschahomilien Gregors von Nazianz sowie die von Jacques Liébaert, Deux Homélies Anoméennes pour l'Octave de Pâques (Conservées sous le Nom de s. Jean Chrysostome), introduction, texte, traduction et notes, Paris 1969 (SC 146) und von Michel Aubineau, Homélies Pascales (Cinq Homélies Inédites), introduction, texte critique, traduction, commentaire et index, Paris 1972 (SC 187) herausgegebenen Beispiele (vollständige Liste in CPG V, S. 150).

und die im vierten und fünften Jahrhundert immer mehr Anhänger gewann.[59]

7. BILDWELT

Wichtig für das Verständnis der exegetisch-rhetorischen Strategie des Asterius ist darüber hinaus seine Bildwelt. Bei Asterius dienen die Bilder nicht nur der Veranschaulichung; vielmehr können sie geradezu an die Stelle des zu Erklärenden treten.[60] So verschwimmen nicht nur die Grenzen zwischen Bild, Vergleich und Metapher, sondern auch zwischen Bild und Sache. Ich möchte auch dies an einem Beispiel verdeutlichen: Abgesehen von Bildern, die der Bibel entstammen, greift Asterius gern auf die Sphäre des Rechtes zurück. Schon relativ früh ist den Gelehrten aufgefallen, daß er dabei über die meisten seiner Zeitgenossen hinausgeht.[61] Am deutlichsten tritt dieses Interesse an juristischen Dingen an der Auslegung von Psalm 5, 1 ("Für die Erbende") hervor, die in der Geschichte der Alten Kirche ohne wirkliche Parallele dasteht.[62] Asterius legt nämlich das Verhältnis Christus - Juden/Synagoge - Christen/Kirche konsequent *juristisch* aus: Christus hatte zunächst die Juden als Erben eingesetzt, die sich dieses Erbes jedoch nicht als würdig erwiesen; daraufhin wurden sie von Christus enterbt, und an ihrer Statt erbten die Christen das Himmelreich. Daneben spricht Asterius auch von der Ehe Christi mit der Synagoge als erster und der Kirche als zweiter Frau (v. a. in 8, 1-7). Die Synagoge betrog ih-

---

59 In diesem Sinne sind also panegyrischer Stil und Panegyricus als Literaturgattung innerhalb der christlichen Predigt sorgfältig zu unterscheiden. Zu den Definitionsproblemen vgl. Konrat Ziegler, Art. Panegyrikos, in: PRE XVIII/3, 1949, Sp. 559-581; Wilhelm Kroll, Art. Rhetorik, in: PRE S VII, 1940, Sp. 1039-1138, v. a. 1128ff. Zum christlichen Enkomion vgl. Theresa Payr, Art. Enkomion, in: RAC V, 1962, Sp. 332-343. Ferner Norden, a. a. O. (Anm. 47), II, S. 543-545.

Gerade in späterer Zeit wurde innerhalb der griechischen Kirche die Forderung nach einem guten Stil laut. Vgl. die Beispiele bei Norden, a. a. O. (Anm. 47), II, S. 534.

60 Gegen Skard, a. a. O. (Anm. 7), 1940, S. 113, der meint, die Bilder zeichneten sich "weder durch Reichtum noch durch Frische aus".

61 Zur Literatur vor EK vgl. ebenda, S. 10, Anm. 4 und 12, Anm. 10.

62 Vgl. EK, S. 26-29, 34-39.

ren Ehemann und brachte das Erbe durch; dieser löste daraufhin die Ehe auf und nahm die Kirche zur Frau, worauf die Synagoge vor Gericht ging, um die Rechtmäßigkeit dieser zweiten Ehe anzufechten. Asterius zeigt sich dabei so gut über das nachklassische römische Erb- und Eherecht informiert, daß es uns möglich wird, Lücken in unserem Wissen über diese Periode der Rechtsentwicklung zu ergänzen.[63] Es muß daher angenommen werden, daß Asterius eine fundierte juristische Ausbildung genossen hat.

Dies sei noch an einem weiteren Beispiel demonstriert, das bei Rechtshistorikern lebhaftes Interesse gefunden hat.[64] Asterius schreibt in 22, 6:

> "Hast du nicht bei Abteilungen von Soldaten gesehen, daß, wenn ein Soldat etwas Schweres und Gefährliches verbrochen hat, an seiner Stelle sein Mantel eben das erleidet, was er erdulden sollte? Denn statt des Soldaten verbrennen sie seinen Mantel. Und man macht für die Freveltat nicht den Mantel, sondern den Soldaten verantwortlich. Und das Seltsame ist, daß sie zuerst den Purpur vom Mantel nehmen und ihn so verbrennen. Denn weil der Purpur ein kaiserliches Abzeichen ist, nehmen sie den Purpur aus Respekt vor dem Kaiser vom Mantel, damit der Kaiser durch die Verbrennung des Purpurs nicht beleidigt werde. Der Mantel wird verbrannt, und der Soldat wird degradiert; das Stück Purpur wird verbrannt, und der Kaiser wird beleidigt; ein göttlicher Leib wurde gekreuzigt, und wieso wurde sein Träger nicht beleidigt?" (22, 6 [p. 174, 5-16]).[65]

---

63 Vgl. bereits Skard, a.a.O. (Anm.7), 1940, S.118.

64 Vgl. zum Folgenden Eiliv Skard, Eine Bemerkung über spätrömisches Strafrecht in einer Homilie des "Sophisten" Asterios, SO 25 (1947), S.80-82; Leopold Wenger, Strafweise Verbrennung des Mantels statt des Mannes, AÖAW.PH 84 (1947), S. 293-299; Skard, a.a.O. (Anm.7), 1949, S.62-64; ders., Nochmals strafweise Verbrennung des Mantels, SO 31 (1955), S.138-140; S.Eitrem, Zu Asterios Sophistes, Hom. XXII (ed. Marcel Richard, p.172-174), SO 36 (1960), S.127.

65 Οὐκ ἐθεάσω ἐν τοῖς τῶν στρατιωτῶν νουμέροις ὅπως στρατιώτου μεγάλα καὶ ἐπικίνδυνα ἁμαρτήσαντος ὅπερ ἔμελλεν ὁ στρατιώτης ὑπομένειν, τοῦτο ἀντ' αὐτοῦ τὸ ἱμάτιον αὐτοῦ πάσχει; Ἀντὶ γὰρ τοῦ στρατιώτου τὴν χλανίδα καίουσι. Καὶ οὐδεὶς τὴν ὕβριν τῇ χλανίδι, ἀλλὰ τῷ στρατιώτῃ λογίζεται. Καὶ τὸ θαυμαστόν, ὅτι πρῶτον τὴν

Bei dieser Verbrennung des Mantels statt des Soldaten handelt es sich nach den Worten Leopold Wengers um "ein vollkommene(s) Novum in unserer römischen strafprozessualen Tradition",[66] das sonst nur im persischen Raum belegt zu sein scheint und von dort in das römische Recht eingedrungen sein könnte.[67]

Von der seit nach der Mitte des vierten Jahrhunderts üblichen jährlichen Osteramnestie hören wir in 2, 21.[68] Verschiedene Arten von Verträgen werden in 21, 29 erwähnt. Ein Fall von *laesa maiestas* wird in 22, 4 berichtet.[69] In 12, 17 erfahren wir, daß ein vom ἄρχων ausgesprochenes Todesurteil vom Kaiser aufgehoben werden kann, daß es gegen ein Urteil des Kaisers aber keine Appellationsinstanz mehr gibt. Mehrere Stellen geben Aufschluß

πορφύραν τῆς χλανίδος αἴρουσι καὶ οὕτως αὐτὴν καίουσιν. Ἐπειδὴ γὰρ ἡ πορφύρα βασιλέως ἐστὶ φόρημα, ἵνα μὴ ἐν τῇ καιομένῃ πορφύρᾳ ὁ βασιλεὺς ὑβρισθῇ, εἰς τιμὴν τοῦ βασιλέως τὴν πορφύραν ἀπὸ τῆς χλανίδος αἴρουσιν. Ἡ χλανὶς καίεται καὶ ὁ στρατιώτης ἀτιμάζεται· κόμμα πορφύρας καίεται καὶ ὁ βασιλεὺς ὑβρίζεται· σῶμα ἔνθεον ἐσταύρωται καὶ πῶς ὁ φορῶν οὐχ ὕβρισται;

66 Wenger, a.a.O. (Anm. 64), S. 297. Wengers Annahme, bei dem Vergehen des Soldaten habe es sich "um einen Eingriff in die kaiserlichen Ehrenrechte durch Mißbrauch der dem Kaiser reservierten Verwendung des Purpurs" gehandelt (S. 296), beruht m. E. auf einer Fehlinterpretation des Textes. Es geht hier doch nur darum, daß der Purpur vor der Verbrennung des Mantels abgenommen wird. Daß der Soldat damit Unfug getrieben hätte, wird nicht gesagt. Vielmehr handelte es sich dabei vermutlich um ein Rangabzeichen. So trugen Offiziere eine Purpurtunika; vgl. Hier., *ep.* 118, 1 (freundlicher Hinweis von Herrn Dr. Stefan Rebenich, Mannheim).

67 Vgl. Ps.-Dio Chrys. 37, 45f (Arnim II, 28, 4-18); dazu Skard, a.a.O. (Anm. 7), 1949, S. 62-64. Ferner Amm. Marc. 30, 8, 4f, der im zweiten Teil auf Liv. 9, 16, 16-19 zurückgeht; dazu Skard, a.a.O. (Anm. 64), 1955. Die von Eitrem, a.a.O. (Anm. 64), vorgeschlagene Änderung von καίουσι in παίουσι halte ich nicht für zwingend, da man dann ja viermalige Verschreibung annehmen müßte!

68 Vgl. dazu IS S. 159f.

69 Dazu Wenger, a.a.O. (Anm. 64), S. 294f. Wenger interpretiert den Tatbestand so, "daß jemand das Edikt (πρόσταγμα) eines Beamten, das eine kaiserliche Konstitution mitteilte, zerrissen hat." (S. 294). M. E. unterscheiden die beiden Kola aber zwei verschiedene Fälle, die in steigernder Form aneinandergereiht und durch eine *conclusio de minore ad maius* ergänzt werden: Zerreißen eines amtlichen Ediktes ist *gefährlich*; die Zerstörung eines kaiserlichen Konstitution wird mit dem *Tode* bestraft, um wieviel mehr...

über das Petitionswesen und über die Praxis und damit auch über die Mißstände im Gerichtswesen der Zeit, [70] darunter folgendes Beispiel:

"Denn die meisten Richter fällen im Prozeß (gerechte) Urteile, wenn sie die Aufsicht bis in die Details (? wörtl.: bis auf Finger und Feder) innehaben. Doch dann vertrauen sie, aus Nachlässigkeit eindösend, das Protokoll den korrupten Vollstreckern an. Die aber sind mit Geld bestochen und ignorieren unprofitable Urteile des Richters. Gott aber rächt nach dem Urteilen auch den Gerechten, der sich zu ihm flüchtet, und läßt seine Urteile und Entscheidungen von Engeln vollstrecken" (18, 25 [138, 27-139, 4]). [71]

In 6, 7 (48, 9f) und 7, 3 (55, 19-21) zitiert er zwei Testamentsformeln, die sich bis in alle Einzelheiten in anderen Dokumenten der Zeit belegen lassen. [72] Das für diese Zeit sonst nur selten belegte Amt des χαρτοφύλαξ δημόσιος wird von Asterius mehrfach erwähnt. [73]

Auch für den kaiserlichen Hof zeigt Asterius ein lebhaftes Interesse, ohne daß sich dies jedoch konkret auf die Regierungszeit eines bestimmten Kaisers bezöge. [74] So behauptet er etwa, der Kaiser nenne die Soldaten im Kriegsfall "Brüder" (17, 8), oder Behinderte dürften sich nicht in der Nähe des Kaisers oder Statthalters aufhalten (26, 12; 27, 8). [75]

Andere Lebensgebiete treten hinter diesem Interesse für Recht und Verwaltung deutlich zurück. Hin und wieder finden sich Vergleiche und Bilder, die der Medizin, vor allem der

---

70 Z. B. Hom. 5, 19; 6, 12. 15f. 18; 7, 11. 14. 17; 8, 2. 5; 9, 3; 10, 4. 6-8. 10; 12, 1. 11; 24, 1; Frg. 17.

71 Οἱ μὲν γὰρ πολλοὶ τῶν δικαστῶν ἐπικρίνουσι μὲν δικάζοντες, ἕως δακτύλου καὶ καλάμου τὴν πρόνοιαν νέμοντες. Εἶτα τῇ ἀμελείᾳ νυστάζοντες, ἐκβιβασταῖς δωροδέκταις τὸν χάρτην πιστεύουσιν. Οἱ δὲ ἀργυρίοις πλευριζόμενοι ἀπράκτους τὰς ἀποφάσεις τοῦ κριτοῦ κατέλιπον. Θεὸς δὲ μετὰ τοῦ δικάζειν καὶ ἐκδικεῖ τὸν δίκαιον προσφεύγοντα καὶ τὰς ἑαυτοῦ κρίσεις καὶ ἀποφάσεις ποιεῖ ὑπὸ τῶν ἀγγέλων ἐκβιβάζεσθαι.

72 Vgl. EK S. 19.

73 Vgl. 7, 5 (56, 18); ferner 6, 8 (48, 17); 8, 3 (64, 15f). Zur Diskussion vgl. EK S..16 mit Anm. 27.

74 Vgl. die Belege bei Skard, a. a. O. (Anm. 7), 1958, S. 61f.

75 Unklar 19, 23 (p. 149, 11f): ein Sprichwort?

Sinnesphysiologie[76] und der Naturgeschichte entnommen sind.[77] In paganer Philosophie und Literatur ist er nicht sehr belesen; so läßt sich kein einziges nichtbiblisches Zitat zweifelsfrei belegen.

Angesichts der zahlreichen kulturgeschichtlichen Details[78] ist es erstaunlich, daß wir nichts über die Persönlichkeit des Autors oder über seine Lebensumstände erfahren. Er nennt keine Namen, keine politischen Ereignisse. Die Beschreibungen des Alltagsleben sind immer so allgemein gehalten, daß sich daraus keine direkten Rückschlüsse auf die Herkunft der Psalmenhomilien ziehen lassen.

8. VERWANDTSCHAFT MIT ANDEREN AUTOREN

Die Psalmexegese des Asterius steht sowohl formal als auch inhaltlich innerhalb der patristischen Auslegungstradition des Psalters ohne echte Parallele da. Wie sich Asterius von seiner exegetischen Methode her nicht eindeutig einer bestimmten Tradition zuweisen läßt (etwa der Linie Origenes - Eusebius - Hieronymus oder den Antiochenern Diodor - Theodor), so gilt dies auch für den Inhalt seiner Auslegungen[79] Bereits in meiner Studie Erbin Kirche habe ich einzelne Beziehungen der asterianischen Auslegung von Psalm 5 zu Johannes Chrysostomus, einem anonymen, dort edierten Katenenfragment sowie schließlich zu der von Jagić edierten *explanatio Psalmorum* Hesychs von Jerusalem nachgewiesen.[80] Die dort geäußerte Vermutung, ein Vergleich der gesamten Psalmenauslegung des Asterius mit Chrysostomus und Hesych werde möglicherweise zu weiteren positiven Resultaten führen,[81] hat sich nicht bestätigt. Es ist mir

76 Dazu etwa 6, 15 mit Skard, a. a. O. (Anm. 7), 1959.

77 Vgl. Skard, a. a. O. (Anm. 7), 1958, S. 63.

78 Am Rande sei darauf hingewiesen, daß uns Asterius auch das lautlose Lesen bezeugt (6, 15; dazu Skard, a. a. O. [Anm. 7], 1940, S. 122, Anm. 1 und 1959; ferner Josef Balogh, "Voces Paginarum". Beiträge zur Geschichte des lauten Lesens und Schreibens, Philologus 82 (NF 36) (1927), S. 84-109, 202-240.

79 Die von Skard, a. a. O. (Anm. 7), 1958, S. 58, Anm. 3 nachgewiesenen Parallelen sind oberflächlich.

80 Vgl. EK S. 60f, 67f, 69-73.

81 Vgl. EK S. 68.

nicht gelungen, über das bereits Gesagte hinaus signifikante Übereinstimmungen mit beiden Autoren aufzuzeigen.[82]

Darüber hinaus gibt es Beziehungen zu den beiden anhomöischen Homilien, die Liébaert 1969 herausgegeben hat.[83] Wie diese Beziehungen zu erklären sind, bedarf noch genauerer Untersuchung. Schließlich möchte ich schon an dieser Stelle darauf aufmerksam machen, daß es überraschende Parallelen zwischen einer sicher fälschlich dem Apologeten Aristides zugeschriebenen, nur armenisch erhaltenen Homilie über Lk 23, 42f (CPG 1065) und den Auslegungen des Asterius gibt, die auf gemeinsame Autorschaft hindeuten könnten. Ich hoffe, dies in Kürze ausführlicher begründen zu können.

9. NACHWIRKEN

Um die Mitte des sechsten Jahrhunderts wurden die Homilien noch gelesen. Der Autor der sogenannten ersten palästinensischen Psalmenkatene, der vermutlich zwischen 530 und 550 in Cäsarea arbeitete, verwendete Exzerpte für sein Werk, die er noch dem Asterius zuschrieb.[84] Kurz nach der Mitte des sech-

---

82 Vgl. Hes., in Ps. 2, 2 (Jagić 2) mit Ast., 2, 4ff (hier liegt in beiden Fällen Act 4, 24-28 zugrunde); Hes., in Ps. 11 tit. (Jagić 16f) mit Ast. 20, 3-12; 21, 4-14. 27f; 22, 1 (die Deutung der Zahl Acht aus dem Psalmtitel auf Weltende und Auferstehung Christi ist weit verbreitet; vgl. nur Franz Joseph Dölger, Zur Symbolik des altchristlichen Taufhauses, I. Das Oktogon und die Symbolik der Achtzahl, AuC 4 (1934), S. 153-187 mit den Ergänzungen in AuC 5 (1936), S. 293-295; K. Schneider, Art. Achtzahl, in: RAC I, 1950, Sp. 79-81; Reinhart Staats, Ogdoas als ein Symbol für die Auferstehung, VigChr 26 [1972], S. 29-52). Vgl. aber Hes., *hom. pasch*. 2, 2 (Aubineau 122) mit 8, 10 (p. 68, 1). Ebenso sind die Ähnlichkeiten zwischen Chrysostomus und Asterius eher unspezifisch und lassen keine weiterreichenden Schlüsse zu: Vgl. *exp. in Ps*. VI (PG 55, 75) mit Hom. 12, 18 (p. 90, 1ff): Vergleich der Seelenstürme mit Meeresstürmen bei der Auslegung von Ps 6, 3; ebenda (col. 76) mit Hom. 12, 21 (p. 91, 17-20): Beschreibung der Seelenqualen Davids bei der Auslegung von Ps 6, 4; *exp. in Ps* VIII (PG 55, 107) mit Hom. 17, 7 (p. 125, 18ff): Zitat von Jes 52, 5 und Judenpolemik bei der Auslegung von Ps 8, 2a.

83 Vgl. Liébaert, a. a. O. (Anm. 58), S. 42-54; dazu IS S. 33 mit Anm. 130.

84 Vgl. IS S. 89.

sten Jahrhunderts hat sich der Homilet Leontius von Konstantinopel vermutlich von der achten, neunten und dreizehnten Homilie des Asterius inspirieren lassen.[85] Eine pseudochrysostomische Homilie unbekannten Datums (*In adorationem venerendae crucis*, CPG 4672) benutzt Homilie 29.[86] Johannes von Damaskus zitiert die Sammlung zu Beginn des achten Jahrhunderts bereits unter dem Namen des Chrysostomus; auch Photius kennt sie unter diesem Namen. Auszüge werden dann auch in Katenen und Florilegien der byzantinischen Zeit dem Chrysostomus zugeschrieben.[87]

Abschließend möchte ich betonen, daß mir Skards Urteil, Asterius sei "kein originaler Kopf" gewesen, [88] revidierungsbedürftig zu sein scheint, weil es seiner exzeptionellen theologischen Stellung im Rahmen der antiken Psalmenexegese nicht gerecht wird. Asterius ist sicher kein Exeget vom Range eines Origenes oder Diodor. Doch er gehört auch nicht zu den Epigonen vom Schlage eines Arnobius minor. Wie Chrysostomus der Seelsorger, so ist er der Rhetor unter den Psalmexegeten - und das macht die beiden, trotz mancherlei Ähnlichkeiten, letztlich zu Exponenten ganz gegensätzlicher Auffassungen von dem, was christliche Homiletik leisten kann und soll. Wenn Chrysostomus gegen die Mißstände der Predigt seiner Zeit wettert, so kann man sich gut vorstellen, daß er Prediger wie Asterius im Blick hat:

> "Viele geben sich alle erdenkliche Mühe, um, wenn sie aufgetreten sind, ihre Rede in die Länge zu ziehen, und wenn ihnen von der Menge Beifall geklatscht ist, so ist ihnen das ein Könireich wert; wenn sie aber unter Schweigen die Rede beendet haben, so sind sie darüber verzweifelter als über die Hölle. Das ist es, was die Kirchen ruiniert, daß *ihr* nicht eine Rede zu hören wünscht, die euer Gewissen trifft, sondern eine, die euch zu amüsieren vermag durch den Schall und die Komposition der Worte, gerade so, als ob ihr Sängern und Zitherspielern zuhörtet, und *wir* schlaff und erbärmlich genug sind, euern

---

85 Genaue Nachweise in EK S. 96-102.

86 PG 62, 752, 37-44 = 29, 12 (p. 234, 1-7), vgl. IS S. 32.

87 Vgl. IS. S. 90.

88 Vgl. a. a. O. (Anm. 7), 1958, S. 58; ferner 1940, S. 122f; Linić, a. a. O. (Anm. 7), S. 33.

Begierden zu willfahren, statt sie euch auszutreiben" (*hom. 30 in Act. 3*).[89]

Asterius möchte die Beredsamkeit in den Dienst der Bibelauslegung und der Verkündigung des Evangeliums stellen. In diesem Bemühen ist er durchaus kreativ. Er möchte aber auch die eigene rhetorische Virtuosität demonstrieren. Diese Ambivalenz macht nicht zuletzt den Reiz der Psalmenhomilien aus.

89 Πολλὰ πολλοὶ πράττουσιν ὑπὲρ τοῦ εἰς μέσον στάντες μακρὸν ἀποτείνειν λόγον. κἂν μὲν κρότων τύχωσι τῶν ἀπὸ τοῦ πλήθους, γέγονεν αὐτοῖς τοῦτο βασιλείας ἴσον. ἂν δὲ μετὰ σιγῆς τὸν λόγον καταπαύσωσι, γεέννης δή που μᾶλλον αὐτοῖς χαλεπωτέρα κατέστη τῆς σιγῆς ἡ ἀθυμία. Τοῦτο τὰς Εκκλησίας ἀνέτρεψεν, ὅτι καὶ ὑμεῖς οὐ ζητεῖτε λόγον ἀκοῦσαι κατανυκτικὸν, ἀλλὰ τέρψαι δυνάμενον καὶ τῷ ψόφῳ καὶ τῇ συνθέσει τῶν ῥημάτων, καθάπερ μελῳδῶν καὶ κιθαριστῶν ἀκούοντες. καὶ ἡμεῖς ψυχρῶς καὶ ταλαιπώρως ποιοῦντες, ὅτι ταῖς ὑμετέραις ἐπιθυμίαις ἑπόμεθα, δέον ἐκκόπτειν ταύτας (PG 60, 225). Übersetzung nach Norden, a.a.O. (Anm. 47), II, S. 552. Die Stelle demonstriert sehr schön, daß der Predigtvortrag dem Gesang sehr nahe kam. Vgl. dazu auch Herbert Hunger, Die hochsprachliche profane Literatur der Byzantiner, 2 Bände, München 1978, I, S. 68f. Zur Forderung des Chrysostomus nach einem einfachen Predigtstil vgl. etwa *sac.* 4, 6.

Zur exegetischen Methode des Apollinaris von Laodicea

Ekkehard Mühlenberg

Die exegetische Methode des Apollinaris von Laodicea darstellen zu wollen ist eine undankbare Aufgabe. Denn die Bibelauslegungen des Apollinaris sind nur in Fragmenten erhalten, aufbewahrt in der komplizierten Katenenüberlieferung.[1] Die Reste, die vorhanden sind, lassen meist das vermissen, was zum Vergleich oder zur Präzision notwendig wäre. Apollinaris war ein Bibelausleger. Im Jahre 377 hörte Hieronymus in Antiochien dessen Vorlesungen; er nennt ihn seinen Lehrer in den Heiligen Schriften, neben Didymus, zu dem Hieronymus nach Alexandrien reiste.[2] In seinem Schriftstellerkatalog sagt Hieronymus nur: Apollinaris schrieb zur Bibel "unzählige Werke".[3] Ich beschränke mich auf die Katenenfragmente zu den Psalmen und zum Römerbrief.

Zur Psalmenauslegung des Apollinaris muß ich zwei Bemerkungen vorausschicken. Erstens ist die altchristliche Psalmenauslegung nicht ohne Origenes denkbar, jedoch ist von Origenes

1 Ich habe die Vortragsform nicht verändert, dafür jedoch in den Anmerkungen die Belege so ausführlich ausgeschrieben, daß der Text auch ohne eine umfangreiche Spezialbibliothek überprüft werden kann. Zu den Bibelkommentaren des Apollinaris vgl. Ekkehard Mühlenberg, Art. Apollinaris von Laodicea in: TRE 3 (1978) 365, 17-33 und 370, 45-371,8; zu Katenen vgl. den gleichnamigen Artikel in: TRE 18 (1989) 14-21.

2 Ep. 84,3: Apollinarem Laodicenum audiui Antiochiae frequenter et colui et, cum me in sanctis scripturis erudiret, numquam illius contentiosum super sensu dogma suscepi. iam canis spargebatur caput et magistrum potius quam discipulum decebat; perrexi tamen Alexandriam, audiui Didymum. in multis ei gratias ago. quod nesciui, didici; quod sciebam, illo diuersum docente non perdidi (CSEL 55, 122,24-123,6).

3 De viris inlustribus (ed. C. A. Bernoulli), cap. CIV: Apollinarius, Laodicenus Syriae episcopus, patre presbytero, magis grammaticis in adulescentia operam dedit et postea in sanctas scripturas innumerabilia scribens uolumina...

wenig erhalten.[4] Wir sind auf Eusebius von Caesarea angewiesen, der Origenes benutzt hat, dessen Psalmenkommentar aber vielleicht auch die Auslegung des Origenes weitervermittelt hat.[5] Zweitens ist darauf aufmerksam zu machen, daß die altchristliche Psalmenauslegung grundsätzlich davon abhängt, wie die redende Person bestimmt wird.[6]

Bei dem zweiten Punkt, der Bestimmung der redenden Person, setze ich ein. Denn wenn geklärt werden kann, wie ein Ausleger die redende Person findet, hat man ihn schon zum guten Teil durchschaut. Ich nehme Psalm 39 als Beispiel. Euseb behauptet, hier rede der Gerechte: "Harrend hatte ich auf den Herrn geharrt; da neigt er sich zu mir" (39, 2a).[7] Die Antiochener, Diodor und Theodor, sind wie auch sonst fast immer der Meinung, es prophezeie David eine Situation der alttestamentlichen Geschichte, hier die Situation der babylonischen Gefangenschaft.[8]

---

4 Einen Überblick zur Überlieferung der Psalmenauslegungen gibt Marie-Josèphe Rondeau, Les commentaires patristiques du psautier (IIIe - Ve siècles). Vol. I (OrChrA 219), Rom 1982, S. 44-63. Kataloge der überlieferten Fragmente bieten Robert Devreesse, Les anciens commentateurs grecs des Psaumes (StT 264), Vatikanstadt 1970, S. 1-88, und Ekkehard Mühlenberg, Psalmenkommentare aus der Katenenüberlieferung III (PTS 19), Berlin 1978, S. 133 ff.

5 Zur Überlieferung von Eusebs Psalmenkommentar vgl. Rondeau (Anm. 4) S. 64-75, ferner die Kataloge der Haupttraditionen bei Devreesse (Anm. 4) S. 89-146 und Mühlenberg (Anm. 4). Die direkte Überlieferung liegt für Ps 51 - 95, 3 in der Handschrift Paris, Coislin 44 vor und ist danach abgedruckt in PG 23, 441-1221 C 12.

6 Vgl. Marie-Josèphe Rondeau, Les commentaires patristiques du psautier. Vol. II (OrChrA 220), Rom 1985.

7 Εἰκότως οὐχ ἁπλῶς ὁ δίκαιος ὑπομένει, ἀλλ᾽ἐπιτείνων τὴν ἐλπίδα καὶ μὴ ἀπογινώσκων τὴν παρὰ θεῷ σωτηρίαν παραμένει τῇ ὑπομονῇ (Oxford, Barocci 235, fol. 339 r = PG 23,352 C).

8 Diodori Tarsensis Commentarii in Psalmos ed. Jean-Marie Olivier (CChr. SG 6, 1980), p. 239: Βαβυλωνιακὴν ἔχει τὴν ὑπόθεσιν ὁ τριακοστὸς ἔνατος ψαλμός. ὁ δὲ σκοπὸς τοῦ μακαρίου Δαυείδ ἐστι δεῖξαι τοὺς Ἰσραηλίτας τὰ μέγιστα ὠφεληθέντας ἐκ τῆς μακρᾶς ταλαιπωρίας· σαφέστερον δὲ δείκνυσι τὸν ψαλμὸν αὐτὰ τὰ ῥητά. ἡ δὲ ἐπιγραφὴ ἔχει· Εἰς τὸ τέλος· τῷ Δαυεὶδ φαλμός· τουτέστιν ὅτι περὶ ἐσομένων πραγμάτων μέλλει λέγειν.

Robert Devreesse, Le commentaire de Théodore de Mopsueste sur les Psaumes (I-LXXX). (StT 93), Vatikanstadt 1939 = 1962: Ἐνταῦθα προφητεύει τὰ κατὰ τὸν λαὸν αἰχμαλωτισθέντα ὑπὸ τῶν Βαβυλωνίων

Apollinaris dagegen sagt, die redende Person sei Christus, der Inkarnierte[9] Ob Apollinaris das von Origenes übernimmt? Sehr wahrscheinlich, jedoch muß sofort auf einen Unterschied hingewiesen werden: Origenes beschränkt sich nicht auf den christologischen Sinn. Vielmehr ist stets ein zweiter Schriftsinn zu beachten. Denn wörtlich, auf der historischen Ebene ist ein Psalm zu verstehen, aber auch auf einer übertragenen Ebene. Die Ebene wörtlich-historischen Verstehens kann die Situation sein, in der sich z.B. David befindet und betet. Dann ist die übertragene Ebene, der mystische Sinn, Christus und sein Heilshandeln als Inkarnierter. Aber die übertragene Ebene, Christus, kann auch jeder Heilige oder Gerechte sein, in deren Person Christus spricht.[10] So gibt es bei Origenes eine mehrfache Möglichkeit,

---

βασιλέων, ἐκ προσώπου μὲν τοῦ ἐκείνων φθεγγόμενος ὡς εὐχαριστούντων ἐπὶ τῇ ἀπαλλαγῇ τῆς αἰχμαλωσίας, ἐν δὲ τῷ φθέγγεσθαι τὰ ἐκείνοις ἁρμόττοντα δεικνὺς ὅτι ἐν συμφοραῖς καθεστὼς καὶ τὴν παρὰ τοῦ θεοῦ προσδοκίαν ἀναμένων πάντως τυγχάνει τῆς παρ' αὐτοῦ βοηθείας. μακαρίζει τε ἐντεῦθεν ἅπαντας τοὺς πάσης μὲν ἐκτόπου πράξεως καθαρεύειν ἐσπουδακότας, ἐλπίζοντας δὲ ἐπὶ τὸν θεὸν ὡς πάντως τυγχάνοντας τῶν παρ' αὐτοῦ ἀγαθῶν.

9 Ekkehard Mühlenberg, Psalmenkommentare aus der Katenenüberlieferung I (PTS 15, 1975) Nr. 32: Τὴν ἐξ αἰῶνος ἀναμονὴν τῶν δικαίων ἐφ' ἑαυτοῦ λέγει καὶ τὰς δεήσεις, δι' ὧν ἀκούσονται τὸν θεὸν ἐπιτελέσαι τὴν ἄνοδον τὴν ἐξ ᾅδου καὶ τὴν βεβαίαν εἰς αἰῶνα ζωὴν καὶ τὸν ἐν ταύτῃ στηριγμὸν ἐν εὐφροσύνῃ καὶ φαιδρότητι καὶ ὕμνοις θεοῦ, οἷα ἦν καὶ ἐν ΚΘ τὸ Ἐκέκραξα πρὸς σέ, καὶ ἰάσω με καὶ ἀνήγαγες ἐξ ᾅδου τὴν ψυχήν μου, ἔσωσάς με ἀπὸ τῶν καταβαινόντων εἰς λάκκον, καὶ τὰ ἑξῆς· ἐν οἷς σαφῶς τὰ τοῦ Ἀδὰμ εἰς ἑαυτὸν ἀνέφερε. καὶ τὴν ἀνάστασιν ἐπαγαγὼν ἐν τέλει φησίν· Ὅπως ἂν ψάλῃ σοι ἡ δόξα μου καὶ οὐ μὴ κατανυγῶ.

10 Vgl. zu Ps 4, 1 Oxford, Barocci 235, fol. 48v (cf. PG 12, 1133 C): Αὕτη τοίνυν ἡ ᾠδὴ ἢ τὸ μελῴδημα ἢ ὁ ψαλμὸς ὑπόθεσιν ἔχων τὰ προδιηγηθέντα ἡμῖν ἐπαγγέλλεται, κοινότερον μὲν ἐν τῷ προφήτῃ Δαυίδ, μυστικώτερον δὲ τῷ Χριστῷ τὸ πρόσωπον τῶν ἁγίων ἀναλαμβάνοντι καὶ ὁτὲ μὲν τὰς θλίψεις αὐτῶν ὡς ἰδίας διηγουμένῳ καὶ τοὺς ἐν ταύταις αὐτῶν πλατυσμούς, ἐπεὶ ἁγίων ἐστὶ φωνὴ τὸ Ἐν παντὶ θλίβομαι ἀλλ' οὐ στενοχωρούμενοι, ὁτὲ δὲ ἐπιστρέφοντι τοὺς βαρυκαρδίους καὶ τοὺς τὰ μάταια ἀγαπῶντας καὶ τοὺς τὸ ψεῦδος ζητοῦντας, ὅτε καὶ προκαλεῖται ὡς περὶ ἑτέρου δικαίου λέγων κατὰ τὰ πολλαχοῦ αὐτῷ ἀπαγγελλόμενα γνῶναι τοὺς ἀκούοντας τὴν θαυμάστωσιν αὐτοῦ.

und die weitere Geschichte der Psalmenauslegung besteht hauptsächlich darin, des Origenes mehrfachen Schriftsinn wieder rückgängig zu machen und auf einen einzigen Schriftsinn zu reduzieren. Genau das tut Apollinaris für Psalm 39; er behauptet, daß Christus der alleinige Sprecher dieses Psalmes ist. Wenn wir wüßten, wie Apollinaris seine christologische Auslegung begründet, hätten wir den Hauptschlüssel zu seiner Auslegung gefunden. Man könnte sagen, daß das apostolische Zeugnis sein Argument sei; denn Hebräer 10, 5-9 werden Psalm 39, 7a-9 zitiert und dort mit den Worten eingeführt: "Darum, da Christus in die Welt kommt, spricht er..."[11] Aber ach, die Auslegung des Apollinaris zu Psalm 39, 7-9 ist nicht überliefert. Apollinaris selbst verweist auf Psalm 29, 3 sq und 13, Worte, die Christus spreche, das sei vergleichbar. Leider läßt sich dieser Verweis nicht weiter verfolgen, weil die Auslegung des Apollinaris zu Psalm 29 nicht erhalten ist. Jedoch kennen wir die Auslegung des Origenes zu Psalm 29, und Origenes sagt zu Vers 3 – "Herr mein Gott, ich schrie zu dir, und du heiltest mich" – "Das ist also in der Person des Gerechten gesprochen. Wenn aber der Heiland dieses sagte, so laßt uns sehen, ob dafür eine angemessene Erklärung gefunden werden kann."[12] Und Origenes fährt fort, daß die Gläubigen der Leib Christi sind und alle Glieder des Leibes das mitleiden, was ein Glied erleidet; Christus bekenne unsere Sünden als seine eigenen Sünden. Ähnlich zu Psalm 29,4: "Du hast meine Seele aus dem Hades herausgeführt." Origenes: "Diese Worte beweisen, daß der Psalm in der Person Christi gesprochen ist. Diese Worte können aber auch in der Person des Heiligen gesprochen sein, denn in übertragenem Sinn ist jeder Heilige zur Zeit der Bosheit wie in den Hades geraten..."[13]

---

11 Vgl. Rondeau (Anm. 6) S. 101/2.

12 Oxford, Barocci 235, fol. 261v (=PG 12, 1292 D): Ταῦτα μὲν οὖν ἐκ προσώπου τοῦ δικαίου λέγεται· ἐὰν δὲ ὁ σωτὴρ λέγῃ ταῦτα, ὅρα εἰ οὕτω δύναται καὶ τοῦτο τῆς πρεπούσης τυχεῖν διηγήσεως.

13 Oxford, Barocci 235, fol. 260v (=PG 12, 1292 B): Ὅτι ἐκ προσώπου τοῦ Χριστοῦ λέγεται ὁ ψαλμός, δῆλον ἐκ τοῦ Καὶ ἀνήγαγες ἐξ ᾅδου τὴν ψυχήν μου. δύναται δὲ καὶ ἐκ προσώπου τοῦ ἁγίου ταῦτα λέγεσθαι, τροπικώτερον παντὸς ἁγίου ἐν ᾅδου γεγενημένου κατὰ τὸν τῆς κακίας καιρὸν καὶ ἐκεῖθεν ...

Bei Apollinaris fällt die doppelte Auslegung weg; es ist nur noch jeweils eine Person, in der die Psalmworte gesprochen werden, hier also Christus. Ähnliches können wir seinen Auslegungen zu Psalm 37, 22 und 21, 2 entnehmen: Worte die Christus anstelle der Menschen spricht, und in denen er die Erlösung der Menschen als seine eigene erbittet.[14] Ich würde die Auslegungsweise des Apollinaris eine christologische Engführung nennen; das ist im Vergleich zu Origenes gesagt. Ich würde vorziehen, sie eine christologische Verdichtung zu nennen; das wäre im Hinblick auf des Apollinaris eigene Zeit gesagt. Denn einerseits verliert die Exegese in den christologisch ausgelegten Psalmen gerade das, was des Origenes Auslegung so reich macht: Daß wir Menschen, die Sünder und Gläubigen, letztlich die Psalmworte mitbeten können.[15] Andererseits jedoch wird die Christologie angereichert, das Heil ganz in die Christologie hineingezogen und als Christologie ausgesagt. Als Konsequenz könnte ich auch formulieren: Die Psalmenauslegung wird zu einem theologischen Lehrtext, der feststellt, daß die Erlösung in Christus geschehen ist. Das wird schon aus dem angezogenen Fragment zu Psalm 39 deutlich. Apollinaris verweist auf die Parallele in Psalm 29, 3 sq: "Du hast mich errettet aus der Menge derer, die in den Hades hinabsteigen", und sagt dazu: "Darin übernahm Christus eindeutig das Geschick Adams."[16]

Die Bedeutung der christologischen Engführung oder Verdichtung läßt sich weiterhin an der Auslegung von Vers 4 desselben Psalms verdeutlichen. "Viele werden sehen, und sie werden sich fürchten und werden auf den Herrn hoffen" (Ps 39, 4). Wenn

---

14 (Wie Anm. 9) Nr. 28: ῎Ανθρωποι μὲν <οὐ> ταῦτα λέγοιεν ὑπὲρ ἑαυτῶν, <Χριστὸς> δὲ ἀντ' ἀνθρώπων ἀνθρώποις καὶ πάσχων δίκαιος ἀπό περ ἀδίκων τὰ ἐκείνων εἰς ἑαυτὸν ἂν λέγοι· ὅπου μὲν τὸ Ἵνα τί ἐγκατέλειπές με; ὅπου δὲ τὸ Μὴ ἐγκαταλείπῃς με, καὶ τὸ Μὴ ἀποστῇς ἀπ' ἐμοῦ, ὡς ἐπ' αὐτοῦ γε τοῦτο ἀδύνατον. Οὐ γάρ εἰμι, φησίν, μόνος, ἐπεὶ ὁ πατήρ μου μετ' ἐμοῦ ἐστιν. τὴν σωτηρίαν γε τῶν ἀνθρώπων ὡς ἰδίαν αἰτεῖται, ἔχων μέν τι καὶ πρὸς τὴν αἴτησιν οἰκεῖον ὅσον πρὸς τὸ ἀνθρώπινον ἐν συμμίξει θεότητος (τοῦτο δὲ ἦν τὸ παθητικὸν τὸ σαρκὶ συμφυές), ἔχων δὲ καὶ τὸ τῆς ὑπερανεστηκυίας ἀξίωμα φύσεως ᾧ καὶ τὰ τῆς αἰτήσεως ἐξεπλήρου.

15 Vgl. Karen Jo Torjesen, Hermeneutical Procedure and Theological Method in Origen's Exegesis (PTS 28), Berlin 1986.

16 Siehe Anm. 9.

es der Gerechte ist, in dessen Person der Psalm gesprochen ist, dann sehen die Vielen den Gerechten und werden durch sein Beispiel zur Furcht des Herrn geführt und zur Hoffnung auf den Herrn - so legt es Eusebius aus,[17] übrigens auch Cyrill in Alexandrien.[18] Ist es aber Christus, in dessen Person der Psalm gesprochen ist, so werden das Erstaunen und die Hoffnung durch Christi Geschick bewirkt; Christi Geschick ist die Zerstörung des Todes, die Heraufführung der Seelen aus dem Hades, also die Auferstehung, wie sich im Anschluß an Vers 3 ("Er führte mich aus der Grube des Elends") ergibt.[19] Was Christus an sich erfahren hat, das ist gültig für die Menschen.[20] Denn die Sünden und die Bitte um Erbarmen wegen der Sünden nimmt Christus

17 Oxford, Barocci 235, fol. 339v (=PG 23, 353B): Εἶτα μετὰ ταῦτα ὑπόδειγμα πολλοῖς γίνεται, ὡς ἂν καὶ ἕτεροι τὴν μεταβολὴν αὐτοῦ θεώμενοι ἐλπίδας ἀγαθὰς ἀναλάβοιεν καὶ τὴν ἀπὸ τῶν χειρόνων ἐπὶ τὰ κρείττω ποιήσαιντο μεταβολήν. διό φησιν· Ὄψονται πολλοὶ καὶ φοβήσονται καὶ ἐλπιοῦσιν ἐπὶ κύριον. τί δὲ ὄψονται; αὐτὸ τοῦτο, φησίν, ὡς εἰς βάθος ἐλήλυθα κακῶν καὶ εἰς τὸν λάκκον καὶ τὸν πηλὸν τῆς ὕλεως, κἀκεῖθεν θεοῦ χάριτι ἀνελκυσθεὶς ἐπὶ τὴν πέτραν ἔστην καὶ κατηυθύνθη τὰ διαβήματά μου καὶ ᾄσματος κατηξιώθην καινοῦ. ταῦτα γὰρ οἱ πολλοὶ θεασάμενοι φόβον θεοῦ, περὶ οὗ λέλεκται· Ἀρχὴ σοφίας φόβος θεοῦ, ἀναλήψονται καὶ τὴν ὁμοίαν ἑαυτοῖς ὑπογράψουσιν ἐλπίδα.

18 Cyrill (Oxford, Barocci 235, fol 241v; vgl. PG 69, 984 BC): Ἀεὶ γάρ πως οἱ μηδέπω πιστεύσαντες τῶν ἤδη πεπιστευκότων ἀναδείκνυνται ζηλωταὶ καὶ πρὸς τὸ τῆς ἀληθείας ἴασι φῶς.

19 Siehe Anm. 9 und Nr. 33 zu Ps 39, 4 cd: Εἰς γὰρ τὴν τῶν ἁπάντων σωτηρίαν διατείνει τὰ Χριστοῦ οὔτε δι' αὐτὸν γεγενημένα οὔτε ἐν αὐτῷ μόνῳ ἱστάμενα. διὸ ὁ Παῦλός φησιν· Εἰ μὴ νεκροὶ ἐγείρονται, οὐδὲ Χριστὸς ἐγήγερται. εἰ γὰρ μὴ τὸ τέλος οὗ χάριν τὸ αἴτιον ἂν ἦν γεγονὸς ἡ Χριστοῦ ἀνάστασις, φοβερὸν δὲ τὸ μυστήριον θανάτου κατάλυσις καὶ ἡ ἐξ ᾅδου τῶν ψυχῶν ἀνάβασις ἡ καὶ τὰς ἀληθεῖς εἰς θεὸν ἐλπίδας ὑπάρχουσα· περὶ ἧς ἐλπίδος ὁ Παῦλος λέγει, συνάπτων αὐτῇ τὴν πίστιν καί τὴν ἀγάπην ἐπιφέρων τὴν πρὸς τὸν οὕτω μεγάλα κεχαρισμένον καὶ εἰς αἰῶνα παρατείνων τὰ ἀγαθὰ Ταῦτα μένει, φησίν, τὰ τρία· πίστις ἐλπὶς ἀγάπη.

20 (Wie Anm. 9) Nr. 35 zu Ps 39, 12: Ἑαυτὸν λέγων τὴν ἐκκλησίαν δηλοῖ, ἐλέου δὲ ἡμᾶς δεομένους παρίστησιν, ἵν' ἐν τῇ χάριτι μένωμεν· καὶ ἰσχυρὰ τοῦ ἐλέου ἡ αἴτησις, ὅτι οὐκ εἰς ἀνθρώπους ἀλλ' εἰς αὐτὸν χωρεῖν λέγεται. οὕτω γὰρ ἄνθρωποι τῶν παρὰ θεοῦ τυγχάνομεν, ὅτι Χριστὸς ἀνθ' ἡμῶν ὁ τὸ εἰς ἡμᾶς ἀγαθὸν ὑποδεχόμενος, ὥσπερ φησὶν Καὶ ἐγὼ διατίθεμαι ὑμῖν διαθήκην καθὼς διέθετό μοι ὁ πατήρ μου.

für sich selber auf sich,[21] erbittet also die Erlösung der Menschen für sich selber, und dadurch wird Christi Bitte effektiv: Denn er, Christus, hat das Menschliche - darin übernimmt er das Sündenelend -, aber hat auch die göttliche Natur, so daß die Bitte zur Erfüllung gelangt.[22] Denn in der Auffahrt zum Himmel "erscheint er vor dem Angesicht Gottes für uns, mit sich nehmend das gänzlich Getrennte und Entfremdete".[23]

In der Psalmenauslegung des Apollinaris erscheint die Christologie als naiv und wenig differenziert, jedoch eindeutig. Er verteidigt nirgends die christologischen Spitzensätze, für die ihn sowohl Didymus der Blinde[24] als auch Diodor von Tar-

---

21 (Wie Anm. 9) Nr. 40 zu Ps 40, 5: Πάλιν τὰς ἀνθρώπων ἁρμαρτίας ἰδίας ὁ ὑπὲρ ἀνθρώπων πάσχων λέγει καὶ τὸν ἐπὶ ταύταις ἔλεον εἰς ἡμᾶς ἐφ' ἑαυτοῦ ζητεῖ, ὃς λύει τὴν τῶν ἀγνοούντων ἐπ' αὐτῷ καταφρόνησιν ἐκφαίνων τὴν δόξαν, ἐπ' αὐτοῦ μὲν κατὰ τὴν ἰδίαν δύναμιν, ἐφ' ἡμῶν δὲ κατὰ τὴν Χριστοῦ χάριν.

22 Siehe Anm. 14.

23 (Wie Anm. 9) Nr. 44 zu Ps 40, 13: Ἐξαιρέτως ἐπὶ Χριστοῦ τὴν ἀκακίαν ἀκούομεν τὴν πάσης κακίας καθαρότητα, ἣν ἐζήτει μὲν παρὰ ἀνθρώπων ὁ δημιουργὸς ἐπὶ τούτῳ γεγενημένων ὡς εἶναι τοῦ ποιήσαντος ἀξίους καὶ διαμένοντας ἐν τῷ καλῷ ὅτι πάντα τὰ τοῦ θεοῦ ποιήματα καλὰ λίαν, ζητῶν δὲ εὗρεν ἐν οὐδενὶ τῶν ἐξ Ἀδάμ, ἐν δὲ τῷ κατὰ σάρκα ἐξ Ἀδὰμ ὄντι μόνῳ καὶ μὴ διαδεδειγμένῳ τὰ ὅμοια τῆς ἐκείνου παραβάσεως ἀλλ' ἔχοντι τὴν θείαν μορφὴν διαμένουσαν καὶ μετὰ τῆς σαρκικῆς περιβολῆς, καθὸ καὶ ἡ οὐράνιος φωνὴ μαρτυρεῖ τὸ Οὗτός ἐστιν ὁ υἱός μου ὁ ἀγαπητὸς εἰς ὃν εὐδόκησα. ἡ δὴ ἔμπροσθεν θεοῦ διαμονὴ καὶ βεβαίωσις αἰώνιός ἐστιν ἡ ἐν οὐρανῷ, ἣ καὶ ἐν πεντεκαιδεκάτῳ προείρηται μετὰ τὴν ἀνάστασιν ἐν τῷ Πληρώσεις με εὐφροσύνης μετὰ τοῦ προσώπου σου. ἀναβέβηκεν γὰρ εἰς οὐρανὸν ἐμφανισθῆναι τῷ προσώπῳ τοῦ θεοῦ ὑπὲρ ἡμῶν, ἐν ἑαυτῷ προσάγων τὸ χωρισθὲν καὶ ἀπαλλοτριωθὲν ἐξ ἀρχῆς.

24 Wie (Anm. 9) Nr. 96 zu Ps 15, 8.9 ab (p. 179,16-180,7; die Interpunktion habe ich nach M.-J. Rondeau korrigiert): Ἄτρεπτος γὰρ ὁ θεὸς λόγος, οὐδὲ κατὰ ποσὸν κλόνον ὑφιστάμενος. καὶ ἐπεὶ ἀπεμφαίνει αἰτίαν εἰπεῖν τοῦ μὴ σαλευθῆναι τὸν θεὸν λόγον, ὄντος ἐν ὄψει αὐτοῦ καὶ ἐκ δεξιῶν διαπαντὸς τοῦ πατρὸς (αὐτὸς γὰρ ἐν τῷ πατρὶ τυγχάνων καὶ ἔχων αὐτὸν ἐν ἑαυτῷ, ἐκ δεξιῶν τινος καὶ ἐνώπιον διαπαντὸς ὑπάρχων, αἴτιος καθίσταται τοῦ μὴ κλονεῖσθαι τὸν ὁρῶντα αὐτὸν καὶ ἐκ δεξιῶν αὐτὸν ἔχοντα), ἐπεὶ τοίνυν ἀπεμφαίνει, μᾶλλον δὲ ἀσεβές ἐστιν περὶ τοῦ μονογενοῦς υἱοῦ τοῦ θεοῦ αὐτὰ ἐκλαβεῖν χωρὶς τῆς αὐτοῦ κατὰ σάρκα οἰκονομίας, ἁρμονίως ἐκδοτέον εἰρῆσθαι αὐτά, ὅτε γέγονεν ἀτρέπτως ἄνθρωπος καὶ ἐταπείνωσεν ἑαυτὸν καὶ ἐπτώχευσεν πλούσιος ὤν. αὐτοῦ γὰρ γέγονε τὸ ἀνθρώπινον, ὁμοιωθὲν

sus [25] oder gar Theodor von Mopsuestia[26] angriffen. Denn Apollinaris gibt nicht das Problem zu erkennen, ob und wie bei der sprechenden Person zwischen Christus und Gott zu unterscheiden sei. Ich irre nicht in die Dogmengeschichte ab, wenn ich darauf eingehe. Es ist nämlich eine methodische Grundsatzregel, daß die sprechende Person das ihr Angemessene spricht. [27] Man

---

ἡμῖν κατὰ πάντα χωρὶς ἁμαρτίας· ἀλλ' οὐδὲ ἄψυχος ἦν αὐτοῦ ἡ σάρξ, ὥς τινες ἐνόμισαν. πῶς γὰρ σὰρξ ψυχὴν οὐκ ἔχουσα ἐρεῖ ἐκ δεξιῶν ἔχειν θεὸν καὶ προορᾶν αὐτὸν διαπαντός, ἵνα μὴ ἁμαρτάνῃ; ἁμαρτητικὴ γὰρ κίνησις ἐκ τοῦ σαλευθῆναι παρίσταται. εἰ δὲ ἀδύνατα ταῦτα (σῶμα γὰρ οὐ προορᾷ θεόν, οὐ νόησιν ἔχει τοῦ ὄντος ἐκ δεξιῶν καὶ ἐνώπιον διαπαντός), λείπεται κατ' οἰκονομίαν ἀνθρωπίνως εἰρῆσθαι ταῦτα ὑπὸ τοῦ θεοῦ λόγου σαρκωθέντος ἀτρέπτως καὶ τελείως καὶ ἀληθῶς· ὡς ἐξ ἑνὸς γὰρ προσώπου τὰ πάντα λελέξεται, τά τε θεοπρεπῆ καὶ ἀνθρώπινα. ὡς ἄνθρωπος τοίνυν ὅτε γέγονεν, ἐκ δεξιῶν ἔχων τὸν θεὸν οὐ κλονηθείη, κἂν πικρὰ περιεστηκότα ᾖ, κἂν παραστῶσιν οἱ βασιλεῖς τῆς γῆς καὶ συναχθῶσιν οἱ ἄρχοντες ἐπὶ τὸ αὐτὸ κατὰ τοῦ κυρίου καὶ κατὰ τοῦ χριστοῦ αὐτοῦ, οὕτω γοῦν μὴ κλονηθεὶς κατὰ ψυχήν, Ἁμαρτίαν οὐκ ἐποίησεν οὐδὲ εὑρέθη δόλος ἐν τῷ στόματι αὐτοῦ, πειρασθεὶς κατὰ πάντα καθ' ὁμοιότητα χωρὶς ἁμαρτίας.

25 Man könnte an die Auslegung von Ps 8,5 (Anm. 8) p. 47,98-104 denken: Τὸ γὰρ τὸν θεὸν λόγον μορφὴν δούλου λαβεῖν καὶ μὴ φύσιν ἑτέραν βελτίονα, τοῦτο εἶχε τῆς περὶ τὸν ἄνθρωπον χάριτος τὴν ὑπερβολήν. βούλεται οὖν σημᾶναι ὅτι ὅσα ὑπῆρξε τῇ σαρκὶ τοῦ κυρίου, τουτέστι τῷ τελείῳ ἀνθρώπῳ, ἐκ τῆς ἑνώσεως τῆς πρὸς τὸν θεὸν λόγον, ταῦτα κοινὰ τῆς φύσεώς ἐστι τῆς ἀνθρωπίνης φιλοτιμήματα. Wahrscheinlich hat aber Rondeau (Anm. 6) S. 290 und 283 recht, daß Diodors Psalmenkommentar noch vor dem Kampf gegen Apollinaris geschrieben wurde.

26 Zu Ps 8,5 bei Devreesse (Anm. 8) p. 46: Διὰ τοῦτο τοίνυν τὴν μὲν διαφορὰν τοῦ τε θεοῦ λόγου καὶ τοῦ ἀναληφθέντος ἀνθρώπου τοσαύτην ἡμῖν δείκνυσιν ὁ ψαλμός· διῃρημένα δὲ ταῦτα ἐν τῇ καινῇ διαθήκῃ εὑρίσκεται, τοῦ μὲν κυρίου ἐφ' ἑαυτὸν λαμβάνοντος τὰ πρότερα τοῦ ψαλμοῦ, ἐν οἷς ποιητήν τε αὐτὸν λέγει εἶναι τῆς κτίσεως καὶ ἐπῃρημένην ἔχειν ὑπεράνω τῶν οὐρανῶν τὴν μεγαλοπρέπειαν καὶ τεθαυμαστῶσθαι ἐν πάσῃ τῇ γῇ, τοῦ δὲ ἀποστόλου τὰ δεύτερα περὶ τοῦ ἀνθρώπου τοῦ τῆς τοσαύτης εὐεργεσίας ἀξιωθέντος τοῦ Ἰησοῦ λαμβάνοντος. πῶς οὐ πρόδηλον ὅτι ἕτερον μὲν ἡμᾶς ἡ θεία γραφὴ διδάσκει σαφῶς εἶναι τὸν θεὸν λόγον, ἕτερον δὲ τὸν ἄνθρωπον, πολλήν τε αὐτῶν οὖσαν δείκνυσιν ἡμῖν τὴν διαφοράν;

27 Vgl. Christoph Schäublin, Untersuchungen zu Methode und Herkunft der antiochenischen Exegese. (Theoph. 23), Köln-Bonn 1974, S. 85 - 88; Bernhard Neuschäfer, Origenes als Philologe. (SBA 18/1+2), Basel 1987, S. 263 - 276.

kann wohl sagen, daß die Christen nach Eusebius von Caesarea – Eusebius folgt noch Origenes! – also auch Eusebius, genauer: erst die Antiochener die Psalmen mit dem vorherigen und ganz bestimmten Wissen auslegten, welcher Person was angemessen ist. Der Anlaß dazu ist die dogmatische Christologie des Apollinaris; die Abwehr der apollinaristischen Christologie schlägt sich u. a. darin nieder, daß mit Hilfe der Auslegungsmethode die Auslegung einerseits verfeinert wird, andererseits dogmatisch abgestumpft wird.

Es gibt in den Psalmen vielmals Bitten um Vergebung der Sünden und Errettung aus dem Sündenelend. Was geschieht, wenn solche Psalmen als in der Person Christi gesprochen verstanden werden sollen? Apollinaris begnügt sich mit der Aussage: Christus nahm die Sünden der Menschheit auf sich, Christus bittet und betet zum Vater für die Vergebung der Sünden, als seien es seine eigenen.[28]

Eine Differenzierung, daß Christus dies als Mensch bete, oder daß er gar doppelter Natur sei, erscheint hier nicht, jedoch sind Abweichungen von dieser Feststellung nachher zu erwähnen. Eusebius vor Apollinaris macht des öfteren den Zusatz, daß Christus hier "menschlich", als "Menschgewordener" spreche.[29] Didymus kann auch sagen, daß Christus an der Menschen Stelle zum Vater betet, aber er bringt Vorsichtsklauseln an: Es muß die Seele des Inkarnierten sein; Christus muß bei der Inkarnation eine Seele und nicht nur einen Körper an sich genommen haben, so daß die angenommene Seele Christus menschlich reden lasse. Die sprechende Person ist und bleibt eine, aber als Inkarnierter ist die redende Person in ihm differenziert zu verstehen. Didymus begründet das mit der Auslegungsmethode: Es ist dem Gott Logos nicht angemessen, von sich als einem zu sprechen, der in

---

28 Vgl. (Anm. 9) Nr. 28; 32; 40; 140; 141; 197.

29 Vgl. Rondeau (Anm. 6) S. 186-189. Beispiel zu Ps 34, 22b. 23 in Oxford, Barocci 235, fol. 306v (vgl. PG 23, 313 B): Ἀνθρωπίνως δὲ ἱκετεύει λέγων πρὸς τὸν ἑαυτοῦ πατέρα· Μὴ ἀποστῇς ἀπ᾽ ἐμοῦ, καὶ Ἐξεγέρθητι καὶ πρόσχες τῇ κρίσει, ὁ θεός μου καὶ ὁ κύριός μου εἰς τὴν δίκην μου. κατὰ γὰρ τὸν καιρὸν τοῦ ὑπὲρ ἡμῶν πάθους τοιαύτας ἠφίει φωνάς, ἵνα πιστευθῇ ἄνθρωπος ἀτρέπτως κατὰ ἀλήθειαν γεγονὼς καὶ τὸν ὑπὲρ ἡμῶν θάνατον ἑκουσίως καταδεχόμενος.

Sünde fallen könnte.[30] Diodor treibt die prosopologische Exegese noch ein Stück weiter. Denn obwohl die eine Person Christus der Sprecher ist und nicht in zwei sprechende Personen aufgeteilt werden darf, ist doch nach dem Sinn zu unterscheiden: Die eine Person Christus spricht, aber einmal weist er damit auf seine ewige Natur, das andere Mal auf die menschliche, erst in der Inkarnation mit sich vereinte Natur. Ja mehr noch: Weil ein Wechsel der sprechenden Person nicht auszumachen sei, zeige die eine sprechende Person die Einheit der beiden Naturen.[31] Die prosopologische Auslegung wird zum Instrument der Dogmatik, und natürlich sollen sich dogmatische Aussagen in anerkannter Methode aus der Bibelauslegung ergeben, aber der Stachel der apollinaristischen Christologie führt dazu, daß Methode und dogmatische Intention sich miteinander vermengen.

Apollinaris geht hier naiver vor. Zwischen einem Gott Logos und dem Inkarnierten unterscheidet er nicht. Christus ist immer auch der Inkarnierte, wenn er die sprechende Person ist. "Christus bittet" heißt also, er hat in sich selber die Vollmacht, wodurch sich die Bitte erfüllt.[32] Man beachte den feinen Unter-

---

30 Siehe Anm. 24.

31 Diodor (Anm. 8) zu Ps 44, 8: Πάλιν δὲ ἐνταῦθα τῆς οἰκονομίας μνημονεύει ἢ πῶς τὸν αὐτὸν ἠδύνατο νῦν μὲν θεὸν καλεῖν ὡς ἐν τῷ ἀνωτέρω Ὁ θρόνος σου, ὁ θεός, εἰς τὸν αἰῶνα τοῦ αἰῶνος, νῦν δὲ πάλιν ὅτι Ἔχρισέ σε ὁ θεός, ὁ θεός σου; ἀλλ᾽ ἐν τοῖς ἀνωτέρω τὴν φύσιν εἰπών, ἐνταῦθα τὴν οἰκονομίαν εἰσάγει. Theodor (Anm. 8) zu Ps 44, 8b: Ὅτι μὲν οὖν ἐφ᾽ ἑνὸς ταῦτα λέγει, πρόδηλον· ἀλλὰ καὶ ὅτι μὴ δυνατὸν ἁρμόττειν ἐπὶ τοῦ θεοῦ καὶ πατρὸς τὸ Διὰ τοῦτο ἔχρισέ σε ὁ θεὸς ὁ θεός σου, φανερὸν ὑπόλοιπον ἄρα περὶ τοῦ Χριστοῦ ταῦτα λέγεσθαι, ἐφ᾽ οὗ θαυμαστῶς ἡμῖν καὶ τὰς φύσεις διεῖλε καὶ τοῦ προσώπου τὴν ἕνωσιν ὑπέδειξε. καὶ τὰς μὲν φύσεις διεῖλε τῷ διαφόρῳ τῶν νοημάτων ἐμφαντικὰς ἀφεῖναι φωνάς (πολλὴ γὰρ διαφορὰ πρὸς τὸ Ὁ θρόνος σου, ὁ θεός, εἰς τὸν αἰῶνα τοῦ αἰῶνος τὸ Διὰ τοῦτο ἔχρισέ σε ὁ θεὸς ὁ θεός σου), τὴν δὲ ἕνωσιν ὑπέδειξε τῷ περὶ ἑνὸς προσώπου ταῦτα εἰπεῖν.

32 Siehe Anm. 14; vgl. (Anm. 9) Nr. 34 zu Ps 39,5: Ψεῦδος γὰρ ἅπαν ὃ νομίζουσιν ἄνθρωποι δι᾽ ἑαυτῶν πορίζεσθαι, μόνον δὲ ἀληθὲς τὸ παρὰ θεοῦ ὃ δὴ καὶ ἐπέδειξε δι᾽ ὅλης τῶν ἀνθρώπων οἰκονομίας πάντα μὲν ἐλὲγξας τὰ ἀνθρώπινα, τὸ δὲ παρ᾽ αὐτοῦ τέλεον ἀγαθὸν ἐπαγαγών. Vgl. auch Nr. 141 zu Ps 85, 11-13: Ἄλλος ἐκ προσώπου τοῦ υἱοῦ τὸν ψαλμὸν εἰρῆσθαι εἰπών φησιν· τὴν ἐξαίρετον γὰρ καὶ θείαν ἀρετὴν εἰς ἡμᾶς αἰτεῖ παρὰ τοῦ πατρὸς ἀφ᾽ ἑαυτοῦ ταῦτα λέγων ἅπερ ἡμῖν γενέσθαι βούλεται, ὥστε θεὸν εἶναι τὸν ἄγοντα ἡμᾶς κατὰ τὸ

schied bei Psalm 87, 6, wo Christus von sich sagt: "Ich wurde wie die Erschlagenen und im Grabe Liegenden." Die Ausleger wissen alle, daß es sich nur um einen Vergleich handelt und der Inkarnierte nicht mit den Toten im Grabe identisch ist. Eusebius betont den Unterschied dadurch, daß er sich aus dem Bibeltext Hilfe holt: Die gewöhnlichen Toten werden von Gott nicht erinnert (Ps 87, 6b); Christus dagegenwird von Gott erinnert, wird der Erinnerung Gottes gewürdigt.[33] Didymus stellt den Unterschied des Inkarnierten zu den gewöhnlichen Menschen dadurch fest, daß Christus doch freiwillig den Tod auf sich genommen habe, während alle anderen Menschen in den Tod gezwungen sind.[34] Apollinaris dagegen verweist darauf, daß der Leib Christi nicht tot war, sondern voll der göttlichen Kraft, die er selber ist.[35]

λεγόμενον ὑπὸ τοῦ Παύλου "Οσοι πνεύματι θεοῦ ἄγονται οὗτοι υἱοί εἰσι θεοῦ, καὶ πορεύεσθαι ἡμᾶς ἐν ἀληθείᾳ θεοῦ τὴν ἀληθῆ καὶ ὄντως λατρείαν τὴν τοῦ πνεύματος λατρεύοντας καὶ περὶ μόνον τὸν θεῖον φόβον ἔχοντας τὴν καρδίαν ἀμέριστον εἰς ἑτέραν φροντίδα, ὁλόκληρον εἰς τὴν ζήτησιν τοῦ ἀληθοῦς ἀγαθοῦ. εἶτα τὸν ὑπὲρ τῆς ἀναστάσεως ὕμνον καὶ τὴν εὐχαριστίαν ἀναφέρει θεῷ αὐτός τε ὁ κύριος, ἐπεὶ κατῆλθεν εἰς τὰ κατώτατα τῆς γῆς, ὡς γέγραπται, κἀκεῖθεν ἀνῆλθεν βουλήσει πατρὸς καὶ τῇ τῆς θεότητος ἐξουσίᾳ, ἡμεῖς τε ἀκολούθως χάριτι τῇ παρ' αὐτοῦ τὴν ἄνοδον εὑρισκόμενοι.

33 PG 23,1057 B: Οἱ μὲν γὰρ λοιποὶ μετὰ τὸν θάνατον ἐν τοῖς τάφοις γενόμενοι ἀπελείφθησαν καὶ ἀπέμειναν γῆ καὶ κόνις, μηκέτι μετὰ τὸν θάνατον μνημονεύσαντος αὐτῶν τοῦ θεοῦ, ἐγὼ δὲ ἐγενήθην ὡς εἷς τῶν τοιούτων μὴ ὢν ὅμοιος αὐτοῖς· ἐμοῦ γὰρ μετὰ τὴν τρῶσιν καὶ μετὰ τὸν θάνατον καὶ μετὰ τὴν ἐν τῷ τάφῳ κατάθεσιν ἐμνήσθης, ζωῆς μετὰ ταῦτά με καὶ σωτηρίας τῆς παρὰ σοὶ καταξιώσας.

34 E. Mühlenberg, Psalmenkommentare aus der Katenenüberlieferung II. (PTS 16), Berlin 1977, Nr. 871: Nach Zitat von Mt. 11, 23 ("Εως ᾅδου καταβιβασθήσῃ) ὁ γὰρ καταβιβαζόμενός που ὑφ' ἑτέρων ἐκεῖσε καταβιβάζεται. ὅθεν οὐδεὶς ἐν νεκροῖς ἐλεύθερος εἴη τῶν πρὸς ἄλλων ἑλκομένων ἢ ποδηγουμένων εἰς τὸν τῶν νεκρῶν τόπον, μόνος δὲ Ἰησοῦς ἀφ' ἑαυτοῦ θεὶς τὴν ψυχὴν αὐτοῦ, οὐδενὸς λαβόντος αὐτὴν ἀπ' αὐτοῦ, ἐν νεκροῖς ἐλεύθερος γέγονε.

35 (Wie Anm. 9) Nr. 144: Ἐπιμένων τοῖς τῆς ὁμοιώσεως ῥήμασι λέγει ὅτι Ὡς οἱ ἀνῃρημένοι καὶ ἐν τάφῳ κείμενοι γέγονα οἳ τοῦτο πάσχουσιν ὅτι τῆς σῆς ἐχωρίσθησαν δυνάμεως τῆς ζωοποιοῦ. δῆλον γὰρ ὅτι τοῦτο οὐκ ἦν ἐπ' αὐτοῦ. τῆς γὰρ τοῦ θεοῦ δυνάμεως πλῆρες ἦν τὸ Χριστοῦ σῶμα καὶ μετὰ θάνατον. ταύτῃ τοι καὶ αἷμα καὶ ὕδωρ ἐξ αὐτοῦ ἐχεῖτο ὅπερ ἀπὸ νεκρῶν σωμάτων οὐδὲν τῶν τοιούτων πρόεισιν.

Neben der Christologie gibt es natürlich noch andere Themen, die die Psalmenauslegung des Apollinaris bestimmen.[36] Inwiefern sie aufgrund von Auslegungsmethoden gefunden worden sind, kann ich nicht sagen; dazu wäre geschlosseneres Material nötig, als überliefert ist. Sicher läßt sich nur feststellen, daß die Ablehnung der Allegorese einer historischen Auslegung betreffs der Errettung der Juden parallel ist.[37]

Ich fasse zusammen: Im Vergleich mit Origenes (und auch Eusebius) läßt sich eine christologische Verengung oder auch Verdichtung beobachten. Daß ihr Anlaß die Frontstellung gegen die Arianer sein könnte, habe ich an anderer Stelle zu zeigen versucht.[38]

Apollinaris als Bibelausleger – gegeben hat es Auslegungen zu fast allen biblischen Schriften, aber erhalten ist nur Weniges.[39] Verloren sind die Kommentare zum ersten Korintherbrief, zum ersten Thessalonicherbrief, zum Galater- und Epheserbrief.[40] Aber zum Römerbrief umfassen die Fragmente immerhin 25 Druckseiten.[41] Da sowohl Diodors wie Theodors Kommentare zum Römerbrief in Fragmenten erhalten sind[42] und da an den beiden Antiochenern die Methode von schulmäßiger Exegese exemplarisch studiert werden kann[43], lohnt sich wohl ein Blick auf des Apollinaris Methode. Sie ist anders, sie hat auch andere Resultate. Ich nehme zwei Beispiele, die bemerkenswert sind, nämlich die Auslegung von Römer 7, 7 und von Römer 9, 14-21.

"Ist das Gesetz Sünde? Das sei ferne. Aber die Sünde erkannte ich nicht außer durch das Gesetz" (Röm 7, 7). Das Fragment

---

36 Dazu zählt u. a. das Thema "Vorsehung".

37 Vgl. (Anm. 9) Nr. 139 zu Ps 84, Nr. 190 zu Ps 105, Nr. 278 zu Ps 137.

38 Apollinaris von Laodicea und die origenistische Tradition, in: ZNW 76 (1985), S. 270-283.

39 Siehe Anm. 1.

40 Siehe Anm. 1.

41 Pauluskommentare aus der griechischen Kirche. Aus Katenenhandschriften gesammelt und herausgegeben von Karl Staab. (NTA 15), 1933 = Münster 1984, S. 57-82.

42 Wie Anm. 41: Diodor S. 83 - 112; Theodor S. 113 - 172.

43 Vgl. Ulrich Wickert, Studien zu den Pauluskommentaren Theodors von Mopsuestia. (BZNW 27), Berlin 1962, und vor allem Schäublin (Anm. 27).

aus des Apollinaris Römerbriefkommentar setzt so ein: "Wer das hört, darf sich nicht gegen den Apostel erheben und etwa dies sagen: Wenn das Gesetz darin besteht festzusetzen, was todbringend ist, und bekanntzumachen das Gute und Schlechte des Handelns, dann hätte auch der Herr, der durch seine Worte das Schlechte und Gute bestimmt, hätte also auch der Herr den gleichen Weg zur Sünde gegen die Ungehorsamen geebnet."[44] Die genaue Formulierung des Paulus wird übergangen. Das Fragen des Paulus, sein Einwand und worauf sich der Einwand bezieht - all das bleibt außer acht. Apollinaris setzt gleich bei einem Problem ein, das er durch den Satz, ja, man müßte sagen, durch den Gedanken des Paulus gegeben sieht. Zwar könnte ein Textstück fehlen; das ist möglich, aber m. E. nicht wahrscheinlich. In der relativ langen Ausführung, die der Klärung des Problems gewidmet ist, wird von keinem Wort und von keiner Formulierung des Paulus aus Römer 7 Gebrauch gemacht. Das Problem steht also in sich, so wie Apollinaris es erkannt zu haben glaubt, nämlich daß das Gesetz nur festsetzt und bestimmt und bekanntmacht, was schlecht und was gut sei, und daß der Herr, d.i. Jesus, dasselbe getan habe und daß dann Jesus den gleichen Weg zur Sünde gelegt habe wie das Gesetz. Nein, wendet Apollinaris ein, da sei ein großer Unterschied, weil das Gesetz in Worten allein befiehlt und uns die Ausführung überläßt, Christus aber den Geist schenke, der seinerseits die Kraft der Ausführung schenkt.[45] Bi-

44 Staab (Anm. 41) p. 63, 20-24: Μηδεὶς ταῦτα ἀκούων ἐρεσχηλείτω πρὸς τὸν ἀπόστολον φάσκων ὡς εἰ τοῦτό ἐστιν ἐν τῷ νόμῳ, τὰ θανατοῦντα διαγορεύειν καὶ γνώριμα ποιεῖν τὰ φαῦλα τῶν πραγμάτων καὶ καλά, οὐδὲν ἧττον καὶ ὁ κύριος, τό τε φαῦλον ἐν τοῖς ἑαυτοῦ λόγοις καὶ τὸ καλὸν διορίζων, δόξειεν ἂν τὴν ἴσην ἐξεργάζεσθαι τῇ ἁρματίᾳ κατὰ τῶν μὴ πειθομένων ὁδόν.

45 Staab (Anm. 41) p. 63, 24-64, 2: Τὸ γὰρ διάφορον μέγα καὶ πολὺ τὸ μεταξύ, νόμου μὲν ἐν ῥήμασι μόνοις κειμένου καὶ μηδεμίαν εἰς δικαιοσύνην δύναμιν ἐνδιδόντος, ἀλλ᾽ ἐπὶ τῇ πράξει τῶν ἀκουόντων τὸ σύμπαν καταλείποντος, τοῦ δὲ κυρίου ἡμῶν Ἰησοῦ Χριστοῦ, τὸ μὲν σύμπαν ἐν τῇ δόσει τοῦ πνεύματος τὴν τῶν ὑφ᾽ ἑαυτὸν σωτηρίαν ἐγραζομένου καὶ οἱονεὶ δημιουργοῦντος ἡμᾶς ἐξ ἀρχῆς καὶ μεταπλάττοντος καὶ ῥυθμίζοντος ἐν τῷ τὴν θείαν ἐπίπνοιαν ὑποδέχεσθαι τοὺς πιστεύοντας καὶ πρὸς αὐτὴν οἰκειοῦσθαι, λόγοις δὲ εἰς παραίνεσιν κεχρημένου δι᾽ ὧν ἐπιτηδείους ἡμᾶς κατασκευάζει τῷ μορφοῦντι καὶ διατιθέντι πνεύματι, οὐχ ἡμῖν αὐτοῖς τὰ καθ᾽ ἡμᾶς ἐπιτρέψας.

belstellen sollen beweisen, über Wort und Geist (Jes 59, 21), über den neuen Bund (Jer 38,33f), über das neue Herz (Ez 36, 26).[46] Schwierigkeiten hat Apollinaris jedoch damit, daß es denn doch bei Paulus und bei Jesus Ermahnungen gibt und nicht nur vom Geistgeschenk gesprochen wird. Die Ermahnungen wird er los, indem er sie als Vorbereitung oder Erziehung zum Geist deutet und deswegen glaubt, sie seien kein Einwand.[47] Aber von Paulus hat er wohl etwas begriffen. Theodor, der die Worte des Paulus einer fachgerechten Methode unterwirft, endet gegen Paulus damit, daß das Gesetz zum Haß gegen die Sünde führe und insofern eine positive Wirkung aus sich selbst hat.[48]

Die zweite Stelle ist die Auslegung des Prädestinationskapitels, also von Römer 9. Paulus sagt: "So liegt es nun nicht an jemandes Wollen oder Laufen, sondern an Gottes Erbarmen" (Röm 9, 16). Paulus gibt sich selbst Einwände, er führt Bibelstellen zum Beweis an. Dieser Redeablauf hätte beschrieben werden können; Theodor zerlegt ihn in fachgerechter Methode in Probleme und deren Lösungen[49]. Apollinaris sieht von den Formulierungen des Paulus ab, folgt auch dem Text nur in einer Grobeinteilung, aber formuliert sofort in eigenen Worten, was er meint, sei des Paulus Gedanke. Das sieht so aus: "Keiner soll meinen, sagt Paulus, daß das, was sich mit Gerechtigkeit nicht vereinbaren läßt, sondern nach dem Erbarmungsschema angeordnet ist, eine Ungerechtigkeit Gottes enthalte."[50] Also ein Problem, in eigenen Worten formuliert. Paulus selbst wird auch kaum weiter bemüht, um die Lösungen zu finden, jedenfalls nicht in der Weise, daß uns sein Gang der Gedanken zur Lösung führe. Das Problem steht vielmehr für sich. Gelöst werden soll es, indem die Bibel als ganze durchsucht wird, natürlich auch Paulus im vorliegenden Abschnitt. Aber der Aufbau der Erklärung ist problemorientiert und nicht am Ablauf der Paulusworte. Apollinaris führt zuerst die Unterscheidung zwischen Richten und Erbarmen ein, dann be-

46 Staab (Anm. 41) p. 64, 27-65, 6.

47 Staab (Anm. 41) p. 64, 2-16.

48 Vgl. Wickert (Anm. 43) S. 70.

49 Vgl. Wickert (Anm. 43) S. 84 - 86.

50 Staab (Anm. 41) p. 67, 12-14: Μηδεὶς νομιζέτω, φησί, τὰ μηδὲν προσήκοντα τῷ τῆς δικαιοσύνης λόγῳ. ἀλλὰ κατὰ τὴν οἰκονομίαν τὴν τοῦ ἐλέου διατεττόμενα ταῦτα ἀδικίαν ἔχειν θεοῦ.

zieht er das Erbarmen auf einen großen Heilsplan, in dem ein verstehbarer Zweck höherer Gerechtigkeit gefunden werden könnte usw. Schließlich bescheidet er sich damit, daß der Mensch das Heilsdenken Gottes nicht erforschen kann – ein nicht ganz absurdes Ergebnis.[51] Theodor kommt seinerseits zu dem Ergebnis, daß Gott nicht willkürlich handele, wenn man die menschliche Entscheidungsfähigkeit mit in Betracht ziehe.[52]

Apollinaris kennt sich in der Philologie aus; dafür gibt es Beispiele.[53] Seine Auslegungen jedoch bestimmt die Sachproblematik, die Philologie ist ihr untergeordnet. Hinzuzufügen ist aber, daß auch die Auslegung nach Sachproblemen eine philologische Tradition ist.[54] Auf den Unterschied zwischen Sachproblematik und Wortphilologie weist Apollinaris selbst einmal hin, als er sich in der Auslegung auf Wortphilologie eingelassen hatte und merkte, daß er mit der Begrifflichkeit des Paulus in eine

---

51 Staab (Anm. 41) p. 68, 23-39: Τοῦτο μὲν ἐπικόπτει τὴν προπετῆ τῶν πολλῶν περιεργίαν λεπτῶς ἀνακρίνειν τὰ τοῦ θεοῦ βουλήματα φιλονεικούντων, ἀνεξερεύνητα ἀνθρώποις πρὸς τὸ λεπτότατον. Τίς γὰρ εἶ σύ, φησίν, ὁ θεὸν ἀνακρίνων; καὶ περὶ ὧν ἀνατέταχεν διαζητῶν; ἀδύνατόν σοι γνῶναι τὸν τοῦ δημιουργοῦ νοῦν, ὥσπερ καὶ πλάσματι τὸν τοῦ πλάσαντος· οὐδὲν γὰρ ἀψύχου διαφέρεις εἰς τὸ δυνηθῆναι θεοῦ γνώμην καταλαβεῖν. ἄτοπον δὲ καὶ τὴν ἐξουσίαν τὴν τοῦ θεοῦ περικόπτειν ἐπιχειρεῖν, ὡς οὐκ ὀφείλοντος ἔχειν ἐπ᾽ ἐξουσίας τάττειν ἕκαστον τῶν ποιουμένων ἐν ᾗ καὶ βούλοιτο τάξει καὶ εἰδείῃ συμφέρον, εἰ καὶ μία πάντων ἡ φύσις καὶ πάντες ἐλέου δεκτικοί. Ὥσπερ γὰρ ἐξουσία τῷ κεραμεῖ μιᾶς καὶ τῆς αὐτῆς ὕλης τοῦ πηλοῦ προκειμένης, τὸ μὲν ἐπὶ τιμῇ σκεῦος, τὸ δὲ ἐπ᾽ ἀτιμίᾳ ποιεῖν, οὕτω δὴ καὶ τῷ τῶν ὅλων δημιουργῷ προγινώσκοντι τὰ μέλλοντα καθ᾽ ἅπερ παρόντα, τὸν μὲν ἐλεηθησόμενον παράγειν, τὸν δὲ προεθησόμενον. σεβασμίως δὲ ταῦτα καὶ θείως προειπὼν πρὸς τοὺς θρασεῖς καὶ ὑπὲρ τὴν ἀνθρωπείαν φύσιν ἐπαιρομένους, ἀποκαλύπτει καὶ τῆς βουλῆς τοῦ θεοῦ τὸν σκοπὸν καί φησιν· Εἰ δὲ θέλων ὁ θεός.

52 Vgl. Wickert (Anm. 43) S. 84-89.

53 Vgl. im Kommentar zum Römerbrief die Worterklärung bei Rm 1, 2; die Dispositionsangabe bei Rm 1, 16-17; die Angaben über verschiedene Übersetzungen des Alten Testaments bei Rm 9, 33; 11, 8. 11. 33, bes. bei 11, 8; er kennt das Schema von Problem und Lösung (Staab p. 73, 27).

54 Vgl. Schäublin (Anm. 27) S. 43 - 65 und Neuschäfer (Anm. 27) S. 41 mit Anmerkung 203.

Sackgasse gerät.[55] Da schreibt er: "Ich kümmere mich um die Wortbedeutungen nicht zu sehr, sondern eben um die Erklärung des Sachverhaltes."[56] Man darf wohl sagen: ein theologischer Ausleger, ohne daß in seinen Auslegungen eine eigene Dogmatik die Hand sichtbar führt. Denn man hat schon Mühe, die besondere apollinaristische Christologie in den Bibelauslegungen nachzuweisen.

55 Staab (Anm. 41) p. 73, 7-17: Unterschieden werden soll zwischen πταῖσμα, ἀδίκημα und πτῶμα.

56 Staab (Anm. 41) p. 73, 14-17: Μηδὲν δὲ σφόδρα ἡμῖν μελέτω περὶ διαφορᾶς ὀνομάτων, ἀλλὰ περὶ δηλώσεως πραγμάτων· καὶ ὃ παρίστησι διὰ τῶν λέξεων ὁ Παῦλος λαβόντες, μὴ κωλύωμεν τὰς λέξεις καὶ ἄλλο τι σημαίνειν.

Zur paganen Prägung der christlichen Exegese

Christoph Schäublin

Der Philologe, dem die Ehre zufällt, sich am Gespräch der Theologen beteiligen zu dürfen, denkt natürlich nicht daran, gleichsam zum Entgelt die Weisheit derer in Zweifel zu ziehen, die das Rahmenthema der Tagung formuliert und ihm selbst seine Aufgabe zugewiesen haben. In der Tat, das Konzil von Nicaea bildet eine Zäsur: das nimmt sogar der wahr, der seinem Stande entsprechend lediglich eine untere Stufe der Erleuchtung erklommen hat. Anderseits stellt sich ihm aber doch die Frage, ob der von den Veranstaltern implicite – und grundsätzlich gewiß zu Recht – vorausgesetzte Wechsel (zumal der äußeren Bedingungen) sich auf alle nur denkbaren Bereiche gleichermaßen ausgewirkt hat. Was insbesondere das Verhältnis der christlichen Exegese zu ihrer paganen Schwesterdisziplin anbelangt, so drängt sich jedenfalls schon nach kurzer Betrachtung der Verdacht auf, das genannte kirchen- und welthistorische Ereignis habe keine nennenswerte Verschiebung ausgelöst: d.h. weder in qualitativer Hinsicht noch bezüglich der grundlegenden Voraussetzungen. Das 4. Jahrhundert mag zwar mit den Problemen des Textverständnisses reflektierter und systematischer umgegangen sein als frühere Generationen; Konstantin indes und die mit ihm versammelten Väter dürften für diese Entwicklung weder mittel- noch gar unmittelbar verantwortlich gewesen sein, denn Wesentliches und Entscheidendes war zu diesem Zeitpunkt bereits geleistet und wurde auch nicht mehr rückgängig gemacht. Um das Gemeinte gewissermaßen zu 'personalisieren': anerkennten wir 325 n. Chr. als Epochenjahr für unsere Fragestellung, so müßte ausgerechnet Origenes außer acht bleiben – er, auf dessen Vorarbeiten die späteren Exegeten maßgeblich aufbauen sollten und der, wenn einer, versucht hat, die pagane Wissenschaft umfassend der neuen Sache dienstbar zu machen.

Anderseits die erwähnten 'grundlegenden Voraussetzungen': sie liegen in den paganen Bildungsinstitutionen. Diese aber blieben nach 325 völlig unverändert bestehen, mit dem gleichen Angebot wie zuvor. Erstaunlicherweise haben die Christen ja nie wirklich versucht (auch dann nicht, als sie Macht und Mittel dazu besaßen), eigene Bildungskonzepte zu entwickeln und in eigenen Lehranstalten zu verwirklichen;[1] vielmehr beschränkten sie sich – bestenfalls – darauf zu fragen, "wie ihre jungen Leute aus den Ἑλληνικοὶ λόγοι Nutzen ziehen könnten" (dies die Titelfrage einer bekannten Schrift des Basilius,[2] aus der auch noch spätere Jahrhunderte die Berechtigung ableiten sollten, sich der vordergründig nicht unbedenklichen paganen Literatur zuzuwenden; jedenfalls wurde das kleine Werk von Beginn des Buchdrucks an immer wieder aufgelegt[3]). Vermittelt wurden diese anscheinend unverzichtbaren Ἑλληνικοὶ λόγοι eben in der Schule, und wie die Christen reagierten, als sie befürchten mußten, durch Julians berühmtes 'Rhetorenedikt' von der Schule, d.h. von der paganen Bildung ferngehalten zu werden, ist ebenso bekannt wie bezeichnend. Gregor von Nazianz etwa führt in seiner gegen Julian gerichteten 4. Rede den Nachweis, daß die Ἕλληνες λόγοι – wie er sagt – mit 'hellenischer' Religion keineswegs identisch seien und von den 'Heiden' nicht mit besserem Recht beansprucht werden dürften als von den Christen.[4] Hier ist nicht von den tiefgreifenden Folgen zu sprechen, die allein schon dieser

1 Vgl. etwa H.-I. Marrou, Histoire de l'éducation dans l'antiquité (6. Aufl. Paris 1965) 456ff.

2 Πρὸς τοὺς νέους ὅπως ἂν ἐξ Ἑλληνικῶν ὠφελοῖντο λόγων. Neueste (kommentierte) Ausgaben: Saint Basil on Greek Literature, ed. by N.G. Wilson (London 1975); Basilio di Cesarea, Discorso ai giovani, a cura di M. Naldini (Firenze 1984).

3 Vgl. L. Schucan, Das Nachleben von Basilius Magnus "ad adolescentes". Ein Beitrag zur Geschichte des christlichen Humanismus, Travaux d'Humanisme et Renaissance 133 (Genève 1973). Der lateinischsprachige Westen – ohnehin von stärkeren Skrupeln geplagt – brachte keinen vergleichbaren 'Leitfaden' hervor; Augustins Schrift 'De doctrina christiana' jedenfalls hat in ihrem Nachleben eine analoge Funktion wohl wider die Absicht des Verfassers erfüllt (dazu vgl. meinen Anm. 54 genannten Beitrag). Wer sich auf Augustin berufen will, müßte eher den frühen Dialog 'De ordine' (bes. 2, 35ff.) in Betracht ziehen.

4 Greg. Naz. Or. 4, 100-109; dazu A. Kurmann, Gregor von Nazianz, Oratio 4: Gegen Julian. Ein Kommentar, Schweiz. Beiträge z. Altertumswissenschaft 19 (Basel 1988) 334ff.

'institutionelle' Befund generell zeitigen mußte; im Gebiet der Exegese jedenfalls ergaben sie sich fast zwangsläufig, und sie sind mit Händen zu greifen.

Sehen wir einmal vom Elementarunterricht beim γραμματοδιδάσκαλος ab, so war nämlich der Schüler ausnahmslos auf allen Stufen seines Bildungswegs mit Fragen der Interpretation und Textanalyse konfrontiert:[5] Vom γραμματικός, dem 'Philologen', wurden ihm zunächst literarische Texte, insbesondere die große Dichtung der 'klassischen' Zeit, nahegebracht. Danach stieg er in die Schule des Rhetors, des Redelehrers, auf: dort lernte er die Kunst des freien Ausdrucks anhand – erneut – literarischer Muster, und überdies mochte er sich u. a. auch die sog. *status legales* aneignen: Gesichtspunkte und Regeln eigens für die Interpretation strittiger Dokumente (Gesetze und Testamente).[6] Schließlich krönte er seinen Werdegang vielleicht mit dem Besuch philosophischer Kurse. Gregor von Nazianz etwa und Basilius gingen zu diesem Zweck nach Athen, nicht anders wohl als der 'Antiochener' Diodor von Tarsos und selbstverständlich Julian, ihr nachmaliger Gegenspieler auf dem Kaiserthron. In der späteren Kaiserzeit aber hatte unter den Philosophenschulen zweifellos diejenige Platons die Führung inne, und der sog. Neuplatonismus fand seine Erfüllung im Grunde darin , daß in streng methodischer – uns wohl fälschlicherweise manchmal gewaltsam anmutender – Interpretation den Schriften des Meisters und anderer die letztlich eine und unteilbare 'Wahrheit' entlockt wurde. Da man allgemein in 'klassizistischer' *pietas* davon überzeugt war, das Eigene und Schöpferische erwachse aus der sorgsamen Bewahrung und Anverwandlung des vorhandenen Alten, *mußten* sämtliche literarischen und geistigen Bestrebungen ganz einfach durch den systematischen Umgang mit Texten geprägt sein.

Dazu legte den Grund, wie gesagt, der 'Grammatiker', indem er Wort für Wort, Zeile für Zeile Homer, Pindar, Euripides, Menander – oder Vergil, Horaz, Terenz erklärte. An den gram-

5 Zum kaiserzeitlichen Schulwesen vgl. Marrou, a. O. (oben Anm. 1) 389ff.; überaus nützlich ist ferner P. Wolf, Vom Schulwesen der Spätantike. Studien zu Libanius (Baden-Baden 1952), bes. 31ff. Neueste Darstellung in großem Zusammenhang: I. Hadot, Arts libéraux et philosophie dans la pensée antique (Paris 1984), bes. 215ff.

6 S. unten S. 165ff.

matischen Unterricht denken wir denn auch zuerst, wenn wir einen Zusammenhang zwischen christlicher und paganer Exegese herstellen wollen – und nicht zu Unrecht: schließlich hat Origenes sogar selbst eine Weile den Beruf eines Grammatikers ausgeübt;[7] Hieronymus hielt sich nicht wenig darauf zugute, in Rom einst Schüler des berühmten Grammatikers Donat gewesen zu sein,[8] während Augustin allerdings im Grammatikunterricht, zumindest dem griechischen, eher gelitten haben will – jedenfalls nach Ausweis der 'Confessiones'.[9] Wir werden auf das angewandte Vorgehen im einzelnen kurz zurückkommen; im Hinblick auf das Verhältnis von Hieronymus zu Donat (dessen Kommentar zu Vergil verloren, zu Terenz vermutlich erst im Übergang zum Mittelalter in die vorliegende Gestalt gebracht worden ist) möge vorweg eine mehr formale Beobachtung genügen: Die wissenschaftliche Exegese findet ihren Ausdruck üblicherweise in Kommentaren. Nun hat man längst bemerkt, daß Hieronymus in seinen Kommentaren aus einer Vielzahl älterer (zumal griechischer) Werke zitiert, zuweilen mit, zuweilen ohne Nennung ihrer Verfasser – insgesamt in einem Ausmaß, daß man ihn schon harsch als reinen Plagiator glaubte abfertigen zu dürfen.[10] Tatsächlich aber macht Hieronymus aus seiner Arbeitsweise überhaupt kein Hehl; vielmehr weist er des öftern ausdrücklich darauf hin, daß er es geradezu als seine Aufgabe betrachte, ältere Werke zu exzerpieren (*decerpere*) und die Auffassungen vieler Gelehrter zu übermitteln. Ja, am Ende, meint er, gehörten seine Kommentare ebenso den zitierten *veteres scriptores* wie ihm selbst. Mit diesem Verfahren wisse er sich in Übereinstimmung mit den *leges commentariorum*, wie sie sowohl für biblische als

7 Vgl. B. Neuschäfer, Origenes als Philologe, Schweiz. Beiträge z. Altertumswissenschaft 18 (Basel 1987) 32ff.

8 Vgl. etwa Hieron. Adv. Rufin. 1, 16 (CCL 79, p. 15, 29); über Donat orientiert jetzt zusammenfassend P. L. Schmidt, in: Handbuch der lat. Literatur der Antike 5 (München 1989) 143ff. (§ 527); über Hieronymus als Schüler Donats vgl. L. Holtz, Donat et la tradition de l'enseignement grammatical (Paris 1981) 37ff.

9 August. Conf. 1, 13f.

10 Vgl. etwa H. Hagendahl, Latin Fathers and the Classics, Stud. Graec. et Lat. Gothoburg. 6 (Göteborg 1958) 308.

auch für pagane Kommentare gälten.[11] Böse Absicht zumindest scheint also nicht im Spiel gewesen zu sein. Was aber ist von der Berufung auf allgemein verbindliche *leges commentariorum* zu halten? Ein Blick auf Donats *Epistula ad Munatium* schafft Klarheit: Sein Vergilkommentar, schreibt Donat, sei so entstanden, daß er zuerst die Werke wohl aller älteren Kenner eingesehen habe. Daraus habe er sich Exzerpte gemacht (*decerpere*), die er jetzt wörtlich, vermischt mit seinen eigenen Bemerkungen, mitteile. Was er vorlege, sei eine 'Gemeinschaftsarbeit' (ein *munus collaticium*), aus dem "die reine Stimme alter Autorität" (*sincera vox priscae auctoritatis*) spreche.[12] Ähnlicher könnten die Aus-

11 Hieron. Epist. 112, 4, 4 *e quibus* [den griech. Vorläufern] *vel si pauca decerperem, fieret aliquid, quod non penitus contemneretur.* In Matth. praef. (CCL 77, p. 5, 97) *e quibus etiamsi parva carperem, dignum aliquid memoria scriberetur.* In Hierem. prol. 3 (CCL 74, p. 1f.) *ut nuper indoctus calumniator erupit, qui commentarios meos in epistulam Pauli ad Ephesios reprehendendos putat nec intellegit – nimia stertens vaecordia – leges commentariorum, in quibus multae diversorum ponuntur opiniones vel tacitis vel expressis auctorum nominibus, ut lectoris arbitrium sit, quid potissimum eligere debeat* [*decernere* fort. delendum], *quamquam et in primo eiusdem operis libro praefatus sim me vel propria vel aliena dicturum et ipsos commentarios tam veterum scriptorum esse quam nostros.* Epist. adv. Rufin. 11 (CCL 79, p. 83) *nos in commentariis et illis et aliis et nostram et aliorum sententias explicavimus, aperte confitentes, quae sint haeretica, quae catholica. hic est enim commentariorum mos et explanantium regula, ut opiniones in expositione varias persequantur et, quid vel sibi vel aliis videatur, edisserant. et hoc non solum sanctarum interpretes scripturarum, sed saecularium quoque litterarum explanatores faciunt, tam latinae linguae quam graecae.* Vgl. dazu auch Holtz, a. O. (oben Anm. 8) 44ff.

12 Donat. Epist. ad Mun. (in: Vitae Vergilianae antiquae, ed. C. Hardie, 2. Aufl. Oxford 1966, p. 5) *inspectis fere omnibus ante me, qui in Vergilii opere calluerunt, ... de multis pauca decerpsi ... agnosce igitur in hoc munere collaticio sinceram vocem priscae auctoritatis. cum enim liceret usquequaque nostra interponere, maluimus optima fide, quorum res fuerant, eorum et verba servare. quid igitur adsecuti sumus? hoc scilicet, ut his adpositis, quae sunt congesta de multis, admixto etiam sensu nostro, plus hic nos pauca praesentia quam alios alibi multa delectent.* Während Donat die *prisca auctoritas* zur Geltung bringen will, beruft sich Hieronymus auf die *veterum auctoritas*: In Matth. praef. (CCL 77, p. 5, 104); In Abd. 20f. (CCL 76, p. 374, 771); vgl. auch Epist. 119, 1, 4; 11, 1.

sagen von Lehrer und Schüler gar nicht klingen; und selbst was den Nachweis seiner Quellen anbelangt, mag Donat nicht sehr viel 'gewissenhafter' verfahren sein als Hieronymus. Wie dem auch sei: Hieronymus ist davon überzeugt, daß für die lateinischsprechenden Christen die Zeit gekommen sei, sich endlich eine ernstzunehmende *scripturarum ars* anzueignen, einen wissenschaftlichen Umgang mit der Heiligen Schrift.[13] Eine solche *ars* aber fällt nicht vom Himmel; vielmehr erwirbt man sie, indem man die Werke älterer, d.h. eben vornehmlich griechischer Gelehrter durchforscht und sich so von ihnen gleichsam unterrichten läßt.[14] Was man dort gelernt hat, soll man ruhig auch weitergeben: sei es bereits 'gesichtet' (wie das Donat, zuweilen auch Hieronymus, für sich in Anspruch nehmen[15]), sei es in seiner ganzen Widersprüchlichkeit, um dem Leser ein eigenes Urteil zu ermöglichen.[16] Insgesamt vertritt Hieronymus damit eine durchaus respektable Auffassung von wissenschaftlicher Arbeit; an ihrer Ausbildung scheint Donat zumindest beteiligt gewesen zu sein. – Hier sei noch eine beiläufige Bemerkung zur Kommentar*form* angeschlossen: Üblicherweise folgt der Interpret seinem

13 Hieronymus führt den Begriff *scripturarum ars* Epist. 53, 7, 1 ein; dazu unten S. 172.

14 Hieron. Epist. 119, 11, 3f. *etenim si dialecticam scire voluero aut philosophorum dogmata et (ut ad nostram redeam scientiam) scripturarum, nequaquam simplices ecclesiae viros interrogare debeo..., sed eos, qui artem didicere ab artifice et in lege domini meditantur die ac nocte. ego et in adulescentia et in extrema aetate profiteor et Origenem et Eusebium Caesariensem viros esse doctissimos* [darum gilt es, ihre Meinung zur Kenntnis zu nehmen], *sed errasse in dogmatum veritate.*

15 Donat sagt in der Fortsetzung der Epist. ad Mun. (s. Anm. 12): *de quibus probata transtulimus.* Hieronymus betrachtet es In Matth. praef. (CCL 77, p. 4, 90) als seine Aufgabe, *adhibito iudicio quae optima sunt excerpere.* Vgl. In Os. prol. (CCL 76, p. 5, 140) *haec dico, ut noveris, quos in prophetae huius campo habuerim praecursores. quos tamen ... non in omnibus sum secutus, ut iudex potius operis eorum quam interpres existerem diceremque, quid mihi videretur in singulis et quid ab Hebraeorum magistris ... acceperim.* Der Begriff *probare* erscheint (im Anschluß an 1. Thess. 5, 21) Epist. 119, 11, 5.

16 So In Hierem. prol. 3 (CCL 74, p. 1f.), zitiert oben Anm. 11. Hier nimmt Hieronymus fast eine 'skeptische' Position ein, vgl. Cic. De div. 2, 150.

Text in enger Anlehnung, ohne etwas auszulassen. Daneben gibt es aber auch die Möglichkeit, sich auf schwierige Passagen, die besondere Klärung erheischen, zu beschränken. Insbesondere im 4. Jh. erfreut sich der Typus προβλήματα καὶ λύσεις / *quaestiones et responsiones* bei den Christen wachsender Beliebtheit; auch er knüpft an pagane Muster – Ὁμηρικὰ προβλήματα u. ä. – an.[17]

Also: beim Grammatiker lernte man, Homer und Vergil philologisch zu traktieren, und in der Folge, behaupten wir, wandte man das gleiche Verfahren auf die Bibel an. Diese Übertragung freilich war insofern nicht ganz unproblematisch, als die Heilige Schrift doch als grundsätzlich andersartig – weil eben als göttlich inspiriert – zu gelten hatte. Wer sich ihr dennoch mit philologischem Instrumentarium bewaffnet näherte, setzte im Grunde einen gemeinsamen Nenner voraus: den literarischen. Von einer derartigen Annahme scheinen die christlichen Exegeten in der Tat ausgegangen zu sein, wenn auch zumeist ohne die Dinge genau beim Namen zu nennen. Etwas von ihren diesbezüglichen Überlegungen klingt wohl am ehesten dort an, wo sie sich zu formalen Fragen äußern. In diesem Sinne sind etwa die nicht seltenen Hinweise auf stilistische Besonderheiten zu verstehen, die dann häufig sogar rhetorisch klassiert werden. Ein Theodor von Mopsuestia bemerkt dazu einmal, selbstverständlich habe Gott solchen Schmucks nicht bedurft, doch für den Propheten – in diesem Fall David – sei er zur Erreichung seines Ziels eben doch notwendig gewesen.[18] Dem biblischen Autor wird also – bei aller Inspiration – durchaus eine literarische Eigenleistung zugetraut (schließlich beriefen sich auch die selbstbewußten heidnischen Dichter auf die Musen!). Überdies rechnete man im Alten Testament über weite Strecken mit metrisch gestalteten Partien – im Gefolge des Josephus gar mit Hexametern und Pentametern,[19] und Hieronymus ging am Ende so weit, David als Verfasser der

17 Vgl. Chr. Schäublin, Untersuchungen zu Methode und Herkunft der antiochenischen Exegese, Theophaneia 23 (Köln/Bonn 1974) 55ff.

18 Theod. Mops. In ps. 73, 12a (p. 495, 9 Devr.) εἰ γὰρ καὶ μὴ ἔχρῃζεν τούτων ὁ θεός, ἀλλὰ τῷ προλέγοντι προφήτῃ ἀναγκαῖον ἦν ἐκ πάντων κοσμεῖν τὸν λόγον. Vgl. Schäublin, a. O. (oben Anm. 17) 41.

19 Jos. Ant. 2, 346; 4, 303; 7, 305. Vgl. Schäublin, a. O. 40. 136ff.; Neuschäfer, a. O. (oben Anm. 7) 240ff.

Psalmen sämtlichen paganen Lyrikern – von Simonides bis Horaz – gegenüberzustellen.[20] Theodor von Mopsuestia – nochmals er – weigert sich, das 'Hohelied' prophetisch-allegorisch auf Christus und die *Ecclesia* zu deuten, erklärt es als 'Tischlied' (*mensale canticum*) über die Liebe – und vergleicht es bezeichnenderweise mit Platons 'Symposion'.[21] Augustin dagegen (De doctr. christ. 2,7f.) hält an der allegorischen Deutung des 'Canticum' fest, legt sich allerdings die Frage vor, weshalb es wohl in so schwer verständlicher, gleichnishafter Verhüllung zum Ausdruck bringe, was sich in 'eigentlicher' Redeweise scheinbar viel eingängiger hätte sagen lassen. Er versucht es mit zwei Antworten: 1. hätten die biblischen Autoren mit ihren *obscuritates* einen gleichsam 'pädagogischen' Zweck verfolgt, nämlich den Hochmut der Leser zurückzubinden (ähnlich 'pädagogisch' legen sich die Neuplatoniker den befremdlichen Umstand zurecht, daß Aristoteles in seinen Schriften zuweilen vorsätzlich ἀσάφεια bewirkt habe: er wollte, sagen sie, gewissermaßen die Lernfähigkeit seiner Schüler prüfen[22]); 2. sei es einfach so – er könne sich

20 Hieron. Epist. 53, 8, 17 *David, Simonides noster, Pindarus et Alcaeus, Flaccus quoque, Catullus et Serenus, Christum lyra personat et in decacordo psalterio ab inferis excitat resurgentem*. Vgl. überdies Schäublin, a. O. 41 Anm. 63.

21 Theod. Mops. In Cant. (PG 66, 700D); vgl. Schäublin, a. O. 12.

22 August. De doctr. christ. 2, 7 *quod totum provisum esse divinitus non dubito ad edomandam labore superbiam et intellectum a fastidio revocandum, cui facile investigata plerumque vilescunt*. Vgl. damit etwa Ammon. In Aristot. Cat. (CAG 18, 1 ed. Busse) p. 7, 7ff. ...οὕτω καὶ ὁ 'Αριστοτέλης προκαλύμματι τῆς αὑτοῦ φιλοσοφίας κέχρηται τῇ ἀσαφείαι, ἵνα οἱ μὲν σπουδαῖοι δι' αὐτὸ τοῦτο ἔτι μᾶλλον τὰς ἑαυτῶν συντείνωσι ψυχάς, οἱ δὲ κατερραιθυμημένοι τε καὶ χαῦνοι τοῖς τοιούτοις προσιόντες λόγοις ὑπὸ τῆς ἀσαφείας διώκωνται. Die Frage διὰ τί τὴν ἀσάφειαν ἐπετήδευσεν ὁ Ἀριστοτέλης bildet ein festes 'Traktandum' (bei Ammonios das achte) in der zehnteiligen Einführung in die Philosophie des Aristoteles, mit der die Neuplatoniker den 'Kurs' über Aristoteles, d. h. die 'Kategorienvorlesung' eröffnen. Zu diesem Zehnerschema vgl. Schäublin, Augustin, 'De utilitate credendi', über das Verhältnis des Interpreten zum Text, Vig. Christ. 43, 1989, 53ff., bes. 61ff. Mehr oder weniger ähnlich wie Ammonios äußern sich zur ἀσάφεια Simplic. In Aristot. Cat. (CAG 8 ed. Kalbfleisch) p. 6, 30ff. (an 7. Stelle); Olymp. Proleg. (CAG 12, 1 ed. Busse) p. 11, 21ff. (an 9. Stelle); Philop. In Aristot. Cat. (CAG 13, 1 ed. Busse) p. 6, 17ff. (an 7.

die Sache zwar auch nicht recht erklären –, daß die direkte Aussage 'weniger erfreut' (*minus delectat*) als die bildhaft überhöhte. Mit dem Begriff *delectare* aber schreibt Augustin den biblischen Texten explizit eine literarische Qualität zu, die nach paganer poetischer Theorie der Dichtung eigen sein soll – neben dem *prodesse* ('nützen') oder an seiner Stelle.[23] So weit wagten sich gewiß nicht alle christlichen Exegeten vor; Origenes etwa besteht ausschließlich auf dem 'Nutzen', den die Bibel gewähre, dem χρήσιμον, der ὠφέλεια (implicite reagiert er damit natürlich trotzdem auf die pagane poetologische Fragestellung).[24] Indes hätte Augustin sich wohl mit den Antiochenern verständigen können: So nimmt Theodor von Mopsuestia mehrfach für die prophetischen Bücher ψυχαγωγία/ψυχαγωγεῖν – das griechische Pendant zu *delectare* – in Anspruch;[25] und der etwas jüngere Theodoret von Kyrrhos sagt einmal ausdrücklich über die Psalmen: "Mit der Lust, welche die Melodie auslöst, hat die göttliche Gnade den Nutzen verbunden und so den Menschen eine mehrfach erstrebenswerte und liebreizende Belehrung angeboten."[26] Die Aussage verdient Beachtung, obwohl darin von Musik, nicht eigentlich von der dichterischen Machart der Psalmen die Rede ist.

Wie gesagt: mit allen Implikationen ausdiskutiert wurde die Sache wohl nie; doch dürften die meisten Exegeten eben doch von der Annahme ausgegangen sein, daß einerseits die Heilige Schrift zwar mit keinem andern Text verglichen werden könne; daß anderseits ihre Erklärung trotzdem nach herkömmlichen Methoden zu erfolgen habe, weil die göttliche Wahrheit – durch die Autoren – sich herkömmlicher Medien (der Sprache und der Schrift) bedient habe. Es bleiben Unklarheiten, Widersprüche: Origenes etwa (De princ. 4, 1, 6) verkündet, "daß die Worte, die

Stelle); El. In Aristot. Cat. (CAG 18, 1 ed. Busse) p. 124, 25ff. (an 9. Stelle).

23 Berühmt ist die Formulierung in Horazens Ars poetica 333f.: *aut prodesse volunt aut delectare poetae / aut simul et iucunda et idonea dicere vitae.*

24 Vgl. Neuschäfer, a. O. (oben Anm. 7), bes. 258ff.

25 Vgl Schäublin, a. O. (oben Anm. 17) 164ff.

26 Theodoret. Cyr. Praef. in Ps. (PG 80, 857A/60A) τῇ γὰρ ἡδονῇ τῆς μελῳδίας τὴν ὠφέλειαν ἡ θεία χάρις κεράσασα τριπόθητόν τε καὶ ἀξιέραστον τοῖς ἀνθρώποις διδασκαλίαν προτέθεικε.

nach unserm Glauben von Gott stammen, keine Schriftwerke von Menschen sind" (οὐκ ἀνθρώπων εἶναι συγγράμματα); die Bibel, heißt es an anderen Stellen, werde allein der göttlichen δύναμις, nicht menschlicher τέχνη verdankt.[27] Diese grundsätzliche Einsicht indes hindert Origenes keineswegs daran, in der exegetischen Praxis all das zu nutzen, worüber er als ehemaliger 'Grammatiker' verfügt, und zuweilen sogar so zu verfahren, als machte sich in der Heiligen Schrift durchaus ein gewisses Maß an τέχνη geltend.[28]

Zumindest aber war Gottes Wahrheit infolge der schriftlichen Aufzeichnung zu einem Teil der wechselvollen menschlichen Überlieferung geworden und mußte sich eine Beurteilung (auch) nach den Kriterien gefallen lassen, die diesem Umstand entsprechen. Insbesondere galt es etwa, Fragen der Echtheit und der Verfasserschaft zu klären: Bekanntlich hat bereits eben Origenes den 'Hebräerbrief' dem Paulus abgesprochen – allein aufgrund den Stil betreffender Erwägungen und im wesentlichen so, wie auch die paganen Grammatiker das γνήσιον eines verdächtigen Werks zu prüfen pflegten.[29] Und obwohl man glauben könnte, daß es für Origenes eigentlich unerheblich sein müßte, wer eine sicher kanonische Schrift zu Papier gebracht habe, ist er doch brennend daran interessiert, wieviele und welche Psalmen von Mose stammten.[30] Als ganz vital erwies sich die Frage nach dem individuellen Verfasser natürlich dann, wenn ihre Beantwortung über den prophetischen Gehalt eines bestimmten Textes entschied: Was etwa das Buch 'Daniel' anbelangt, so vermute ich, daß Hieronymus sich von Porphyrios' brillanter Analyse (d.h. der Auffassung, die scheinbar endzeitlichen Prophezeiungen hätten sich in der Makkabäerzeit erfüllt) nahezu hat überzeugen lassen (den Schluß auf eine *vaticinatio ex eventu* brauchte er deswegen

---

27 Orig. C. Cels. 1, 62; 3, 68; 6, 2; Ioh. comm. 4 (CGS 10, p. 98, 1ff.). Dahinter steht letztlich nochmals eine alte griechische Antithese (φύσις-τέχνη), die Horaz, Ars poet. 408f. folgendermaßen wiedergibt: *natura fieret carmen laudabile an arte / quaesitum est.* Vgl. Neuschäfer, a. O. 257.

28 Vgl. Neuschäfer, a. O. 202ff. 257f.

29 Vgl. Neuschäfer, a. O. 245f.

30 Vgl. Neuschäfer, a. O. 70f.

noch lange nicht mitzumachen).[31] Trotzdem räumt er große Teile seines Kommentars zu diesem Propheten einer Widerlegung des Gegners ein.

Oder ein weiteres Problem, das mit den erwähnten Wechselfällen der menschlichen Überlieferung zusammenhängen dürfte: Wie ist es zu erklären, daß im Psalmencorpus offensichtlich keine rechte Ordnung, zumal keine chronologische Ordnung herrscht? Nun, manche Exegeten – ihr Gewährsmann ist letztlich wohl erneut Origenes[32] – wollten wissen, daß die Psalmen insgesamt einmal (wohl während der babylonischen Gefangenschaft) verlorengegangen seien. Weit verstreut seien sie in der Folge erst allmählich wiedergefunden worden, und Esra, gleichsam als 'Redaktor' amtend, habe sie einfach in der Reihenfolge zusammengestellt, wie er ihrer habhaft geworden sei. Die Vermittlung der himmlischen Wahrheit hat also deutlich eine irdische Geschichte, und diese macht es nötig, die Bibel kritisch, analytisch – d.h. 'grammatisch' zu lesen wie sonst einen Text. 'Grammatisch' mutet denn auch die Rekonstruktion der Ereignisse an, die den lästigen Befund verursacht haben sollen: Auch in Homers Gedichten nämlich nahm man seit alters Ungereimtheiten wahr und erklärte sie damit, daß 'Ilias' und 'Odyssee', zunächst mündlich tradiert, erst nachträglich aus einem Zustand völligen Durcheinanders heraus in die vorliegende (nicht restlos befriedigende) Ordnung gebracht worden seien. Den Anstoß dazu habe der athenische Tyrann Peisistratos im 6. Jh.v.Chr. gegeben: nach seinem Vorbild also scheint man sich Esras redaktionelle Tätigkeit ausgemalt zu haben.[33] Allein schon der Umstand, daß Josephus ein Hauptzeuge für die 'Peisistratos-Theorie' ist,[34] legt den Gedanken an eine solche Beziehung nahe.

Damit stehen nun also das Alte Testament und Homer glücklich nebeneinander. Homer aber diente nicht nur hinsichtlich der Überlieferung als Modellfall; vielmehr führte an seinen Gedichten, wie schon gesagt, der Grammatiker maßgeblich in die Kunst

31 Vgl. Schäublin, Hieronymus und Geschichtsschreibung, in: Studia Patristica XVIII, 4: Papers of the 1983 Oxford Patristic Conference (Kalamazoo / Leuven 1990) 190f.

32 Vgl. Neuschäfer, a.O. 75f.

33 Vgl. Schäublin, a.O. (oben Anm. 17) 73ff.

34 Jos. C. Ap. 1, 2, 12.

der philologischen Texterklärung ein. Wer folglich wissen will, was und wieviel die christliche Exegese der paganen *grammatischen* Exegese verdankt, wird gut daran tun, die antiken Kommentare zu Homer, die sog. Scholien, als Vergleichsmaterial heranzuziehen (überdies selbstverständlich auch die Scholien zu Pindar, zu den Tragikern, zu Aristophanes, zu hellenistischen Dichtern; auf der lateinischen Seite Servius' Vergilkommentar und den unter Donats Namen stehenden Kommentar zu Terenz). Diese Kommentar-Corpora enthalten im allgemeinen sehr heterogenes Material. Wichtig ist, daß der Vergleich vor allem solche Züge darin berücksichtigt, die sich als verhältnismäßig jung erweisen; denn nicht bei den großen Alexandrinern hellenistischer Zeit – Zenodot, Aristophanes von Byzanz, Aristarch – haben die Christen ihr Handwerk gelernt, sondern bei deren kaiserzeitlichen Nachfolgern. Das alles mag zunächst befremdlich, ja abschreckend klingen (wer überhaupt an pagane Anregungen zu denken geneigt ist, gibt in der Regel philosophischen Kommentaren den Vorzug), doch was hier gleichsam als Forderung oder als Einladung formuliert wurde, hat B. Neuschäfer für Origenes in seinem wichtigen Buch "Origenes als Philologe"[35] tatsächlich geleistet; derselbe Ansatz war von mir selbst seinerzeit in meinen "Untersuchungen"[36] zu den Antiochenern erprobt worden. Welches auch immer die Mängel zumal meines Buches sein mögen: es ist so viel Material zusammengekommen, die Übereinstimmungen sind so zahlreich und eng, es ist – jedenfalls im Grundsätzlichen – so wenig Widerspruch erhoben worden, daß die Ausgangshypothese als erhärtet gelten darf. Die Christen haben in ihrer biblischen Exegese sehr weitgehend Gesichtspunkte, Betrachtungsweisen, Techniken angewandt, die von den paganen Grammatikern für die Behandlung Homers und anderer Dichter entwickelt worden waren.

Durch das bisher Gesagte mag der Eindruck entstanden sein, das 'Pagane' in der christlichen Exegese sei wesentlich mit dem 'Grammatischen' identisch. Das ist durchaus nicht der Fall: allein schon die eingangs erwähnten[37] 'institutionellen' Voraussetzungen verhindern eine so einfache Sicht der Dinge. Die Komplexi-

35 Vgl. Anm. 7.
36 Vgl. Anm. 17.
37 S. oben S. 148f.

tät der Verhältnisse läßt sich gut anhand der Frage veranschaulichen, worauf die Exegese eigentlich abzielt. Der pagane Grammatiker wird sagen, er suche die διάνοια, die *sententia* seines Autors zu ergründen.[38] Mit einer solchen Antwort freilich kann der christliche Exeget sich nicht begnügen. Denn für ihn geht es im Grunde allein darum, in der göttlich inspirierten Heiligen Schrift die göttliche Wahrheit zu finden: diese Zielsetzung ergab sich zwingend aus der genannten Auffassung eines Origenes, die Bibel enthalte "nicht Schriftwerke von Menschen". Anderseits konnte man, wie schon gezeigt, die Tatsache nicht aus der Welt schaffen, daß an der Vermittlung der 'göttlichen Wahrheit' eben doch irgendwie auch Menschen beteiligt gewesen waren: diejenigen, unter deren Namen die einzelnen Bücher stehen. Gewiß, diese Autoren geben die 'göttliche Wahrheit' wieder; trotzdem ist es bezeichnend, daß etwa die antiochenischen Exegeten zunächst einmal tatsächlich nach der διάνοια des jeweiligen Autors zu fragen scheinen. Wenn sie z.B. die διάνοια eines Psalms in einer Paraphrase verdeutlichen, ist zu dem einleitenden φησίν ('er sagt, er meint') regelmäßig nicht 'Gott', sondern 'David' als Subjekt hinzuzudenken.[39] Mußte man also letztlich wohl doch mit zwei Größen rechnen: der göttlichen Wahrheit und der *sententia* des Autors? Das klingt fast häretisch; Augustin indes hat sich gerade auch dieses Problems angenommen, erstmals in der frühen Schrift 'De utilitate credendi'.[40]

Sie ist gegen die Manichäer gerichtet; insbesondere muß in einem längeren Abschnitt die kirchliche Schätzung des Alten Testaments vor deren Angriffen geschützt werden. Augustin tut das unter anderm so, daß er grundsätzlich und in komplizierter Systematik das Verhältnis eines beliebigen Interpreten zu einem beliebigen Text bestimmt. Leitend sind dabei die folgenden Gesichtspunkte:[41] 1. die objektive Wahrheit; 2. die *sententia*

38 Panaitios hat den großen Philologen Aristarch einen 'Seher' genannt διὰ τὸ ῥαιδίως καταμαντεύεσθαι τῆς τῶν ποιημάτων διανοίας: Athen. 14, 634c = Panaet. fr. 93 Van Straaten (vgl. schon Plat. Leg. 1, 634e7 - 635a2).

39 Vgl. Schäublin, a.O. 141 - 143.

40 Augustin verfaßte 'De utilitate credendi' als erstes Werk nach der Priesterweihe (391) in Hippo; vgl. Retract. 1, 14 (13), 1.

41 August. De ut. cred. 10 - 13.

(=διάνοια) des Autors und ihr Verhältnis zur objektiven Wahrheit; 3. die Auffassung des Interpreten von der objektiven Wahrheit und von der *sententia* des Autors. Letztlich will Augustin darauf hinaus, daß die kirchliche Exegese des Alten Testaments die objektive Wahrheit in keinem Fall verfehle; zumindest hypothetisch freilich räumt er ein, daß sich Widersprüche zwischen den *sententiae* der alttestamentlichen Autoren und der objektiven göttlichen Wahrheit ergeben könnten. Zu solchen Konzessionen war Augustin als Bischof nicht mehr bereit. Die *sententiae* der biblischen Autoren stimmen mit der 'göttlichen Wahrheit' unbedingt überein: daran läßt er in 'De doctrina christiana' keinen Zweifel aufkommen; und selbstverständlich steht die 'göttliche Wahrheit' im vornherein fest und ist auch bekannt. Trotzdem, und das ist entscheidend, trägt Augustin dem Exegeten auf, neben der 'Wahrheit' stets auch nach der *sententia* des Autors zu fragen. Eine Interpretation, welche die 'göttliche Wahrheit' trifft, kann zwar nie wirklich 'falsch', schon gar nicht schädlich sein. Immerhin aber ist die Möglichkeit nicht auszuschließen, daß die vom Interpreten gefundene Wahrheit mit der vom Autor gemeinten Wahrheit nicht identisch ist: sei es, daß der Autor diese zweite Wahrheit mitbedacht, sei es, daß er sie selbst nicht gesehen hat. Die durch eine solche Diskrepanz entstehende Unsicherheit aber ist nicht ganz gefahrenfrei, denn sie könnte zu Willkür verleiten; darum nochmals: anzustreben ist die Erfassung sowohl der Wahrheit als auch der *sententia* des Autors.[42]

Ob andere kirchliche Exegeten – vor oder neben Augustin – die Dinge ebenso klar auseinandergelegt haben wie er, müßte erst noch überprüft werden. Was jedenfalls Augustin selbst betrifft, so wurde kürzlich im Hinblick auf 'De utilitate credendi' der Nachweis versucht, daß er das Paar '*verum* und *sententia*' – als Zielpunkte der Exegese – wohl neuplatonischen Methodendiskussionen verdankt.[43] Er dürfte damit in Mailand vertraut geworden sein. Wie schon gesagt, verstanden die Neuplatoniker sich ganz wesentlich als Exegeten. Auch für sie ging es darum, eine im vornherein gewußte 'Wahrheit' – die Lehre Platons, wie sie von ihnen gedeutet wurde – aus verschiedenen Schriften her-

42 August. De doctr. christ. 1, 40f.; 3, 38f.

43 Vgl. Schäublin, Augustin, 'De utilitate credendi' ... (s. oben Anm. 22), bes. 61ff.

auszulesen: primär aus denjenigen des Meisters selbst, aber auch anderer (erinnert sei lediglich an Porphyrios' Werk über das homerische 'Antrum nympharum'). Insbesondere eröffneten sie ihren Unterricht mit einer Behandlung der aristotelischen 'Kategorien'; dies wiederum mußte sie dazu veranlassen, über die Ziele der Auslegung nachzudenken, ganz einfach deshalb, weil Aristoteles sich möglicherweise nicht in allen Punkten an die platonische 'Wahrheit' gehalten hatte. Also formulierte man die folgenden Grundsätze:[44] Zunächst gilt es, sich der διάνοια des Verfassers zu vergewissern; in einem zweiten Gang wird man diese διάνοια anhand der bekannten und gültigen ἀλήθεια prüfen; treten διάνοια und ἀλήθεια auseinander, so gebührt der Vorzug unbedingt der ἀλήθεια, auf die letztlich alles ankommt.[45] Augustin war natürlich überzeugt, daß in biblischen Texten ἀλήθεια und διάνοια sich nie voneinander unterschieden; abgesehen davon aber spiegelt seine Auffassung treu diejenige der Neuplatoniker wider.

Ja, vielleicht darf man sogar noch einen Schritt weitergehen und die folgende These ins Auge fassen: Es ist ein Kennzeichen generell der philosophischen Exegese, daß sie die Aussage von Texten an einer gegebenen, ja *der* objektiven Wahrheit mißt. Insofern trägt die christliche Exegese von Anfang an gewissermaßen 'philosophische' Züge. Treten Diskrepanzen zwischen ἀλήθεια und διάνοια zutage, so stehen grundsätzlich drei Wege offen: 1. Man schiebt die betreffende Schrift als irrelevant beiseite – so verfährt Theodor v. Mopsuestia mit dem 'Hohenlied', indem er behauptet, es sei zwar von Salomon, aber "ohne die Gnade der Prophetie" gedichtet.[46] Dem Verfasser des Buches 'Hiob' hält er zwar zugute, er habe einen durchaus brauchbaren Stoff verarbeitet; zu bemängeln sei indes die pagan inspirierte, an griechischen Tragödien sich orientierende Darstellungsweise.[47] Damit mag man vergleichen, daß bereits in der Antike immer wieder –

---

44 Und zwar im Rahmen der zehnteiligen Einleitung in die Philosophie des Aristoteles, welche die 'Kategorienvorlesung' eröffnet (s. oben Anm. 22), insbesondere im Kapitel, das dem ἐξηγητής (dem Lehrer) gilt.

45 Vgl. z. B. Ammon. In Aristot. Cat. (CAG 4, 4) p. 8, 12ff.

46 S. oben S. 155 mit Anm. 21.

47 Vgl. Schäublin, a. O. 77ff.

wenn auch mit wechselndem Erfolg – die Echtheit einzelner Werke Platons angezweifelt wurde.[48] 2. Man verhilft dort, wo ein schätzenswerter Autor sich nachweislich 'irrt', der 'Wahrheit' zum Durchbruch – so halten es die Neuplatoniker mit Aristoteles. 3. Man erklärt, die Diskrepanz sei nur scheinbar vorhanden; eben darin bestehe die Aufgabe des Interpreten, daß er das vordergründige 'Andersreden' (ἀλλ-ηγορεῖν) des Autors aufbreche und die verborgene 'Wahrheit' freilege. Von diesem Ansatz geht zunächst jede allegorische Interpretation aus, sei sie nun stoisch, neuplatonisch – oder christlich geprägt. So allgemein gefaßt darf dieser Satz wohl stehenbleiben, obgleich neuere Forschungen dahin tendieren, zwischen der stoischen und der neuplatonischen Allegorese erhebliche bis fundamentale Unterschiede festzustellen (ob man die eine nun "substitutiv", die andere "dihairetisch" nennt oder nicht).[49] Wie dem auch sei: daß die biblische Allegorese auf jeden Fall im Zusammenhang mit der älteren und gleichzeitigen paganen Allegorese gesehen werden muß, steht außer Frage; es ist auch keineswegs neu, mußte hier aber, da vom paganen 'Erbe' allgemein in der christlichen Exegese die Rede sein soll, doch wenigstens erwähnt werden. – Zur Veranschaulichung sei schließlich nochmals ein Hinweis auf 'De utilitate credendi' gestattet: Als Text, in dem *verum* und *sententia* vollkommen miteinander übereinstimmten, nennt Augustin hier ausgerechnet das 6. Buch der 'Aeneis'. Er kann das tun, weil ihm offenbar ganz selbstverständlich die neuplatonische Allegorese der vergilischen Unterweltsschilderung gegenwärtig ist[50] – ebenso selbst-

48 Vgl. E. Zeller, Die Philosophie der Griechen in ihrer geschichtlichen Entwicklung II, 1 (5. Aufl. Leipzig 1922) 441 Anm. 1.

49 Die Begriffe wurden von W. Bernard in seinem eben erschienenen Buch "Spätantike Dichtungstheorien" (Stuttgart 1990) eingeführt. Ohne seine These zu explizieren, deutet Bernard an, daß er die biblische Allegorese mit der platonisch-"dihairetischen" verknüpfen möchte (S. 65, bes. Anm. 140).

50 August. De ut. cred. 10 (CSEL 25 ed. I. Zycha) p. 14, 9ff. *primi generis exemplum est, ut si quisquam verbi gratia dicat et credat Rhadamanthum apud inferos audire ac diiudicare causas mortuorum, eo quod Maronis in carmine id legerit.hic enim errat duobus modis: quod et rem non credendam credit neque id putandus est credidisse ille quem legit.* Dazu vgl. Schäublin, Augustin, 'De utilitate credendi' ... (s. oben Anm. 22) 58.

verständlich, wie er in 'De doctrina christiana' um der göttlichen Wahrheit willen die Allegorese des 'Hohenlieds' vertreten wird.[51] Zu dieser späteren Zeit freilich vermochte er der paganen Allegorese nichts mehr abzugewinnen;[52] doch nicht zuletzt darin kommen ja Verwandtschaft und Nähe zum Ausdruck, daß man dem andern verbietet, was man selbst mit Hingabe betreibt: die Christenfeinde und Allegoriker Kelsos und Porphyrios finden ihrerseits, daß eine allegorische Deutung dem Alten Testament nicht angemessen sei.[53]

Denkweisen und Methoden, soviel steht wohl fest, verbinden die christliche Exegese *auch* mit der paganen *philosophischen* Exegese. Ja, etwas pointiert könnte man sagen, daß Christen und Philosophen sich im Grunde lediglich hinsichtlich dessen unterscheiden, was für sie je als 'die Wahrheit' zu gelten hat, die einem Text entnommen oder an der er gemessen wird. Oder versuchen wir, den gemeinten Sachverhalt in augustinischer Begrifflichkeit zu umschreiben: Worin auch immer man am Ende die Intention der jetzt schon mehrfach erwähnten Schrift 'De doctrina christiana' erkennen will:[54] es unterliegt wohl keinem Zweifel, daß Augustin sich in den ersten drei Büchern systematisch mit Fragen der Hermeneutik befaßt – ein Unicum in der gesamten antiken Literatur. Das 1. Buch gilt den *res*, d.h. der göttlichen Wahrheit, die vom Interpreten im vornherein gewußt und in der Heiligen Schrift gefunden werden muß (Augustin kondensiert sie auf die

51 August. De doctr. christ. 2, 7.

52 Vgl. z.B. August. De doctr. christ. 3, 11. Bernard (s. Anm. 49) würde diese Stelle wohl in dem Sinne interpretieren, daß Augustin die 'stoisch' angeregte "substitutive" Allegorese – und nur sie – verworfen habe.

53 Die einschlägigen Stellen bei G. Binder, Eine Polemik des Porphyrios gegen die allegorische Auslegung des Alten Testaments durch die Christen, ZPE 3, 1968, 81 - 95, der aus dem Ecclesiastes-Kommentar des blinden Didymos, erhalten in den bei Tura gefundenen Papyrus-Codices, ein neues Fragment des Porphyrios (wohl aus Κατὰ Χριστιανῶν) beibringt. Darin führt Porphyrios die christliche Allegorese in der Weise ad absurdum, daß er die 'Ilias' – fast scherzhaft – christologisch erklärt, d.h. Achilleus auf Christus, Hektor auf den διάβολος deutet.

54 Dazu vgl. meinen Beitrag in den Akten des Kolloquiums "De doctrina christiana: A Classic of Western Culture" (The University of Notre Dame, April 1991).

summa des doppelten Liebesgebots[55]). In den Büchern 2 und 3 dagegen geht es um die *signa*, d.h. um die sprachliche und 'literarische' Vermittlung und Überlieferung dieser göttlichen Wahrheit im Verlauf der menschlichen Geschichte. Erklärungsbedürftig sind einerseits 'unbekannte Zeichen' (*ignota signa*), anderseits 'zweideutige Zeichen' (*ambigua signa*). Beide Arten können auf zwei Ebenen auftreten: im 'eigentlichen' Sinn (als *propria*) und im 'übertragenen' Sinn (als *translata*, *figurata*). Diese Unterscheidungen bestimmen die Disposition der beiden den *signa* gewidmeten Bücher: Das 2. Buch handelt von den *ignota signa*, zuerst von den *propria*, dann von den *translata*, das 3. Buch von den *ambigua signa*, erneut zuerst von den *propria*, dann von den *translata*. Überblickt man das Ganze, so ist deutlich, daß die *res* des 1. Buches allein den Christen gehören; ebenso unverkennbar indes sind die biblischen *signa* mit den *signa* beliebiger Texte, zumal literarischer Texte, identisch, und dementsprechend erfordert ihre Deutung dasselbe Instrumentarium, das bei der Erklärung beliebiger Texte zur Anwendung gelangt. In der Tat, was Augustin in den Büchern 2 und 3 entwikkelt, ließe sich mutatis mutandis – d.h. nach Abzug des spezifisch Christlichen – ohne weiteres auch auf pagane Texte übertragen – oder besser gesagt: es erweist sich als weitestgehend der paganen exegetischen Theorie und Praxis verpflichtet. Aus dem Bereich der *ignota propria* erwähne ich nur das Abwägen von Übersetzungvarianten[56] (es erinnert an den Umgang paganer Grammatiker mit eigentlichen Textvarianten); hinsichtlich der *ambigua propria* sei verwiesen auf die Probleme der Interpunktion und der korrekten Aussprache[57] (das sind genau die Dinge, auf die der pagane Grammatiker in seinem ersten Arbeitsgang – dem sog. ἀναγνωστικόν, der *lectio* – sein Augenmerk richtet); und was die *ambigua translata* anbelangt, so sagt Augustin selbst anläßlich der Behandlung der 'Tropen' (d.h. der 'Mechanismen', nach denen 'Übertragungen' vorgenommen werden), er könne sich Einzelheiten ersparen, da man dergleichen ja außerhalb der Kirche

55 August. De doctr. christ. 1, 39.
56 August. De doctr. christ. 2, 16 - 23.
57 August. De doctr. christ. 3, 2 - 8.

lerne.[58] Wo immer, so werden wir folgern, die Erfassung und Deutung von *signa* in Frage stehen, ist mit paganem Einfluß zumindest zu rechnen.

Damit sind wir unversehens aus den Höhen der philosophischen Exegese wieder in die Niederungen der handfesten Arbeit am Text heruntergestiegen. Und die Erwähnung der 'Tropen' – d.h. der rhetorischen Klassierung bestimmter sprachlicher Phänomene – mag uns daran erinnern, daß vom eingangs erwähnten Einfluß des rhetorischen Unterrichts auf die christliche Exegese bisher noch nicht die Rede gewesen ist. Dafür freilich, daß ein Interpret in seinem Text zuweilen Tropen, Figuren und ähnliches nachweist, brauchen wir nicht eigens den Redelehrer verantwortlich zu machen; denn die Berücksichtigung rhetorischer Kategorien ist generell ein Kennzeichen der kaiserzeitlichen Texterklärung, auch der grammatischen.[59] Dagegen fallen die sog. *status legales* – die Gesichtspunkte, die man bei controversiae ex scripti interpretatione anwendet – eindeutig unter die Zuständigkeit des Rhetors.[60] Einer der vier status nun wird mit *ambiguitas/ambiguum* überschrieben:[61] da spricht doch einiges für die Vermutung, daß nicht zuletzt deswegen Augustin alles, was er im 3. Buch von 'De doctrina christiana' zu sagen hat, mit den Begriffen *ambiguitas/ambiguum* erfaßt. Der geäußerte Verdacht er-

58 August. De doctr. christ. 3, 40 *sciant autem litterati modis omnibus locutionis, quos grammatici graeco nomine tropos vocant, auctores nostros usos fuisse multiplicius atque copiosius, quam possunt existimare vel credere qui nesciunt eos et in aliis ista didicerunt. quos tamen tropos qui noverunt, agnoscunt in litteris sanctis eorumque scientia ad eas intellegendas aliquantum adiuvantur, sed hic eos ignaris tradere non decet, ne artem grammaticam docere videamur. extra sane ut discantur admoneo ...*

59 Bezeichnend ist die Begründung, mit der Augustin es ablehnt, näher auf die Tropen einzugehen (s. Anm. 58): er wolle nicht den Eindruck erwecken, als erteile er *Grammatik*unterricht.

60 Zur tatsächlichen Anwendung der *status legales* (νομικαὶ στάσεις) in der 'Apostelgeschichte' und in Justins 'Dialog' vgl. J. S. Vos, Legem statuimus. Rhetorische Aspekte der Gesetzesdebatte zwischen Juden und Christen, in: Juden und Christen in der Antike, hg. von J. van Amersfoort und J. van Oort (Kampen 1990) 44 - 60, bes. 53ff. 57ff. Allgemein H. Lausberg, Handbuch der literarischen Rhetorik (2. Aufl. München 1973) 109 - 123 (§§ 198 - 223).

61 Vgl. Lausberg, a.O. 122f. (§§ 222f.).

härtet sich angesichts der Tatsache, daß eine der ersten Regeln, die Augustin zur Behebung von ambiguitates formuliert, deutlich an eine ciceronische Formulierung anklingt: es gelte, heißt es da, den unmittelbaren Kontext zu berücksichtigen, d. h. das, was vor der *ambiguitas* komme und was ihr folge. Mit fast den gleichen Worten empfiehlt Cicero das gleiche Verfahren in seiner Jugendschrift 'De inventione';[62] eben im Zusammenhang seiner klassischen, Hermagoras von Temnos folgenden Darstellung der *status legales*, insbesondere des *ambiguum*. Und an einer andern Stelle bei Augustin heißt es bezeichnenderweise, die Lösung eines *ambiguum* müsse, wenn möglich, so erfolgen, daß keine *controversia* übrigbleibe.[63]

Augustin hat damit, daß er die *status legales* für seine Zwecke nutzte, freilich kein Neuland betreten; vielmehr scheint ihm bereits Tertullian vorangegangen zu sein, nachgewiesenermaßen ein vorzüglicher Kenner rhetorischer Argumentationskunst, insbesondere auch der *status*-Lehre:[64] Zu Beginn seiner Schrift 'De spectaculis' z. B. sieht er sich dem befremdlichen Befund gegenüber, daß die Bibel tatsächlich kein explizites Verbot des Besuchs

62 August. De doctr. Christ. 3, 2 *quodsi ambae vel etiam omnes, si plures fuerint partes ambiguitatis, secundum fidem sonuerint, textus ipse sermonis a praecedentibus et consequentibus partibus, quae ambiguitatem illam in medio posuerunt, restat consulendus, ut videamus, cuinam sententiae de pluribus, quae se ostendunt, ferat suffragium eamque sibi contexi patiatur*. Vgl. Cic. De inv. 2, 117 *deinde ex superiore et ex inferiore scriptura docendum id quod quaeratur fieri perspicuum*. Zu Augustins Kenntnis von 'De inventione' vgl. H. Hagendahl, Augustine and the Latin Classics, Stud. Graec. et Lat. Gothoburg. 22 (Göteborg 1967) 157ff. 553ff. – Aus Interpretationsregeln der *status legales* wie der genannten ist möglicherweise das fundamentale und auch für die christliche Exegese folgenschwere Prinzip, ein Autor müsse 'aus sich selbst' verstanden werden, erwachsen (bekannt in der Formulierung des Porphyrios: Ὅμηρον ἐξ Ὁμήρου σαφηνίζειν). Vgl. Schäublin, Homerum ex Homero, Mus. Helv. 34, 1977, 221 - 227; Neuschäfer, a. O. (oben Anm. 7) 276ff.

63 August. De doctr. christ. 3, 39 *quas* [*sc. scripturas divinas*] *verbis translatis opacatas cum scrutari volumus, aut hoc inde exeat, quod non habeat controversiam, aut* ... Die *status legales* dienen ja eben dazu, *controversiae* zu beseitigen.

64 Vgl. R. D. Sider, Ancient Rhetoric and the Art of Tertullian (Oxford 1971), bes. 85ff.

von 'Spielen' enthält. Statt dessen beruft er sich auf Ps. 1, 1: "Wohl dem, der nicht wandert im Rat der Gottlosen noch tritt auf den Weg der Sünder noch sitzt, da die Spötter sitzen" (Luther). Eigentlich, meint Tertullian (Spect. 3), sei dieser Vers auf das *concilium* der Juden zu beziehen, in dem Christus zum Tod verurteilt worden sei. Vielfach aber könne und müsse eine Aussage der heiligen Schrift, die zunächst *specialiter* klinge, *generaliter* gedeutet werden (und umgekehrt).[65] Das fast als Regel dekretierte Prinzip dürfte aus dem sog. *syllogismus*, ebenfalls einem der vier *status legales*, abgeleitet sein. Denn dieser zielt ganz genau darauf, mittels eines Analogieschlusses einen bestimmten Fall unter ein Gesetz zu bringen, das nicht darauf anwendbar wäre, wollte man sich eng an den Wortlaut halten.[66] Tertullians exegetisches Kunststück aber verdient es, hier besonders erwähnt zu werden, weil Tyconius seiner vierten *regula* den an Tertullians Prinzip anklingenden Titel *de specie et genere* gegeben hat.[67]

---

65 Tert. De spect. 3, 3 *sed invenimus ad hanc quoque speciem pertinere illam primam vocem David: "felix, inquit, qui non abiit in concilium impiorum et in via peccatorum non stetit et in cathedra pestium non sedit."* [4] *nam etsi iustum illum videtur praedicasse, quod in concilio et in consessu Iudaeorum de necando Domino consultantium non communicavit, late tamen semper scriptura divina dividitur, ubicumque secundum praesentis rei sensum etiam disciplina munitur, ut hic quoque non sit aliena vox a spectaculorum interdictione.* ... [7] *itaque ... generaliter dictum intellegamus, cum quid aliter, etiam specialiter, interpretari capit. nam et specialiter quaedam pronuntiata generaliter sapiunt.* [8] *cum Deus Israelitas admonet disciplinae vel obiurgat, utique ad omnes habet; cum Aegypto et Aethiopiae exitum comminatur, in omnem gentem peccatricem praeiudicat. sic omnis gens vocatur Aegyptus et Aethiopia a specie ad genus, quemadmodum etiam omne spectaculum concilium vocat impiorum a genere ad speciem.* Text nach der Ausgabe von M. Turcan (Tertullien, Les spectacles, SC 332, Paris 1986); das letzte Wort darüber ist wohl noch nicht gesprochen.

66 Vgl. Lausberg, a. O. 121f. (§ 221).

67 August. De doctr. christ. 3, 47 - 49. Zu den Regeln des Tyconius vgl. die anregenden Diskussionen in: Ch. Kannengießer / P. Bright, A conflict of Christian hermeneutics in Roman Africa: Tyconius and Augustine, Center for Hermeneutical Studies: Protocol of the Fifty-Eighth Colloquy (Berkeley 1989).

Doch nicht allein die rhetorische Theorie war dem christlichen Exegeten dienlich; vielmehr mochte er auf den Gedanken verfallen, die biblischen Texte auch im Lichte dessen zu sehen, was er beim Redelehrer praktisch geübt hatte. In diesem Zusammenhang sei wenigstens daran erinnert, wie die Antiochener sich gewisse Besonderheiten der Psalmen verständlich zu machen versuchten.[68] Sie gingen davon aus, daß alle Lieder von David gedichtet seien. Anderseits ist der König offenkundig nicht jedesmal mit dem sprechenden 'Ich' identisch, und versucht man gar – was den Antiochenern ja besonders am Herzen lag –, von Fall zu Fall die historische Situation zu bestimmen, die der Text widerspiegelt, so gelangt man zu ganz unterschiedlichen Ansätzen: diese liegen z.T. vor, z.T. nach, z.T. fallen sie in Davids Zeit. Aus einem solchen Befund leitete man zwingend den folgenden Schluß ab:[69] Immer wieder hat sich David prophetisch in die Lage bestimmter Menschen versetzt; er läßt seine Lieder gleichsam 'aus der Person' (ἐκ προσώπου) dieser Menschen erklingen, sei es einzelner oder des gesamten jüdischen Volkes, und seine göttliche Begnadung bekundet sich eben darin, daß er den betreffenden πρόσωπα Worte verleiht, die aufs genaueste ihrem Wesen (ἦθος) und der Lage entsprechen, in der sie sich jeweils befinden. Theodor von Mopsuestia hat für diese Konzeption hohes Lob geerntet. Die Sache an sich jedoch sowie die Worte, mit denen sie beschrieben wird, lassen keinen Zweifel daran übrig, daß man sich in Antiochien die Psalmen gewissermaßen als rhetorische Lehrstücke vorgestellt hat. Solche Übungen nannte man 'Ethopoiien'; sie bildeten einen Teil der uns wohlbekannten sog. 'Progymnasmata' und wurden folgendermaßen definiert: "Eine ἠθοποιία ist die nachahmende Darstellung (μίμησις) des Charakters (ἦθος) einer gegebenen Person (πρόσωπον), wie z.B.: Wel-

68 Die folgenden Darlegungen gehören natürlich in den größeren Zusammenhang der von den Vätern generell und immer wieder gestellten Frage nach dem sprechenden πρόσωπον jedes einzelnen Psalms; dazu vgl. jetzt M.-J. Rondeau, Les commentaires patristiques du Psautier (IIIe - Ve siècles), Orientalia Christiana Analecta 219 / 220 (Rom 1982 / 1985). Ferner Neuschäfer, a.O. (oben Anm. 7) 263ff.

69 Vgl. Schäublin, a.O. (oben Anm. 17) 84ff.

che Worte spricht wohl Andromache über der Leiche Hektors."[70] Wir kommen nicht darum herum: David steht vor unsern Augen als göttlich inspirierter Rhetorikschüler. Und als hätte Theodor allfällige vorsichtige Bedenken gegen diese Auffassung geahnt, führt er den entscheidenden Begriff sogar selbst einmal ein, und zwar – was ebenso bezeichnend wie passend ist – hinsichtlich eines Psalms, dessen 'historisches' πρόσωπον sich in der Tat als älter erweist als David: Ps. 67 sei gesungen ἐκ προσώπου Moses, Josuas oder des gesamten Volkes, entsprechend den Umständen einer bestimmten Situation; Vergleichbares werde aber auch außerhalb der Kirche bis in die Gegenwart betrieben: daß man nämlich ἐκ προσώπου von Leuten, die vor langer Zeit gelebt hätten, Äußerungen tue, wie sie von diesen Leuten zu erwarten gewesen wären – "dies pflegt man ἠθοποιία zu nennen".[71]

Die antiochenische 'Psalmentheorie' mußte hier ganz einfach erwähnt werden, denn kein anderer Beleg könnte gleich schön veranschaulichen, in welchem Maße rhetorische Vorstellungen das Denken auch der Christen durchdrungen haben, mit Auswirkungen nicht zuletzt auf ihre exegetische Arbeit. Was freilich die Antiochener anbelangt, so wird man ihre Methode sonst in der Regel eher auf den Unterricht des Grammatikers zurückführen. Und da dort in der Tat das Fundament für alles Übrige gelegt wurde, mögen der grammatischen Interpretation ein paar abschließende Bemerkungen gewidmet sein.

Nach all dem Gesagten gilt es nochmals zu betonen, daß die Antiochener keineswegs über ein 'grammatisches Monopol' verfügten; höchstens haben sie vielleicht konsequenter als andere 'Schulen' ihrer Exegese grammatische Grenzen gesetzt. Mittlerweile liegt ja auch klar zutage, wieviel Grammatisches selbst ein Origenes in seine Exegese hat einfließen lassen. Einzelbelege

---

70 Vgl. 'Hermogenes', Proymn. (Rhet. Gr. 6) p. 20, 7 Rabe ἠθοποιία ἐστὶ μίμησις ἤθους ὑποκειμένου προσώπου, οἷον τίνας ἂν εἴποι λόγους Ἀνδρομάχη ἐπὶ Ἕκτορι.

71 Theod. Mops. Hypoth. in Ps. 67 (p. 429, 27ff.) τοῦτο δὴ καὶ ὁ μακάριος Δαυὶδ ... ποιεῖται προοίμιον ἀπὸ τῶν τοῦ μακαρίου Μωυσέως φωνῶν ἀρχόμενος, καὶ ὡς ἐκ τοῦ ἐκείνων προσώπου διηγούμενος τὰ τότε θαύματα ... τοῦτο δὲ καὶ παρὰ τοῖς ἐκτὸς ἄχρι τῆς δεῦρο γίνεται, τὸ ἐκ προσώπου τινῶν πρὸ πολλοῦ γεγενημένων τοῦ χρόνου λέγειν, ἅπερ ἂν ἐκείνοις εἰπεῖν ἥρμοττεν, ἃ καὶ ἠθοποιίαν ἔθος αὐτοῖς καλεῖν.

sollen hier freilich ausgespart bleiben, denn sie wären nicht ohne großen Aufwand an Technischem und Spezifischem zu erbringen – und sie können jederzeit in den erwähnten Büchern nachgeschlagen und überprüft werden.[72] Statt dessen seien lediglich kurz die einzelnen Schritte, welche die grammatische Erklärung zurückzulegen pflegte, aufgezählt und charakterisiert:[73] 1. ἀναγνωστικόν – hier legt man sich den Text, ihn laut lesend, ein erstes Mal zurecht und klärt u.a. Fragen der Interpunktion.[74] 2. διορθωτικόν – dabei geht es darum, den zu interpretierenden Text zu rezensieren und überhaupt zu konstituieren. An die Stelle des Abwägens von Textvarianten tritt bei den Christen vornehmlich die Prüfung von Übersetzungsvarianten, ein Verfahren, das einerseits dem griechischsprechenden Osten durch Origenes' 'Hexapla' – ein in Anlage und Durchführung vollkommen 'grammatisches' Werk – ermöglicht und das anderseits dem lateinischsprechenden Westen durch die *infinita varietas*[75] der lateinischen Übersetzungen aufgezwungen worden ist. 3. ἐξηγητικόν, dieser Arbeitsgang gilt der formellen und materiellen Einzelerklärung im eigentlichen Sinne. Behandelt werden Fragen der Wortbedeutung, der Formenlehre, der Syntax und der Stilistik; man hellt den historischen oder mythographischen Hintergrund des Textes auf und löst die im Wortlaut enthaltenen sachlichen Probleme unter Beizug sämtlicher Disziplinen der 'Enkyklios Paideia'. Was sich schließlich aus diesen Operationen als 'Sinn' ergibt, gelangt vielfach in einer zusammenfassenden Paraphrase zur Darstellung. 4. κριτικόν – ein schillernder und nicht restlos geklärter Begriff.[76] Im weitesten Sinne darf man ihm wohl alle 'höheren' Betrachtungsweisen des Grammatikers subsumieren, ob sie sich nun auf ästhetische oder moralische Aspekte des fraglichen Textes richten. – Wo immer Gesichtspunkte wie die genannten

---

72 Vgl. insbesondere Neuschäfer, a.O. (oben Anm. 7) und Schäublin, a.O. (oben Anm. 17).

73 Vgl. Neuschäfer, a.O. 30ff.

74 S. oben S. 163.

75 Vgl. August. De doctr. christ. 2, 16 *et latinae quidem linguae homines, quos nunc instruendos suscepimus, duabus aliis ad scripturarum divinarum cognitionem opus habent, hebraea scilicet et graeca, ut ad exemplaria praecedentia recurratur, si quam dubitationem attulerit latinorum interpretum infinita varietas.*

76 Vgl. immerhin Neuschäfer, a.O. 247ff.

in der christlichen Exegese zur Geltung kommen – und das ist nicht selten der Fall –, wird man versucht sein, an das segensreiche Wirken des Grammatikers zu denken.

'Segensreich' darf man das Wirken des Grammatikers (daneben auch das des Rhetors und des philosophischen Exegeten) deswegen nennen, weil es mit dazu beigetragen hat, daß die christliche Exegese allgemein eine gewisse Festigung erfuhr und nicht in Willkür ausartete. Noch Augustin fühlte sich ja herausgefordert, im Vorwort von 'De doctrina christiana' seine *praecepta* gegen potentielle Kritiker zu verteidigen, die beanspruchten, die Bibel 'charismatisch', nicht 'methodisch' zu interpretieren.[77] Donats Schüler Hieronymus anderseits insistiert darauf, daß für die lateinischsprechenden Christen endlich die Zeit gekommen sei, den grassierenden Dilettantismus zu überwinden und sich eine ernsthafte wissenschaftliche Exegese anzueignen. Er prägt dafür in Ep. 53 den Begriff *scripturarum ars*.[78] Nach antikem Verständnis ist eine *ars* dadurch gekennzeichnet, daß sie über einen eigenen Gegenstand, feste Methoden, ein bestimmtes Ziel verfügt – und daß sie lehr- und lernbar ist.[79] Für Hieronymus scheint am meisten die letzte Forderung zu zählen: wer das Interpretieren nicht gelernt hat, soll die Finger davon lassen.[80] Gewiß, auch die jüdische Exegese kannte ih-

77 Vgl. P. Brunner, Charismatische und methodische Schriftauslegung nach Augustins Prolog zu De doctrina christiana, in: Kerygma und Dogma 1, 1955, 59 - 69. 85 - 103. Zum Prolog von 'De doctrina christiana' vgl. jetzt auch Kannengießer, a. O. (oben Anm. 67) 2f. 75f.

78 Hieron. Epist. 53, 6,2 / 7, 1 *agricolae, caementarii, fabri, metallorum lignorumque caesores, lanarii quoque et fullones et ceteri, qui variam supellectilem et vilia opuscula fabricantur, absque doctore non possunt esse, quod cupiunt. "quod medicorum est, / promittunt medici, tractant fabrilia fabri."* [Hor. Epist. 2, 1, 115f.] *sola scripturarum ars est, quam sibi omnes passim vindicent. "scribimus indocti doctique poemata passim."* [Hor. Epist. 2, 1, 117] *hanc garrula anus, hanc delirus senex, hanc soloecista verbosus, hanc universi praesumunt lacerant docent, antequam discant.* Epist. 119, 11, 3f. spricht Hieronymus – neben *ars* – von *nostra scientia*; s. Anm. 14.

79 Vgl. F. Heinimann, Eine vorplatonische Theorie der τέχνη, Mus. Helv. 18, 1961, 105 - 130; H.-G. Nesselrath, Lukians Parasitendialog (Berlin / New York 1985) 123ff.

80 Vgl. bereits die Anm. 78 zitierte Aussage; ferner etwa Epist. 66, 9, 1 *sentio te divinis ardere doctrinis nec temeritate quorundam doce-*

re Regeln und Methoden. Doch die Konzeption, derzufolge die christliche Exegese den Ansprüchen zu genügen habe, wie man sie an jede τέχνη/*ars* zu stellen pflege, muß aus griechisch-römischem Denken erwachsen sein: sie ist bereits im Begriff γραμματική angelegt, zu dem Hieronymus' pagane Kollegen selbstverständlich τέχνη hinzudachten.[81] Und wenn wir uns heute zuweilen einreden, unser eigener Umgang mit Texten, insbesondere mit 'heiligen' Texten, verfüge über die Qualität einer 'Wissenschaft' oder sei doch jedenfalls mehr als ein eitles Spiel, so stehen wir immer noch in ihrem Bann.

---

re, quod nescias, sed ante discere, quod docturus es. Epist. 125, 8, 2 *discas, quod possis docere…, ne miles ante quam tiro, ne prius magister sis quam discipulus.* 18, 1 *ne ad scribendum cito prosilias* [wohl nach Hor. Epist. 1, 19, 7f.] *et levi ducaris insania* [vgl. Hor. Epist. 2, 1, 118]. *multo tempore disce, quod doceas.* Daß es ohne Lernen keine *ars* gebe, sagt ausdrücklich Quintilian, Inst. or. 2, 17, 11: *dicunt non esse artis id, quod faciat qui non didicerit.*

81 Auch wenn der τέχνη-Charakter der Grammatik nicht immer unbestritten blieb; vgl. Heinimann, a.O. 113f.

Athanasius als Exeget

Christopher Stead

Im technischen Sinn kommt Athanasius als Exeget kaum in Betracht. Er hat kein einziges Buch, ja sogar kein einziges Kapitel der heiligen Schrift fortlaufend kommentiert. Als Schriftausleger von Fall zu Fall ist er jedoch außerordentlich einflußreich gewesen; seine ausgezeichnete Kenntnis der Bibel wird immer wieder gelobt, und die Prinzipien der Exegese, die er formuliert hat, haben weitverbreiteten Beifall gefunden.

Zur Bekräftigung des ersten Punktes: Wir gestehen zwar zu, daß einige exegetische Traktate als Schriften des Athanasius gezählt worden sind; hauptsächlich die *Expositiones in Psalmos*, Migne 27, 55-590. Dieser Text ist aber, wie bekannt, auf unglückliche Art interpoliert; zwar hat der italienische Gelehrte Giovanni Maria Vian in einer wichtigen Untersuchung die Möglichkeit geboten, einen verbesserten Text wiederherzustellen (das Büchlein erschien 1978).[1] Fast gleichzeitig stellte sich aber heraus, daß selbst der gereinigte Text keineswegs als Werk des Athanasius gelten kann. Erstens hat es den Anschein, daß der Kommentar, wenigstens bei den Psalmen 39 bis 41, Ausschnitte aus Didymus und sogar aus Kyrill einschließt und deshalb nicht früher als 440 datiert werden sollte; so Dorival und Rondeau. Zweitens suchte ich selbst zu zeigen, daß die hier überlieferte Psalmenexegese zu der zweifellos echten *Epistula ad Marcellinum* mehrmals im Widerspruch steht; im ganzen muß das Werk deswegen als unecht betrachtet werden.[2] Zwar hat Vian in einem demnächst erscheinenden Aufsatz, den er mir freundlich mitgeteilt hat, solche Bedenken zu entkräften versucht;[3] meine eigenen Einwände sind jedoch nicht widerlegt worden.

---

1 G. M. Vian, *Testi Inediti dal Commento ai Salmi di Atanasio,* SEA 14, Rom 1978.

2 G. C. Stead, *St. Athanasius on the Psalms*, in: VChr 39, 1985, 65-78.

3 G. M. Vian, *Il 'De Psalmorum Titulis'; L'Esegesi di Atanasio tra Eusebio e Cirillo*, in: Orpheus 12, 1991, 3-42.

Die anderen exegetischen Fragmente lassen wir vorläufig außer acht. Welche Belege bleiben uns dann noch zur Verfügung?

Zuerst erwähnt sei die genannte *Epistula ad Marcellinum in Interpretationem Psalmorum*, PG 27, 12-45. Sie enthält zwar keine fortlaufende Auslegung, obgleich sämtliche Verse zitiert und kommentiert werden. Viel wichtiger ist die Erklärung der Absicht und Nützlichkeit des Psalmenbuches als ganzen, sowie die Belehrung für die Anwendung einzelner Psalmen zur Andacht, als Erbauungsmittel oder auch zum Trost bei Gefahr oder Verfolgung.

Daneben gibt es noch einige kurze Traktate über einzelne Texte, die sich als rätselhaft oder umstritten erwiesen; zum Beispiel *In Illud Omnia*, eine Auslegung von Lukas 10, 22, sowie die letzte Hälfte des vierten Briefes an Serapion. Diese aber sind mit der in den *Orationes* und anderswo befindlichen dogmatischen Auslegung ausgewählter Bibelstellen völlig vergleichbar. Da diese Texte sehr gut bekannt und sozusagen unendlich diskutiert worden sind, ziehe ich es vor, wo möglich, die weniger bekannten Schriften des Athanasius zu berücksichtigen, unter anderen die *Epistulae Festales*, nur fragmentarisch im griechischen Urtext zugänglich, zum Teil aber in der syrischen, zum Teil auch in der koptischen Fassung verfügbar.[4]

Athanasius' Kanon der biblischen Bücher ist bekanntlich in *Ep. Fest.* 39, samt dem griechischen Text, aufbewahrt worden.[5] Auf die 22 alttestamentlichen Bücher folgt eine zusätzliche Aufzählung nützlicher Bücher, die außerhalb des Kanons bleiben; nämlich die Weisheit Salomos und das Buch Jesus Sirach, ferner

4 Für den syrischen Text und die griechischen Fragmente in englischer Übersetzung siehe A. Robertson, *St. Athanasius*, NPNF 4, Nachdruck, Grand Rapids 1976. Für die koptischen Fragmente siehe Th. Lefort (Hrsg.), *Lettres festales et pastorales en copte*, CSCO 150 (Text) und 151 (französische Übersetzung), Löwen 1955; mit Supplementen von R. G. Coquin/ E. Lucchesi, *Un complément au corps copte des lettres festales d' Athanase,* in: OLoP 13, 1982, 137-142; R. G. Coquin, *Les lettres festales d'Athanase CPG 2102. Un nouveau complément: le manuscrit IFAO copte 25*, in: OLoP 15, 1984, 133-158 (Text und französische Übersetzung). Außerdem: P. Merendino, *Osterfestbriefe des Apa Athanasius. Aus dem Koptischen übersetzt und erläutert*, Düsseldorf 1965 (mir nicht zugänglich).

5 PG 26, 1435-1440.

Esther, Judit, Tobias, aber auch die Didache und der Hirt des Hermas. Von den Makkabäerbüchern wird nichts gesagt, noch werden sie überhaupt einmal zitiert. Die anderen genannten Schriften werden nicht als Apokryphen bezeichnet. Als Apokryphen, oder sogar Apographen, werden gefälschte Bücher des Henoch, des Jesaja und des Mose erwähnt: "Die Apographen sind Geschwätz; es ist vergeblich, jene zu beachten, da sie nutzlose und abscheuliche Aussagen sind " (Ep. 39, koptisch bei Lefort).

Wir bemerken hier erstens: die Grenzen des Kanons der heiligen Schrift sind hier nicht völlig erklärt worden. Die Anzahl von 22 kanonischen Büchern ist zweifellos herkömmlich; sie kommt bei Josephus c. *Apionem* vor,[6] und die zitierte Liste stimmt ungefähr, wenn auch nicht völlig, mit dem hebräischen Kanon überein. (Nebenbei sei bemerkt, daß Athanasius nur "gehört" hat, daß das hebräische Alphabet gleichfalls aus 22 Buchstaben besteht; offensichtlich hat er keine Kenntnis der hebräischen Sprache. Ferner, während Eusebius die verschiedenen griechischen Versionen des Alten Testaments regelmäßig zitiert und vergleicht, ist Athanasius ausschließlich mit der Septuaginta vertraut, die so selbstverständlich als Bibel der Kirche identifiziert ist, daß selbst eine Verweisung auf die ἑβδομήκοντα nur in der *Expositio Fidei* einmal vorkommt.) – Zweitens zählt Athanasius andere Bücher auf, "die nicht kanonisiert werden, die aber von den Vätern den Neugekommenen zum Lesen vorgeschrieben (τετυπωμένα) worden sind" usw.. Die "Väter" werden nicht namentlich identifiziert, und allem Anschein nach bezieht sich Athanasius auf die Praxis der alexandrinischen Kirche, die offensichtlich nicht allgemeingültig war; man beachte die Einbeziehung der Didache und des Hermas. – Drittens, obgleich er keine Kommentare hinterlassen hat, scheint Athanasius mit dergleichen gut vertraut zu sein; als Zeichen dafür vermerken wir, daß er über eine reiche Fülle technischer Ausdrücke verfügt, wie etwa ἀλληγορεῖν, τύπος, πρόχειρος λέξις, βαθεῖα διάνοια usw. – von denen nur wenige häufig vorkommen, die aber als Gesamtheit auf tiefgehendes Studium verweisen. – Und viertens, als Exeget hat Athanasius den Vorteil, daß er die Regeln der Schriftauslegung bedacht hat.

6 C. Ap. 1. 38.

Eine Skizze seiner exegetischen Prinzipien wurde von T.E. Pollard 1959 geliefert und hat zum Beispiel bei H.J. Sieben (1974) und Bertrand de Margerie (1980) Beifall gefunden.[7] Pollard zählt sechs Prinzipien auf: (I) die Suffizienz der heiligen Schrift, (II) die Abzweckung, σκοπός, derselben, (III) ihre Gewohnheit, ἔθος, womit (IV) der Sinn der Schrift beinahe zusammenfällt sowie (V) der sogenannte "Stil" derselben, womit das griechische Wort ἰδίωμα übersetzt wird, und (VI) die Notwendigkeit, den Kontext des jeweiligen Passus zu beachten, mit Hinweisen auf die wohlbekannte Formel καιρός, πρόσωπον, πρᾶγμα.

Diese Prinzipien sind, meines Erachtens, sehr unterschiedlich wichtig. Das erste, die Suffizienz, ist zweifellos wesentlich; so auch das letzte; doch wird die Suffizienz der Schrift als *Tatsache* behauptet, die Beachtung des Kontextes dagegen als *Aufgabe* gefordert. Im Gegensatz dazu sind der sogenannte "Sinn" und "Stil" der Heiligen Schrift nur je einmal erwähnt. Und wenn Athanasius wagt, das Ziel, σκοπός, der heiligen Schrift als ganzer zu erklären, so fühle ich mich, wie oft, ein bißchen skeptisch gesonnen.

Ganz anders Sieben und de Margerie, die beide den einschlägigen Passus mit Begeisterung hervorheben;[8] und zwar *Or.* 3.29: "Dies aber ist die Bedeutung und das Kennzeichen der heiligen Schrift (σκοπὸς τοίνυν καὶ χαρακτὴρ τῆς ἁγίας γραφῆς), wie wir oft gesagt haben, daß das Evangelium des Heilands, das sie enthält, zweierlei ist, nämlich daß er ewig Gott war und Sohn ist, und daß er unseretwegen Mensch geworden ist". Daß diese zweifache Kenntnis der Kern oder Höhepunkt der heiligen Schrift sei, muß nicht verneint werden; selbstverständlich jedoch ist die göttliche Absicht der Schrift mit diesem Bekenntnis nicht erschöpft; wozu sonst die zehn Gebote? Mit der sogenannten "Bedeutung" der heiligen Schrift weist Athanasius auf ein Theologumenon, das sich seinerzeit als wesentlich erwies, und der Kirche überragend

7 T. E. Pollard, *The Exegesis of Scripture and the Arian Controversy*, in: Bulletin of the John Rylands Library 41, 1959, 414-429. H. J. Sieben, *Herméneutique de l'exégèse dogmatique d'Athanase*, bei C. Kannengießer (Hrsg.). Politique et Theologie chez Athanase d'Alexandrie, ThH 27, Paris 1974, 195-214. B. de Margerie, *Introduction à l'histoire de l'exégèse*, Paris 1980, 1983.

8 Sieben S. 206, de Margerie S. 139.

wichtig geworden ist.[9] Allerdings mit gleichem Recht konnte etwa Irenäus die Einheit Gottes als Schöpfer und zugleich als Vater oder Augustinus die Notwendigkeit der göttlichen Gnade für den sündigen Menschen als Kern und Kennzeichen der heiligen Schrift betonen.

Diesen einleitenden Bemerkungen füge ich nur folgendes hinzu: Es genügt nicht, die Prinzipien der Schriftauslegung, wie sie Athanasius angibt, aus seinen Schriften zu sammeln; es muß darüber hinaus untersucht werden, inwieweit er tatsächlich jenen Prinzipien gefolgt ist. Diese Aufgabe, die bisher ein wenig vernachlässigt worden zu sein scheint, will ich im folgenden bedenken.

(1) Die Suffizienz der heiligen Schrift wird oft behauptet; so bekanntlich *Contra Gentes* 1, *De Synodis* 6, dazu *Ep. Fest.* 39, koptisch bei Lefort: "Also, da es auf der Hand liegt, daß das Zeugnis der Apographen überflüssig sowie belanglos ist – da die Schrift in jeder Hinsicht vollkommen ist –, soll der Lehrer nach den Worten der Schrift unterrichten". In der Tat lehrt jedoch Athanasius nicht, daß die Worte der Schrift ohne weiteres hinreichen, die Wahrheit mitzuteilen. Pollard und Sieben haben richtig bemerkt, daß er keine Konkurrenz zwischen den Worten der Schrift und ihrer herkömmlichen Auslegung kennt; vielmehr ist mit der Schrift die kirchliche Exegese derselben – und das heißt natürlich, die der zeitgenössischen alexandrinischen Kirche – mit einbezogen. "Diese Kennzeichen" – nämlich der heiligen Schrift – "kommen von den Aposteln durch die Väter", sagt er *Ep. Serp.* 2.8.[10] Die Häretiker gehen in die Irre, weil sie, vom Teufel verleitet, Sätze der Schrift behaupten, den Sinn der Schrift als ganzer dagegen mißdeuten. *Ad Ep. Aeg.* 4: "Also der Gläubige (πιστός), der die Gnade besitzt, die geistlichen Dinge zu unterscheiden (τοῦ διακρίνειν τὰ πνευματικά), steht fest usw.; der Einfältige dagegen, der nicht gründlich katechisiert worden ist, da ein solcher nur die gesprochenen Worte versteht und der Bedeutung nicht inne wird, wird zugleich von ihren Ränken (μεθοδείαις) verführt", ebenda. In der oben zitierten *Ep. Fest.* 39 fährt

9 Vgl. Ep. ad Marc. 2-5: Der Psalter rekapituliere die ganze Schrift. Christologische Auslegung wird jedoch erst in c. 5 angedeutet.

10 Ep. Enc. 1 ad fin.

Athanasius fort: "Es geht nicht an, denen, die als Katechumenen mit ihrem Unterricht anfangen, die Worte der Schrift, die wie Mysterien verhüllt sind, auszulegen, diejenige Lehre dagegen, die sie benötigen, zu übergehen."

Die Schrift und ihre Auslegung bilden damit ein geschlossenes System. Im Vergleich zu Origenes finden wir Athanasius viel weniger bereit, auswärtige oder neugefundene Exegesen zu berücksichtigen, geschweige denn zu akzeptieren. Die Wahrheit ist ein für allemal überliefert worden; ein tieferes Verständnis derselben – βαθυτέρα διάνοια – kann zwar gesucht werden; korrigiert oder sogar erweitert werden kann sie nicht.

Aus der Suffizienz der Schrift scheint zu folgen, daß die hellenische Weisheit dem christlichen Glauben keinen Beitrag liefern konnte. Und in der Tat kann Athanasius die übliche Kritik an den Philosophen, als sich widersprechend, übernehmen; so *Decr.* 4. Und bekanntlich hält er es für nützlich, die griechischen Mythen zu rügen; so besonders in *Contra Gentes*. Seine Kritik ist jedoch beträchtlich von den Philosophen beeinflußt. Diese – und hauptsächlich Platon – werden gelegentlich zitiert (so z.B. *Politikos* 273 bei *De Inc.* 43)[11]; oder nachgeahmt. In *Ep. ad Marc.* 27 wird die dreiteilige Seele erwähnt, worüber die heilige Schrift natürlich schweigt. Viel wichtiger ist meines Erachtens der Gegensatz zwischen αἰσθητά und νοητά, der so tief in der alexandrinischen Tradition verwurzelt ist, daß er vermutlich ohne jedes Bewußtsein von seinem heidnischen Ursprung bemüht werden kann. Die Schrift kennt zwar den Gegensatz zwischen Himmel und Erde, zwischen Sichtbarem und Unsichtbarem, ferner zwischen dem wörtlichen Sinn ihrer Ausdrücke und ihrer höheren Bedeutung – vgl. die Verwendung der Allegorie bei Paulus. Solchen Gegensatz versteht Athanasius ohne jedes philosophische Gerüst zu erklären; so *Or.* 3.18: "Es ist die Gewohnheit der göttlichen Schrift, die natürlichen Wesen als Bilder und Beispiele für die Menschen zu nehmen, damit die freiwilligen Handlungen derselben gezeigt werden können." Aber er scheut sich nicht, denselben Gegensatz mit Hilfe recht platonischer Wendungen zu benennen. Der Christ soll sich mit ἀσώματα beschäftigen (*Or.*

11 Vgl. Eus. P. E. 11. 34. 4, genaue Zitierung, bei Athanasius vielleicht auswendig wiedergegeben.

3.1). Gott selbst ist ἄϋλος καὶ ἀσώματος (*Decr.* 10.5). Solche philosophischen Ausdrücke können gelegentlich mit Unterstützung der Schrift benutzt werden; z.B. νοητῶς νοεῖν τὰ παρατιθέμενα wird Sprüche 23, 1 als Regel des Tischbenehmens, *Syn.* 42 und *Ep. Marc.* 17 dagegen als Prinzip der Schriftauslegung verstanden. Die Schrift aber lehrt nicht, den Sündenfall als ἀπόστασις τῆς τῶν νοητῶν θεωρίας, wie *Contra Gentes* 4, zu betrachten.

(2) Die *Konsequenz* der Heiligen Schrift im allgemeinen wird meines Wissens nur zweimal behauptet, und zwar *Ep. Marc.* 9 und *Ep. Fest* 19. 3; die Übereinstimmung des Alten und Neuen Testaments dagegen kommt häufig zum Ausdruck. Die vieldiskutierten Diskrepanzen der Schrift - so z.B. im Stammbaum des Heilands - werden anscheinend nicht beachtet. Als Beispiel solcher Erörterung darf jedoch folgendes mitgeteilt werden. Im allgemeinen - und das wieder im Gegensatz zu Origenes - kommt es nur selten vor, daß Athanasius seine persönliche Auffassung eines biblischen Textes vorführen will.[12] Das tut er jedoch in *Ep. Fest.* 39, koptisch bei Coquin (1984).[13] "Der Heiland ", schreibt er, "hat es befohlen: 'Ihr sollt euch nicht Lehrer nennen lassen' (Mt. 23, 10); der heilige Jakobus dagegen mahnt: 'Es sollen nicht zu viele von euch Lehrer werden' ",woraus natürlich gefolgert werden kann, daß es *einigen* gestattet sei, Lehrer zu heißen; ferner nennt sich Paulus "Lehrer der Heiden in Glauben und Wahrheit". Athanasius schreibt dazu: "Da ich dieses durchdachte, kam mir ein Einfall in den Sinn, den ihr prüfen sollt" - worauf er erklärt, daß die sogenannten christlichen Lehrer eigentlich auch Jünger sind; sie hören die Worte des einzigen wahren Lehrers, um sie mitzuteilen.

Wie bekannt, pflegt Athanasius die Arianer zu tadeln, "weil sie sorgfältig ausgewählte Texte aus deren Kontext absondern, die sie dann buchstäblich auslegen, deren Kontext jedoch samt der allgemeinen Lehre der Schrift vernachlässigen" ; so Pollard 416. Athanasius selbst sucht diesen Fehler dadurch zu vermeiden, daß er eine ganze Reihe von verwandten Texten anführt, die einander bestätigen sollen. (Als Beispiel finden wir im ersten Brief an Serapion 55 Zitate aus 10 Büchern des Alten und 16 Büchern

12 Siehe jedoch Ep. Fest. 19 (unten) und Ep. Ser. 4. 11.

13 Siehe Anm. 4.

des Neuen Testaments gesammelt). Ob die Arianer dieses Verfahren tatsächlich nicht nachzuahmen verstanden, darüber kann nichts sicher behauptet werden.

Fragen wir doch: Hält sich Athanasius an seine eigenen Prinzipien? – nämlich daß biblische Texte nicht abgesondert behandelt werden sollen? Im großen und ganzen neige ich dazu, dies zu bejahen. Trotzdem sei folgendes Beispiel beachtet. Athanasius zitiert dreimal Jesaja 1, 11 πλήρης εἰμί, dem Kontext zum Trotz, als Ausdruck göttlichen Reichtums.[14] Das Vorbild steht möglicherweise bei Origenes in einem Katenenfragment des verlorenen fünften Buchs des Johanneskommentars (Preuschen S. 491); andere Exegeten – Ps. Barnabas, Athenagoras, Irenäus und Clemens deuten es richtig: Gott sei der Opfer satt. Athanasius könnte jedoch erwidern, daß er Jesaja dem Sinn der Schrift gemäß gedeutet hat; lesen wir nicht, Epheser 1, 23, "die Fülle dessen, der alles in allem erfüllt"?

Als weiteres Beispiel erwähnen wir die Exegese von Ps. 105, 15, "Tastet meine Gesalbten nicht an ". Mit dieser Bibelstelle tadelt Athanasius die Meletianer, die anscheinend die Leichname der Heiligen ausgraben wollten, um sie mumifizieren zu lassen.[15] Diese Anwendung jenes Passus ist vermutlich in der ganzen christlichen Literatur ohne Parallele.

Hieraus leuchtet ein, daß Athanasius ein idealisiertes Bild von der Tragweite der Schrift besitzt. Natürlich hat er keine Ahnung davon, daß ihre Worte mit Rücksicht auf die Umstände und die Sprechweise der einzelnen Schriftsteller ausgelegt werden müssen.

(3) Den Kontext jedes einzelnen Passus der Schrift zu beachten, kommt daher als Aufgabe in Betracht, die mit der Behauptung ihrer jeweiligen Tragweite verbunden ist. Laut Athanasius zitieren die Arianer ihre Beweistexte ohne Rücksicht darauf; man sollte dagegen jedesmal "das Ziel, die Person, die Sache", bzw. "die Absicht" erforschen. Die genannten Formeln sind von Sieben mit Hinweis auf Tertullian, Origenes und Hilarius ausführlich diskutiert worden. Ich bin selbst dazu geneigt, den Ursprung derselben in den rhetorischen Lehrbüchern zu suchen,

14 Or. 2. 29, Ep. Ser. 3. 6, Ep. Fest. 19. 2.
15 Ep. Fest. 41, S. 43 Lefort.

die die Themen, στάσεις, des Redners verschiedenartig aufzählen; typisch ist die spätere lateinische Formel: Quis, quid, ubi, quibus auxiliis, cur, quomodo, quando. So finden wir *Or.* 1.54 καιρός, πρόσωπον, πρᾶγμα, d.h. quis, quid, quando; ebd. 2.8 διάνοια, καιρός, πρόσωπον, ungefähr entsprechend *Decr.* 14 καιρός, πρόσωπον, χρεία, d.h. quis, cur, quando.[16] Hier allerdings ergibt sich eigentlich keine 'triade herméneutique', kein Prinzip der Schriftauslegung im allgemeinen, wie es Sieben sehen will. Die genannten Kriterien werden ausnahmslos dazu benutzt, die arianische Bibelauslegung zu entkräften, d.h. den Befund der Schrift mit der kirchlichen Doktrin der Menschwerdung in Einklang zu bringen.

Wenden wir uns abschließend von den Prinzipien der Bibelauslegung ab, um die Praxis des Athanasius, die von der Theorie manchmal abweicht, kurz zu skizzieren. Es besteht meines Erachtens ein erheblicher Unterschied zwischen der Behandlung der geschichtlichen und derjenigen der prophetischen Bücher des Alten Testaments. Hinsichtlich der erstgenannten herrscht weitgehend ein geschichtlicher Realismus. Athanasius pflegt zum Beispiel die Patriarchen aufzuzählen: Sie zeugten Söhne (*Inc.* 35), sie besuchten die Wüste (*Ep. Fest.* 24), sie litten (ebd. 29), sie starben und wurden begraben (ebd. 41). Eine chronologische Beweisführung – und das wieder einmal als persönliche Erwägung angeführt – finden wir in *Ep.Fest.* 19. Anfänglich wurden die moralischen Gebote am Berg Sinai übergeben; erst später, als das Volk die Götzen zu verehren anfing, wurden Opfer gefordert. Die scheinbare Diskrepanz, etwa bei Jesaja 1, 12, wird damit gelöst. Die Geschichte des Sündenfalls wird nicht – wie gelegentlich behauptet wird – allegorisiert: Adam wird nicht, wie bei Philon, als Symbol des menschlichen Geistes betrachtet, sondern als idealisierter Platoniker dargestellt. Sein Verbrechen – ein Mangel, freilich, an *Theoria* – bleibt geschichtliches Ereignis; der Heiland hat das Tor des Himmels geöffnet, das, seit er Adam aus dem Garten vertrieben hatte, verschlossen war, so *Ep. Fest.* 43.[17]

---

16 Vgl. auch Or. 1. 55, und kürzer ebd. 2. 7 (πότε, πρὸς τί), Sent. Dion. 4. 4 (καιρός, πρόσωπον). Quelle vielleicht Origenes Princ. 1. 1. 4; vgl. auch Clemens Paed. 2. 14. 4, Str. 2. 137. 3.

17 Gr. Text (Kosmas) bei Lefort S. 52; vgl. auch S. 20 Anm. 'Et post alia'.

Mit geschichtlichem Realismus meinen wir natürlich nicht, daß Athanasius die Geschichte säkularisiert. Selbstverständlich sieht er den göttlichen Logos in den Ereignissen tätig. "Dieser ist es, der ehedem das Volk aus Ägypten holte, der aber nachher uns alle erlöst hat" - so in *Ep. Fest.* 10.[18] Meist ist die Exegese im strikten Sinn typologisch; der Unterschied zwischen Typ oder Schatten und Wahrheit kommt in den *Epistullae Festales* besonders häufig zum Ausdruck. Die Ereignisse jedoch, die als Typ oder Schatten beschrieben werden, kamen wirklich vor. Als Beispiel vergleicht Athanasius den Schall der Festtrompeten mit der christlichen Verkündigung; es wird aber niemals angedeutet, daß sie keine wirklichen Blasinstrumente waren. Die Überlegenheit des Evangeliums besteht gerade darin, daß es ein geistliches Faktum ist.

Eigentliche Allegorisierung kommt also verhältnismäßig selten vor. Als Beispiel zitieren wir folgendes, aus *Ep. Fest.* 24: "Der große Mose, als er sich von Ägypten entfernte - das heißt aber von den irdischen Werken, die uns in der Finsternis halten - sprach mit Gott von Angesicht zu Angesicht".

Mit der Auslegung der Prophetenbücher steht es etwas anders, und das natürlich, weil bildhafte Ausdrücke bei den Propheten häufig benutzt werden. Freilich ist die prophetische Einsicht auch außerhalb dieser Bücher zu finden. So *Ep. Fest.* 6: Abraham, "verehrte, als er seinen Sohn opferte, den Sohn Gottes; und als er daran gehindert wurde, Isaak zu opfern, sah er den Messias in dem Widder". In *Ep. Fest.* 7 finden wir eine Weiterentwicklung der Allegorie der Sprüche 9, 1-5: "Kommt, esset von meinem Brot und trinkt von dem Wein, den ich gemischt habe", samt Hinweis auf Joh. 6, 48: "Ich bin das Brot des Lebens". Auch wird das Gesetz allegorisiert; ein auffallendes Beispiel bietet sich in demselben Brief. Die Sünder "begraben die Seele in Sünden und Torheiten, indem sie sich mit toter Nahrung sättigen ... die das Gesetz verboten hat, indem es figürlich mahnt: 'Ihr sollt nicht den Adler essen, samt jedem toten Vogel, der Leichname ißt' ". Mit dieser ziemlich freien Wiedergabe von Leviticus 11

18 Vgl. Ep. 41, Coquin 1984 S. 156: 'Es war nicht das Blut des Lammes selbst, das den Verderber verhinderte und das Volk aus Ägypten freiließ, sondern es ist der Heiland, der im Blut war, der dies getan hat. '

werden eher die Genußmenschen getadelt als, wie üblich, die Angriffslustigen. Höchstwahrscheinlich denkt Athanasius an den Paidagogos des Clemens, der mit Hinweis auf dieselbe Bibelstelle jene zwei Laster unmittelbar nacheinander verurteilt.

Mittels Allegorese wagt es Athanasius sogar, den Patriarchen Issaschar als seinen Vorläufer in der exegetischen Arbeit zu feiern. In *Ep. Fest.* 13 wird Genesis 49, 14 zitiert: "Issaschar hat das Gute begehrt, da er zwischen den Erbgütern (κλήρος) ausruhte.[19] Da er nämlich von göttlicher Liebe verwundet war, so wie die Braut im Hohenlied, hat er aus der heiligen Schrift Wohlstand gesammelt; denn sein Geist wurde nicht lediglich vom alten, sondern von beiden Erbgütern bezaubert. Daher, als er seine Flügel sozusagen ausbreitete, sah er von ferne die himmlische Ruhe. Und da das hiesige Land aus solch schönen Werken besteht, um wieviel mehr soll wahrlich das himmlische aus solchen bestehen, da es immer neu ist und nimmer alt wird."

Eine halbe Stunde genügt nicht, um die Exegese des Athanasius hinreichend zu erläutern. Ich hoffe, wenigstens gezeigt zu haben, daß diese Aufgabe der Mühe wert ist.

19 Zu Gen. 49, 14-16 liefert die Biblia Patristica bis auf Epiphanius keine weiteren Zitierungen. Das Wort κλῆροι im Sinn der zwei Testamente kommt in Eus. Ps. -Komm. PG 23, 700 vor. Der dort vorliegende Text, Ps. 67, 14 LXX, wird bei Athanasius nicht zitiert.

Augustins geistliche Auslegung des Johannesevangeliums

Dietmar Wyrwa

Wenn zum Abschluß unserer Tagung wenigstens mit einem Kurzreferat noch einmal ein Streiflicht auf Augustin fallen soll, dann kann dabei, so schwer die Begrenzung auch sein mag, nur ein ganz schmaler Ausschnitt aus einem vielschichtigen und unerschöpflichen Lebenswerk zur Sprache kommen. Das meiste, was zur Bibelexegese Augustins einschlägig wäre, muß hier ausgeblendet werden. So werde ich den inneren Entwicklungsgang, der Augustin erst nach langen und mühsamen Wegen den Zugang zur Bibel eröffnete und ihn erst mit der Übernahme des Priesteramtes zu einem Mann der Bibel werden ließ,[1] nicht nachzeichnen können. Und so werde ich auch über Augustins hermeneutische Reflexionen bezüglich der Probleme, der Aufgaben und der Regeln der Bibelauslegung im engeren theoretischen Sinn nicht sprechen, was nach dem gestrigen Vortrag von Herrn Schäublin auch ganz überflüssig wäre. Aber wenn man das Generalthema unserer Tagung: "Christliche Exegese zwischen Nicaea und Chalcedon", so nimmt, daß damit nicht nur die Blütezeit der patristischen Literatur abgesteckt ist, sondern auch sachlich die Dogmatisierung der Homousie und die Formulierung der Zwei-Naturen-Lehre darin aufgehoben sind, dann, denke ich, verdienen Augustins Traktate zum Johannesevangelium am ehesten Aufmerksamkeit. Das christologische Schwergewicht, das schon dem vierten Evangelium zu eigen ist und daher auch Augustins Auslegungsbemühungen prägt, dürfte sich in diesen Rahmen besonders gut einpassen.

---

1 Vgl. A.-M. La Bonnardière, L'initiation biblique d'Augustin, in: dies. (Hg.), *Saint Augustin et la Bible*, Bible de tous les temps 3, Paris 1986, S. 27-47. Das aufschlußreichste Selbstzeugnis ist der Brief an Bischof Valerius vom Jahre 391, in dem Augustin um Urlaub zum Studium der Hl. Schrift ersucht, Epist. 21, 3, CSEL 34, 1 p. 51.

Das soll nicht heißen, daß ich den vorgegebenen Themenkreis unter der Hand vertauschen möchte; ich werde dafür Sorge tragen, nicht in direkt dogmengeschichtliches Fahrwasser zu geraten. Ich möchte den Text[2] einfach aufschlagen und sehen, wie sich Augustins Sicht des Evangeliums aufbaut. Meine Aufmerksamkeit soll darauf gerichtet sein, wie aus der literarisch-historischen Sprachhaltung des Textes Bedeutungsdimensionen erwachsen, die sich in dogmatischer Rede artikulieren und die in einem durchgehenden geistlichen Symbolismus verwoben sind. Den Umstand, daß die Traktate zum Johannesevangelium nicht eigentlich ein Werk technischer Exegese,[3] sondern Predigten sind, möchte ich nicht eigens thematisieren. Mir kommt es auf den Vollzug des Verstehens an, wie er sich auch dann, wenn der technische Apparat in den Hintergrund tritt und das Erkannte zur Verkündigung wird, realisiert.[4] In Predigten also, und zwar in vier zeitlich voneinander getrennten Predigtfolgen, hat Augustin den Text des Johannesevangeliums ausgelegt,[5] und er hat es sich

---

2 Ich benutze die Ausgabe: *Sancti Aurelii Augustini In Iohannis Evangelium Tractatus CXXIV*, ed. R. Willems, CChr. SL 36, Turnhout 1954. Durchgängig eingesehen ist: *Oeuvres de Saint Augustin, Homélies sur l'Evangile de Saint Jean. Traduction, introduction et notes par M.-F. Berrouard*, BAug 71. 72. 73A. Paris 1969. 1977. 1988, wo der Text der Mauriner übernommen ist.

3 Vgl. H.-I. Marrou, *Augustinus und das Ende der antiken Bildung. Dt. Übersetzung von L. Wirth-Poelchau, W. Geerlings, J. Götte nach der 4. Auflage von 1958 mit den vom Verfasser eingearbeiteten Zusätzen*, Paderborn 1981, S. 412 Anm. 87, der sich eine Unterteilung von Augustins biblischen Arbeiten in "homiletische Exegese" und "wissenschaftliche Exegese ad litteram" zu eigen macht und zu letzterer Gruppe De Genesi ad litteram imperfectus liber, De Genesi ad litteram, Locutiones in Heptateuchum und De consensu Evangelistarum rechnet. Im übrigen zieht er die Traktate zum Johannesevangelium zu den Werken Augustins, "die sich am stärksten von künstlerischen Erwägungen und schulischen Regeln freimachen" (ebd. S. 53).

4 Den Akzent auf die Verkündigung in ihren weiträumigen Aspekten setzt J. van Oort, *Augustinus Verbi Divini Minister*, in: ders. (Hg.), Verbi Divini Minister, Amsterdam 1983, S. 167-188.

5 Auf der Grundlage der bahnbrechenden Untersuchungen von A.-M. La Bonnardière, *Recherches de chronologie augustinienne*, Paris 1965, die durch M.-F. Berrouard, *La date de "Tractatus I-LIV in Johannis Evangelium" de Saint Augustin*, in: RechAug 7 (1971) S. 105-168, und D.F. Wright, *The Manuscripts of St. Augustine's*

dabei zur Gewohnheit gemacht, sogleich nach der Verlesung der betreffenden Perikope in die Auslegung des einzelnen Verses, oft auch eines einzelnen Wortes einzutreten.

Was wir von einer Einleitung erwarten würden, eine Gesamtübersicht über den Aufbau des Evangeliums, eine Charakterisierung seiner literarischen Eigenart und eine Erörterung der Verfasserfrage, hat Augustin zu geben unterlassen. Man mag das mit seiner Konzentration auf die homiletische Zielsetzung erklären, aber es darf, wie bekannt, nicht übersehen werden, daß dafür grundsätzlich auch die in der isolierten grammatikalischen Worterklärung dominierende Arbeitsweise des profanen Schulunterrichts der Spätantike verantwortlich ist, der auch ein Augustin mehr oder weniger unbewußt verpflichtet blieb.[6] Indessen

---

"Tractatus in Evangelium Iohannis": A Preliminary Survey and Check-list, in: RechAug 8 (1972) S.55-143, weitergeführt bzw. modifiziert worden sind, scheint sich ein allgemeiner Konsens dahingehend eingestellt zu haben: Der Block von Tract. 1-16 ist im Winter 406/7 gehalten worden; der Block Tract.17-19.23-54 gehört in den Sommer und Herbst 414; Tract.20-22 stellen einen späteren Einschub von 419/420 dar, und Tract. 55-124 stammen aus der Zeit nach 419/420. Indessen bleibt umstritten, ob alle Traktate wirklich gepredigt worden sind, oder ob die letzte Serie, Tract. 55-124, nur einfach diktiert worden ist. Insofern dabei sprachliche Kriterien von Belang sind, hat den internen Befund A.J.H. van Weegen, Preek en Dictaat bij Sint Augustinus. Syntactisch-stylistische studie over de Tractatus in Joannis Evangelium. Nijmegen-Utrecht 1961, erhoben. Tract.1-54 stimmen demnach mehr mit den tatsächlich gehaltenen Sermones ad populum zusammen, Tract. 55-124 dagegen mehr mit den literarisch ausgefeilten Werken, ebd. S. 152f.159. (Diesen Hinweis verdanke ich Herrn J. van Oort.) Ich zögere aber, daraus einen Schluß im Sinne der genannten Alternative zu ziehen.

6 H.-I.Marrou, ebd. S.360, erklärt: "Wie jene (sc. die Scholiasten des Vergil) läßt er seinen Kommentar oft Schritt für Schritt, Vers für Vers, wenn nicht Wort für Wort vorangehen, ohne sich zunächst um eine Gesamtsicht in der Darlegung zu bemühen, die den Text als eine organische Einheit erscheinen ließe", und illustriert das an Augustins Psalmenauslegungen, wo er es nicht für nötig hält, "ihnen ein Vorwort über das literarische Genus, die Verfasser und die Geschichte der Psalmen vorausgehen zu lassen" (ebd. S.360). Deshalb betont H.-I.Marrou, ebd. S.361, "daß die Methode der Exegese mit derjenigen verwandt ist, die die Gebildeten der Verfallszeit beim Studium der Klassiker anwandten. Man wird sich daran erinnern, daß wir in den Vergilkommentaren des Servius und des Donatus die gleiche Art von Kurz-

bedeutet das nicht, daß Augustin nicht das Ganze des vierten Evangeliums vor Augen gestanden hätte und er sich ohne eine kohärente Gesamtsicht von dessen literarischer Eigentümlichkeit und theologischem Profil ans Werk gemacht hätte. Das Gegenteil ist der Fall, und man kann dafür auch auf die Schrift "De consensu Evangelistarum" hinweisen, in der Augustin schon etliche Jahre zuvor über ein wenigstens in den Grundzügen deutliches Konzept verfügte.[7]

Das herausstechende Merkmal, das sich schon dort ankündigte und das dann die Ausführungen der eigentlichen Kommentarfolgen im ganzen prägt, ist die zentrale Rolle, die Augustin der Person des Verfassers zuweist. In ihr sieht er alle wesentlichen Bezugs- und Sinnebenen des Evangeliums verknüpft, so daß sich auch von ihr aus die Deutung erschließt. Was die Frage der Identität betrifft, so duldet es für Augustin keinen Zweifel, daß der dem Text selbst zu entnehmende Hinweis auf die Lösung im Sinn der kirchlichen Tradition[8] führt, d.h. daß der Verfasser mit

---

sichtigkeit und von 'Atomismus' im Verlauf ihrer Erklärungen gefunden haben". Ebenso urteilt F. van der Meer, *Augustinus der Seelsorger. Leben und Wirken eines Kirchenvaters,* übersetzt von N. Greitemann, Köln 1951, S. 512f. Wenn Chr. Schäublin, *Untersuchungen zu Methode und Herkunft der antiochenischen Exegese,* Theoph. 23, Köln-Bonn 1974, S. 66ff, bei Servius und Donat schon eine Topik des Kommentarprologes konstatiert, so tut das der tiefer ansetzenden Charakterisierung durch H.-I. Marrou keinen Abbruch, vgl. auch ebd. S. 21.

7 De cons. Ev. I 4, 7 - 6, 9, PL 34 col. 1045-1047 (vom Jahre 400).

8 Spätestens Irenäus bezeugt, daß der "Lieblingsjünger" Johannes sein Evangelium zeitlich nach den Synoptikern als letzter herausgegeben habe, als er in Ephesus lebte (Adv. Haer. III 1, 1, SC 211 p. 24), und daß derselbe Jünger auch die Apokalypse verfaßt habe (Adv. Haer. IV 20, 11, SC 100 p. 662ff). Dazu bemerkt H. Frhr. von Campenhausen, *Die Entstehung der christlichen Bibel,* BHTh 39, Tübingen 1968, S. 229 Anm. 243: "Darüber, woher Irenäus die Angaben über die Verfasser der Evangelien zugeflossen sein könnten, sind nur Vermutungen möglich... Die Abhängigkeit von Papias bleibt das Wahrscheinlichste". In dieser Richtung stößt auf beachtliche Weise M. Hengel, *The Johannine Question,* transl. by J. Bowden, London-Philadelphia 1989, bis zum Rätsel der Person des vierten Evangelisten selbst vor. Übrigens teilt Irenäus auch mit, daß derselbe Jünger bis zu den Zeiten Trajans (98-117 n. Chr.) gelebt (Adv. Haer. III 3, 4, SC 211 p. 44) und den kleinasiatischen Presbytern überliefert habe, daß Jesus etwa fünfzigjährig (vgl. Joh 8, 56f) unter Pontius Pilatus, dem Präfekten des Kaiser Clau-

dem Jünger Johannes, dem Zebedaiden, identisch ist.[9] Entscheidend dafür ist, daß Augustin das sogenannte Nachtragskapitel zum integralen Bestand des Textes rechnen kann. Die heute in der Regel als Buchschluß gewerteten beiden letzten Verse des 20. Kapitels versteht Augustin als Zwischeneinschaltung, wo das Ende des Evangeliums angekündigt und so dem letzten Kapitel gleichsam durch ein eigenes Proömium eine herausragende Stellung zugewiesen werden soll.[10] Ist das Werk mithin als literarische Einheit gelesen, so ergibt sich vom Schluß her fürs erste, daß als sein Verfasser der Jünger genannt wird, den Jesus liebhatte.[11] Daß dieser sich übrigens hier wie auch sonst nicht direkt nennt, sondern von sich in der 3. Person spricht, erklärt Augustin als eine Gepflogenheit biblischer Autoren, die auch bei Matthäus, Mose und Paulus zu beobachten sei, und die der Überheblichkeit vorbeugen soll.[12] In der letzten Perikope des Werkes findet sich außerdem auch ein Rückverweis auf das letzte Mahl Jesu, da der Jünger, den Jesus liebhatte, an der Brust des Herrn

---

dius (41-54 n. Chr.), gekreuzigt worden sei (Adv. Haer. II 22, 5, SC 294 p. 224f; Dem. 74, SC 62 p. 141f). Aber davon hatte Augustin keine Notiz genommen.

9 In De doctr. Christ. II 26-29 (8, 13), CSEL 80 p. 40f, gibt Augustin ein Verzeichnis der kanonischen Schriften, das das Evangelium nach Johannes, drei Briefe des Johannes und ein Buch der Apokalypse des Johannes einschließt. Aus Serm. 34, PL 38 col. 210, geht hervor, daß der Lieblingsjünger der Apostel Johannes ist, von dem das Evangelium und die Briefe stammen, aus Tract. 36, 5, p. 327, daß die Apokalypse von demselben Johannes verfaßt ist, von dem auch das vierte Evangelium stammt.

10 Tract. 122, 1, p. 668: "... interponit haec evangelista Iohannes et dicit (Joh 20, 30f). Hoc capitulum velut libri huius indicat finem, sed narratur hic deinde... (sc. Joh 21). Ad hoc itaque commendandum valere arbitror, quod tamquam finis interpositus est libri, quod esset etiam secuturae narrationis quasi prooemium, quod ei quodammodo faceret eminentiorem locum". Vgl. Tract. 122, 6, p. 671: "... ut vehementius commendaretur, loco ultimo scriptum".

11 Tract. 61, 4, p. 481: "Quid dixerit: in sinu (Joh 13, 23), paulo post ait, ubi dicit: supra pectus Jesu (Joh 13, 25). Ipse est Iohannes cuius est hoc evangelium, sicut postea manifestat (Joh 21, 20. 24)".

12 Tract. 61, 4, p. 481f, mit Verweisen auf Mt 9, 9; Ex 6, 1 und 2 Kor 12, 2.

lag; und dieses 13. Kapitel hat für Augustin eine Schlüsselfunktion im Ganzen.[13]

Der Jünger, den Jesus liebhatte, ist im Verständnis Augustins tatsächlich Lieblingsjünger, denn der Herr, obschon alle liebend, liebte ihn besonders, ihn vor den übrigen und mehr als die übrigen.[14] Darauf wird später noch einmal zurückzukommen sein. Ihren sprechenden Ausdruck fand Augustin zufolge die Vorzugsstellung jenes Jüngers darin, daß er beim letzten Mahl an der Brust Jesu ruhen durfte. "Was – so formuliert Augustin die rhetorische Frage – konnte Jesus für einen größeren Beweis seiner größeren Liebe zu ihm geben, als daß ein Mensch, der mit den übrigen Mitjüngern Teilhaber eines so großen Heiles war, dennoch allein an der Brust des Heilandes selbst lag?"[15] Gegenüber dieser Szene tragen die übrigen Stellen, wo der Lieblingsjünger auftritt oder auf ihn anscheinend verwiesen wird, nicht entfernt ein vergleichbares Gewicht.[16] So gebraucht Augustin

---

13 Vgl. auch D. Dideberg, *Saint Jean, le disciple bien-aimé, révélateur des secrets du Verbe de Dieu*, in: A.-M. La Bonnardière (Hg.), Saint Augustin et la Bible (s. o. Anm. 1), S. 189-201.

14 Tract. 16, 2, p. 165: "...Iohannes evangelista, qui inter omnes discipulos super pectus Domini discumbebat, et quem Dominus caritatem debens omnibus, tamen prae ceteris diligebat"; Tract. 119, 2, p. 658f: "(Iesus)... qui utique omnes, sed ipsum prae ceteris et familiarius diligebat...".

15 Tract. 124, 4, p. 682.

16 Das zeigt sich auch daran, daß jene fraglichen Stellen nur innerhalb der durchlaufenden Auslegung erwähnt werden. Dabei nimmt Augustin nur dann eine eindeutige Identifizierung vor, wenn das Epitheton "quem diligebat" bzw. "quem amabat Iesus" dies fordert. So Joh 19, 26ff (wo Jesus seine Mutter und den Jünger zueinander verweist) = Tract. 119, 2f, p. 658f, mit Rückbezug auf Joh 2, 4 = Tract. 8, 9, p. 87; Joh 20, 2.10 (wo der andere Jünger auf die Nachricht von Maria Magdalena hin im Wettlauf mit Petrus zum Grabe eilt) = Tract. 120, 6-9, p. 663f; und natürlich Joh 21, 7 (wo der Jünger vom Schiff aus den Auferstandenen am Strand des Sees von Tiberias erkennt) = Tract. 124, 2f, p. 681f. Anläßlich Joh 1, 35-40 (wo ein Ungenannter zusammen mit Andreas von dem Täufer auf Jesus als das Lamm Gottes verwiesen wird) = Tract. 7, 9f. 13, geht Augustin nicht auf die Frage der Identität ein. Bei Joh 18, 15f (wo der andere Jünger, der dem Hohenpriester bekannt war, mit Jesus in den Hof des Hohenpriesters hineinging) = Tract. 113, 2, p. 636f, rechnet er mit der Möglichkeit, aber läßt die Entscheidung in der Schwebe.

zwei stehende Wendungen, um ihn zu kennzeichnen: Er ist der Jünger, den Jesus liebhatte,[17] und er ist der Jünger, der an der Brust Jesu ruhte.[18] Indessen stand – und schon hier wird die historisch-literarische Ebene transparent – hinter jener Begebenheit beim letzten Mahl ein ausgezeichneter geistiger Vorgang. Denn wie die Brust des Heilandes symbolisch den Ort der Wahrheit, der Geheimnisse und der Weisheit Jesu in seinem Innersten bezeichnet,[19] so trank damals der Lieblingsjünger tiefe Geheimnisse bzw. Geheimnisse der erhabeneren Weisheit aus der Quelle der Brust des Herrn bzw. aus seinem innersten Herzen. Er trank von dort die Wahrheit.[20]

Angesichts solcher Deutung überrascht es nicht, daß Augustin nun auch den Bogen weiter zurück zum Prolog des Evangeliums schlägt, wurde doch auf diese Weise Johannes beim letzten Mahl ermächtigt, sich im kontemplativen Aufschwung zur Betrachtung der Gottheit des Wortes zu erheben. Er transzendierte die Erde, die Gestirne und alle Engelhierarchien; er überstieg alles Veränderliche bzw. alles Geschaffene; er erhob sich mit der Kraft seiner Seele auch über die Vernunft selbst und gelangte zum schöpferischen Wort Gottes. Da sah er in kontemplativer Schau: "Im Anfang war das Wort, und das Wort war bei Gott, und Gott war das Wort" (Joh 1, 1).[21] Deshalb kommt ihm von den vier bei Ezechiel (Ez 1,5-10) und in der Apokalypse (Apok 4, 6f) erwähnten Symboltieren mit Recht der Adler zu.[22] Wie ein Adler

---

17 Tract. 16, 2, p. 163; Tract. 61, 4f, p. 481f; Tract. 113, 2, p. 636; Tract. 119, 2, p. 658f; Tract. 124, 4, p. 682.

18 Tract. 1, 7, p. 4; Tract. 16, 2, p. 165; Tract. 18, 1, p. 179; Tract. 20, 1, p. 202; Tract. 36, 1, p. 323; Tract. 61, 4f, p. 481f; Tract. 119, 2, p. 659.

19 Tract. 61, 5, p. 482: "Per sinum quippe quid significatur aliud quam secretum?"; Tract. 61, 6, p. 482: "Hic est utique pectoris sinus, sapientiae secretum".

20 Tract. 16, 2, p. 165; Tract. 18, 1, p. 179; Tract. 20, 1, p. 202.

21 Tract. 1, 5, p. 2f; Tract. 15, 1, p. 150; Tract. 20, 13 p. 210f.; Tract. 36, 1.5, p. 323, 326f; Tract. 38, 4, p. 340; Tract. 48, 6, p. 416. Ich verzichte hier darauf, die Linien dieser Vorstellung bis zu den Wurzeln im Platonismus zurückzuverfolgen.

22 Schon in De cons. Ev. I 6, 9, PL 34 col. 1046f (vgl. auch De cons. Ev. IV 10, 11, PL 34 col. 1223) diskutiert Augustin die Zuweisung der Evangelistensymbole und weist die namentlich nicht genannte Auffassung zurück, der Mensch gehöre zu Matthäus, der Adler zu Markus, der Stier zu Lukas und der Löwe zu Johannes, was Irenäus, Adv.

die Dunkelheit der Erde unter sich läßt, hinauffliegt und in den reinen Sonnenstrahl blickt, so fliegt auch Johannes in die Höhe und betrachtet festen Auges das ewige und innere Licht, das Licht der Wahrheit.[23]

Indem nun Johannes im Einklang mit dem erhabenen Anfang des Prologes sein ganzes Evangelium auf derselben Höhe der Verkündigung hält,[24] erkennt Augustin darin dessen eigenes literarisches und theologisches Gepräge, das sich von dem der Synoptiker so merklich unterscheidet. Die drei ersten Evangelisten sind kaum vom Irdischen, d.h. von dem, was der Herr auf Erden im menschlichen Fleisch tat, gewichen; sie wandelten gleichsam mit dem Menschen Jesus auf der Erde; von seiner Gottheit haben sie nur wenig gesprochen. Dem vierten Evangelisten dagegen war es verdrießlich, auf der Erde zu wandeln, er richtete sich empor, um nicht nur die Inkarnation, Passion und Auferstehung des Herrn, sondern auch das zu verkünden, was der Eingeborene vor seiner Menschwerdung war und geblieben ist, das ewige, dem Vater gleiche Wort.[25] So hat vornehmlich dieser Evangelist von der Gottheit des Herrn gesprochen, und er gibt bei alledem

---

Haer. III 11, 8, SC 211 p. 164ff, vertreten hatte. Augustin fordert, daß man sich nicht nur an den Anfängen der Evangelien, sondern an der gesamten Intention der Evangelisten orientieren müsse, und kommt deshalb zu einer Aufstellung, die den Löwen Matthäus, den Menschen Markus, den Stier Lukas und den Adler Johannes zuweist. So auch Tract. 36, 5, p. 327. Von allen verschiedenen Möglichkeiten hat sich schließlich die Version des Hieronymus durchgesetzt, die den Menschen mit Matthäus, den Löwen mit Markus - und sodann Augustin entsprechend - den Stier mit Lukas und den Adler mit Johannes verbindet, vgl. D. Dideberg, ebd. (Anm. 13) S. 196ff.

23 Tract. 36, 5, p. 327: "Restat aquila: ipse est Iohannes, sublimium praedicator, et huius lucis internae atque aeternae fixis oculis contemplator"; Tract. 15, 1, p. 150; Tract. 36, 1, p. 323; Tract. 40, 1, p. 350; Tract. 48, 6, p. 416; vgl. auch Tract. 19, 5, p. 190.

24 Tract. 36, 1, p. 323: "Huic tantae sublimitati principii etiam cetera congrua praedicavit..."

25 Tract. 36, 1, p. 323: "Nam ceteri tres evangelistae, tamquam cum homine Domino in terra ambulabant, de divinitate eius pauca dixerunt; istum autem quasi piguerit in terra ambulare, sicut ipso exordio sui sermonis intonuit, erexit se..."; Tract. 40, 1, p. 350: "...maxime istum evangelistam de Domini divinitate, secundum quam aequalis est Patri et Filius unicus Dei, loqui elegisse...".

nur wieder, was er unter seinen übrigen Mitjüngern als besondere und persönliche Gabe vom Herrn erhielt, als er beim letzten Mahl an der Brust Jesu ruhte.[26] Augustin liebt es, diesen Sachverhalt in eine prägnante Antithese zu fassen: Johannes hat, was er damals im stillen trank, mit seinem Evangelium öffentlich verkündet.[27]

Es ist bemerkenswert, wie Augustin von hier aus den Übergang zur Gegenwart der Hörer in seinen Gesichtskreis einschließt. Alles, was der Herr gesagt und getan hat, dient ja der Erweckung und Erbauung unserer Herzen. Gegenüber den damaligen Augenzeugen sind wir nicht im Nachteil, denn unseretwegen ist alles in den Evangelien aufgezeichnet, damit wir und alle zukünftigen Geschlechter, die wir es lesen bzw. denen es verlesen wird, dadurch an Christus glauben.[28] Und wiederum unterstreicht Augustin in diesem Zusammenhang die besondere Rolle, die dem vierten Evangelium zufällt. Johannes ist wie ein Bach, der aus der Quelle entsprungen ist und aus der Höhe das Wort zu uns herableitet und bei uns ausbreitet, damit wir aus ihm trinken, sofern wir nicht bis zur Quelle vordringen können. Aber er wollte nicht, daß wir uns nur mit Milch nähren, sondern daß wir feste Speise genießen. Seine erhabene Botschaft ist etwas, was die Sinne der Kleinen vielleicht zur Aufmerksamkeit anregt, ohne daß sie es voll aufnehmen können, woran sich aber die gereiften und zum Mannesalter fortgeschrittenen Sinne üben und

26 Tract. 36, 1, p. 323: "...et de Domini divinitate, quomodo nullus alius, est locutus ...Non enim sine causa de illo in isto ipso evangelio narratur, quia et in convivio super pectus domini discumbebat".

27 Tract. 20, 1, p. 202: "...quod amando biberat, evangelizando ructaret"; Tract. 36, 1, p. 323: "Hoc ructabat quod biberat ...quod in secreto bibit, in manifesto eructavit"; Tract. 1, 7, p. 4; Tract. 124, 7, p. 687. Das Verb "ructare" bzw. "eructare" ist durch Ps 18, 3; Ps 44, 2; Ps 77, 2 nach Mt 13, 35 veranlaßt und gehört der christlichen Sondersprache an, vgl. Chr. Mohrmann, *Études sur le latin des chrétiens,* Vol. 2. SeL 87, Roma 1961, S. 67. 124f.

28 Tract. 18, 1, p. 180; Tract. 20, 1, p. 202; Tract. 24, 6, p. 247; Tract. 30, 1, p. 289: "Quod enim pretiosum sonabat de ore Domini, et propter nos scriptum est, et vobis servatum, et propter nos recitatum, et recitabitur etiam propter posteros nostros, et donec saeculum finiatur"; Tract 104, 2, p. 602; Tract 124, 7, p. 687. Mit Bezug auf Joh 20, 30; 21, 25 erklärt Augustin, Tract. 49, 1, p. 419: "electa sunt autem quae scriberentur, quae saluti credentium sufficere videbantur".

nähren sollen.[29] So erfordert gerade sein Evangelium eine besondere Durchdringung und ein besonderes theologisches Verstehen der Glaubenswahrheit, was letztlich nur Christus selbst dem Prediger nicht anders als dem Hörer im Inneren gewähren kann.[30]

Die vornehmste Aufgabe, vor die sich die Auslegung des vierten Evangeliums gestellt sieht, ist nach allem die, in das Geheimnis des johanneischen Christus einzudringen. Und in der Tat, Augustin widmet sich dieser Thematik über die gesamte Reihe der Predigten hin mit so unüberbietbarer Energie und so unverminderter Beharrlichkeit, daß man ihn deshalb schon der Monotonie geziehen hat.[31] Wenn ich nun darauf in Kürze eingehen möchte, dann bietet sich als Ausgangspunkt seine Behandlung der Wundergeschichten an. Am Gesamtumfang machen sie prozentual einen nur leicht geringeren Anteil als im Johannesevangelium selbst aus, etwa zehn Prozent, was zeigt, daß Augustin ihnen volle Aufmerksamkeit geschenkt hat. Denn die Wunder sind ihm ein Erweis der göttlichen Macht Jesu, ein Ausdruck seiner Gottheit, wie das Leiden und Sterben ein Zeichen seiner Menschheit waren.[32] Zwei Dinge scheinen mir bemerkenswert zu sein.

Zum einen: Augustin stellt die Wunder Jesu in den weiteren Zusammenhang mit dem göttlichen Schöpfungshandeln, wodurch

---

29 Tract. 18, 1, p. 179; Tract. 21, 12, p. 219;Tract. 48, 1, p. 413.

30 Tract. 1, 7, p. 4: "(Iohannes) propinavit verba; intellectum autem inde debes capere, unde et ipse biberat qui tibi propinavit"; Tract. 14, 2, p. 142; Tract. 17, 1.4, p. 170f;Tract. 18, 1, p. 180; Tract. 20, 3, p. 204: "Habemus enim intus magistrum Christum"; Tract. 26, 7, p. 263; Tract. 38, 9, p. 342; Tract. 40, 5, p. 353: "Munus Dei est intellegentia"; Tract. 69, 3, p. 501: Der Apostel Thomas würde den vor ihm stehenden Herrn nicht verstehen, wenn er ihn nicht in sich hätte. Vgl. auch F. van der Meer, ebd. (s. Anm. 6) S. 524ff.

31 So E. Dassmann, *Überlegungen zu Augustins Vorträgen über das Johannesevangelium,* in: TThZ 78 (1969) S. 257-282, bes. S. 272f. Daß in Augustins Verkündigung die Christologie die zentrale Stelle einnimmt, ist, wie É. Lamirande, *L'actualité des "Tractatus in Iohannem" de saint Augustin,* in: EeT 6 (1975) S. 175-193, bes. S. 178f, betont hat, das eindrucksvolle Ergebnis der neueren Forschung zu Augustins Predigten.

32 Tract. 8, 9, p. 87; Tract. 8, 12, p. 90: "... commendanda erat divinitas Domini in miraculis, commendanda erat humanitas Domini in ipsa compassione mortalitatis".

Gott die Welt im Ganzen erhält und lenkt. Bei der Hochzeit zu Kana verwandelte der Wasser in Wein, der dies alljährlich in den Weinstöcken tut.[33] Bei der Speisung der 5000 wirkte der, der beständig die ganze Welt ernährt, indem er aus wenigen Samenkörnern die Saaten vervielfältigt.[34] Einen Toten erweckte der wieder zum Leben, der täglich so viele geboren werden läßt, die nicht waren.[35] Die Wunder sind – nicht größer, sie sind seltener als die Schöpfungswerke.[36] Da diese durch ihre Häufigkeit in der Wertschätzung sinken und es fast niemandem einfällt, sie zu bewundern (das bekannte Motiv des θαυμάζειν !),[37] hat sich Gott in seiner Barmherzigkeit einige vorbehalten, die er zu gelegener Zeit gegen den gewohnten Gang der Natur vollbracht hat, um den gleichsam schlafenden Sinn und Verstand des Menschen aufzurütteln.[38] Auf diesem Wege sollen wir durch sichtbare Werke zur Verehrung des unsichtbaren Schöpfers geführt werden und, erhoben zum Glauben und gereinigt durch den Glauben, uns nach der kontemplativen Schau sehnen.[39] Die Intention solcher Gedankengänge scheint mir nicht darin zu liegen, die Wunder abschwächen zu wollen, wie es gelegentlich behauptet wor-

---

33 Tract. 8, 1, p. 81; Tract. 9, 1, p. 91.

34 Tract. 24, 1, p. 244.

35 Tract. 8, 1, p. 82; Tract. 9, 1, p. 91; Tract. 49, 1, p. 419.

36 Tract. 24, 1, p. 244: "... non quia maius est, sed quia rarum est".

37 M. Pontet, *L'exégèse de S. Augustin prédicateur*, Theol (P) 7, Paris 1945, S. 566 Anm. 46, hat auf eine schöne Parallele bei Cicero, *De divinatione* II 22, 49, ed. Ax, in: BiTeu p. 84, aufmerksam gemacht: "res mirabilis propterea quia non saepe fit ... causarum enim ignoratio in re nova mirationem facit; eadem ignoratio si in rebus usitatis est, non miramur ... sed quod crebro videt, non miratur, etiamsi cur fiat nescit; quod ante non vidit, id si evenit ostentum esse censet".

38 Tract. 8, 1 p. 81f: "Illud autem non miramur, quia omni anno fit; assiduitate amisit admirationem ... Sed quia homines in aliud intenti perdiderunt considerationem operum Dei, in qua darent laudem cotidie Creatori, tamquam servavit sibi Deus inusitata quaedam, quae faceret, ut tamquam dormientes homines ad se colendum mirabilibus excitaret"; Tract. 9, 1, p. 91f; Tract. 24, 1, p. 244: "... secundum ipsam suam misericordiam servavit sibi quaedam...".

39 Tract. 9, 1, p. 91; Tract. 24, 1, p. 244: "Hoc ergo admotum est sensibus, quo erigitur mens et exhibitum oculis ubi exerceretur intellectus, ut invisibilem Deum per visibilia opera miraremur, et erecti ad fidem et purgati per fidem, etiam ipsum invisibiliter videre cuperemus, quam de rebus visibilibus invisibilem nosceremus".

den ist.[40] Im Gegenteil, sie waren nötig und haben, wenngleich nur bei einigen, Glauben geweckt bzw. ihn bekräftigt.[41] Augustin geht es offenbar darum, daß bei den Wundern ja mit Christus der Schöpfungsmittler, durch den alles geschaffen ist, auf den Plan tritt.[42] Hat Gott – so heißt es einmal ausdrücklich – durch sein Wort, das bei Gott war und das Gott war, die früheren Wunder, d.h. die Werke der Schöpfung getan, so hat er die späteren Wunder durch sein Wort getan, das Fleisch angenommen hat und um unseretwillen Mensch geworden ist.[43] Augustin hat damit auf durchdachte Weise die johanneische Grundüberzeugung eingebracht, daß die Wunder Jesu auf den Schöpfer weisen, der in ihnen seine Herrlichkeit offenbart (Joh 5, 17).[44]

Zum zweiten: Nirgends im ganzen Johanneskommentar finden sich die Allegoresen so gehäuft und in so ausgeprägter Form wie bei der Auslegung der Wundergeschichten. Hier wird kein noch so geringes Detail ausgelassen: die 6 Weinkrüge;[45] der Wasser-

---

40 Vgl. P. de Vooght, *La théologie du miracle selon s. Augustin*, in: RThAM 11 (1939), S.197-222.

41 Tract.16, 3, p.166 (Der königliche Beamte zu Kapernaum kam durch das Heilungswunder an seinem Sohn zum Glauben); Tract.49, 1.6, p.420.422 (aufgrund der Auferstehung des Lazarus sollen die Menschen glauben); Tract.49, 11, p.426 (durch dasselbe Wunder wurde der bereits vorhandene Glaube der Jünger erbaut und vermehrt). Indessen haben auch die Jünger bzw. die zum Glauben gekommenen Augenzeugen das geglaubt, was sie nicht gesehen haben, denn sie folgten dem Zeichencharakter der Wunder und glaubten an die unsichtbare Gottheit Christi, vgl. Tract.79, 1, p.526; Tract.95, 2, p.566.

42 Diese Sicht hat übrigens schon Irenäus, Adv. Haer.III 11, 5, SC 211 p.154, vertreten.

43 Tract.8, 1, p.82: "Priora miracula fecit per Verbum suum Deum apud se, posteriora miracula fecit per Verbum suum incarnatum et propter nos hominem factum".

44 Das hebt Augustin auch zur Stelle in Tract.17, 13-15, p.177f, hervor.

45 Das Wunder auf der Hochzeit zu Kana, Joh 2, 1-11, legt Augustin in Tract.8, 1-9, 17, p.81-100, aus. Demzufolge bedeuten die sechs Wasserkrüge die sechs Zeitalter (Adam, Noah, Abraham, David, Daniel, der Täufer), und das Wasser in ihnen die Prophezeiungen auf Christus, die zu keiner Zeit gefehlt haben. Daß das Wasser in Wein verwandelt wurde, bedeutet, daß die Prophezeiungen durch das Evangelium erfüllt worden sind. Die zwei oder drei Metren können das Geheimnis der Trinität versinnbildlichen oder auf Beschneidung und Vorhaut bzw. auf die

teich von Bethesda und die ihn umgebenden 5 Säulenhallen;[46] die 5 Gerstenbrote und die 2 Fische, sowie das Kind, das sie bringt;[47] die 4 Tage, die Lazarus[48] schon in der Gruft lag, der

---

drei Söhne Noahs, d.h. jeweils auf die gesamte Menschheit weisen, auf die sich die Prophezeiungen erstreckten.

46 Die Krankenheilung am Teich Bethesda, Joh 5, 1-18, behandelt Augustin in Tract. 17, 1-16, p. 169-179. Das Wasser des Teiches deutet er auf das Volk Israel, die fünf Säulenhallen auf die fünf Bücher Moses. Diese umschließen das Wasser, d.h. das Volk Israel, aber sie können es nicht befreien. Die Bewegung des Wassers deutet auf die Gegenwart Christi. Der 38jährige Kranke bedeutet, daß ihm die Erfüllung des Doppelgebotes der Liebe zur Vollkommenheit in guten Werken fehlte (40-2 = 38), so wie nach der Heilung die Aufforderung "Nimm dein Bett und wandle" darauf zielt, das Fehlende zu ergänzen.

47 Über die Speisung der Fünftausend, Joh 6, 1-15, predigt Augustin in Tract. 24, 1-7, p. 244-248. Die fünf Brote bezeichnen danach die fünf Bücher Moses; Gerstenbrote sind sie insofern, als man durch die Spelzen kaum zum Mark gelangt, d.h. als der geistige Gehalt unter einer Decke verborgen ist. Die zwei Fische bedeuten die beiden durch Salbung herausgehobenen Ämter des Königs und Priesters, wodurch Christus vorherbezeichnet war. Der Knabe steht vielleicht für das Volk Israel. Die Menge von 5000 Menschen bezeichnet das unter dem Gesetz stehende Volk; daß sie im Gras lagen, weist darauf, daß sie eine fleischliche Gesinnung hatten. Die übrig gebliebenen Brocken sind die Geheimnisse, die das Volk noch nicht verstand, und die den zwölf Körben, d.h. den Aposteln anvertraut werden.

48 Die Auferweckung des Lazarus, Joh 11, 1-44, legt Augustin in Tract. 49, 1-24, p. 419-431, aus, vgl. auch Tract. 22, 7, p. 227. Allgemein versinnbildlichen für Augustin die Auferstehungswunder die erste Auferstehung, d.h. die Auferstehung der Seele durch den Glauben, wie ja umgekehrt die Sünde der Tod der Seele ist. So bedeutet die Auferweckung der Tochter des Jairus die "Auferstehung" von Gedankensünden, die Auferweckung des Jünglings von Nain diejenige von sündigen Taten und die Auferweckung des Lazarus diejenige von der bösen Gewohnheit im Sündigen. Die vier Tage, die Lazarus schon in der Gruft lag, erklären sich folgendermaßen: Der erste Tag des Todes bedeutet die Erbsünde, der zweite die Übertretung des natürlichen Gesetzes wie etwa der Goldenen Regel, der dritte die Übertretung des Dekalogs und der vierte die Übertretung des Evangeliums. So weist auch der Tote unter dem Grabstein auf den Sünder unter dem Gesetz, und die Binden stehen für die Schuldbeladenheit. Aber wenn Jesus befiehlt, den Stein zu entfernen, so meint das: "Predigt die Gnade!", und wenn er befiehlt: "Macht ihn frei und laßt ihn gehen!", so bezeichnet er damit die kirchliche Vergebung.

Grabstein und die Binden, u.s.w.[49] Auch dabei ist natürlich nicht daran zu denken, daß Augustin die Wunder unbequem gewesen wären und er ihre Historizität hätte antasten wollen. Im Hintergrund steht vielmehr ein Konzept, das sie in einen weiteren symbolischen Verweisungszusammenhang einbezieht.[50] Denn für Augustin sind die Wunder Jesu nicht nur Taten, sondern auch Zeichen; sie haben ihre eigene Sprache, weil sie uns auf eine Bedeutung hinweisen.[51] Es reicht nicht, ihre Größe zu bewundern,

---

49 Nachzutragen ist noch, wiederum nur in den Hauptpunkten, die Auslegung der übrigen Wundergeschichten. Bei der Perikope der Heilung des Sohnes des königlichen Beamten, Joh 4, 43-54, ist Augustin in Tract. 16, 1-7, p. 164-169, vorrangig an dem Gegensatz zwischen den Galiläern und den Samaritanern interessiert, den er als den von den Juden und der Heidenkirche deutet. Desgleichen stellt er dem königlichen Beamten den Hauptmann von Kapernaum gegenüber, jener ein Zeichen der Überheblichkeit, dieser ein Zeichen der Demut: Die stolzen Zweige werden abgehauen, aber der demütige wilde Ölzweig wird in die Wurzel eingepfropft. - Aus der Perikope vom Seewandel, Joh 6, 16-21, deutet Augustin in Tract. 25, 5-7, p. 250ff, das Schiff auf die Kirche. Daß es dunkel war, der Herr noch nicht gekommen war und das Meer hohe Wellen schlug, bedeutet, daß am Ende der Zeiten die Irrtümer, Schrecknisse und Ungerechtigkeiten zunehmen werden, aber die Liebe erkalten wird. Die 25 bis 30 Stadien besagen, daß die fünf Bücher Moses (5x5 =25) mit der Vollkommenheit der Sechszahl, dem Evangelium, erfüllt werden (5x6=30). Die furchtsamen Jünger sind die Gläubigen, und Jesus tritt auf die Wogen, d.h. er drückt, wie zum Trost vorhergesagt, die Eitelkeiten und Überheblichkeiten der Welt nieder, bis die Reise zum Ziel gelangt. - Bei der Heilung des Blindgeborenen, Joh. 9, 1-41, deutet Augustin in Tract. 44, 1-17, p. 381-388, den Blindgeborenen auf das ganze, durch die Sünde Adams blind gewordene Menschengeschlecht, wobei die Blindheit speziell den Unglauben meint. Daß Christus auf die Erde spuckte und einen Brei machte, weist auf die Inkarnation. Als er den Brei auf das Auge des Blinden strich, machte er ihn zum Katechumenen. Dieser wusch sich darauf im Teich Siloa, was verdolmetscht heißt: der Gesandte, d.h. er wurde getauft in Christus.

50 Bezeichnend sind Ankündigungen wie Tract. 8, 3.5, p. 83f: "aliquid ...mysterii et sacramenti latet", vgl. auch Tract. 8, 13, p. 90, oder Tract. 24, 6, p. 246: "nihil ...vacat, omnia innuunt..."; Tract. 50, 6, p. 435.

51 Tract. 24, 2, p. 244: "...miracula...habent...linguam suam"; Tract. 25, 2, p. 248: "...cuius facta verba sunt..."; Tract. 25, 5, p. 250; Tract. 44, 1, p. 381: "Ea quippe quae fecit Dominus noster Iesus Christus stupenda atque miranda, et opera et verba sunt: opera, quia facta sunt; verba, quia signa sunt"; Tract. 49, 2, p. 420: "Domini quippe facta non

man muß sie entziffern wie Briefe, um ihre Botschaft zu verstehen.[52] Wer würde da nicht sogleich an die eigentümliche Wortwahl des vierten Evangeliums und an ihren semantischen Gehalt denken, daß die Wunder σημεῖα = signa heißen! Und wie im vierten Evangelium den Wundern eine spezifische, geistige Bedeutung zu eigen ist, insofern sie das im deutenden Verstehen zu ergreifende Geheimnis der Person Christi symbolisch transparent machen, so sieht es auch Augustin. Weil Christus das Wort Gottes ist, sind auch die Taten des Wortes für uns ein Wort.[53] Auch seine Wunder sprechen zu uns; in dem ihnen eigenen symbolischen Verweisungszusammenhang sprechen sie im Grunde überall von Christus und seinem gegenwärtigen Heilswerk an uns.

Das führt nun schon direkt auf die exegetischen Bemühungen Augustins, in das Verständnis des johanneischen Christus einzudringen. Wenn er sich dabei wiederholt auf die Glaubensregel der Kirche[54] und zweimal auch auf den christologischen Artikel des Glaubensbekenntnisses[55] beruft, so deutet sich damit bereits an, daß Augustin – und wie könnte es auch anders sein – den Text des Evangeliums im Licht der Lehre der Kirche auslegt. Er transponiert damit die johanneische Christologie auf eine andere, auf eine dogmatische Ebene, und es kann nicht überraschen, daß dabei einige für Johannes charakteristische Züge verloren gehen. Aber der wesentliche Gehalt und der Geist im ganzen werden so in bewundernswerter Weise auf höherer Stufe zur theologisch durchdachten Aussage gebracht.

Die christologische Grundstruktur, die das Johannesevangelium selbst der kirchlichen Lehrentwicklung vermittelte, und die Augustin bei seiner Erklärung zu Recht in den Vordergrund

---

sunt tantummodo facta, sed signa. Si ergo signa sunt, praeter id quod mira sunt, aliquid profecto significant".

52 Tract. 24, 2, p. 244f.

53 Tract. 24, 2, p. 244: "Nam quia ipse Christus Verbum Dei est, etiam factum Verbi, verbum nobis est".

54 Tract. 18, 1f, p. 180; Tract. 98, 7, p. 580; vgl. Tract. 36, 2 p. 324. Nach De doctr. chr. III 2, 2 (3), CSEL 80 p. 79, ist die Glaubensregel wie ein Extrakt aus den klaren Stellen der Schrift in Verbindung mit der Autorität der Kirche.

55 Tract. 45, 9, p. 392; Tract. 47, 13, p. 412.

stellt, ist die Inkarnation des präexistenten Christus.[56] Unter der großen Zahl von Zitaten aus dem Prolog heben sich bezeichnender Weise zehn Stellen heraus, wo Augustin den ersten Vers: "Am Anfang war das Wort, und das Wort war bei Gott", mit Vers 14: "Und das Wort ward Fleisch und wohnte unter uns", kombiniert.[57] Es entspricht dem altkirchlichen Entwicklungsgesetz, verschiedene neutestamentliche Traditionen miteinander zum Ausgleich zu bringen, wenn Augustin daneben jene zwei Paulusverse, die von der Sendung des Sohnes sprechen (Röm 8, 3 und Gal 4, 4), sowie den Christushymnus des Philipperbriefes (Phil 2, 6f) stellt.[58] Das ist von der Struktur her wohl sachgemäß, bedingt aber im letzteren Fall eine irreführende Rückwirkung an anderer Stelle. Denn als Augustin erwägt, ob die Verherrlichung Christi am Kreuz oder in der Auferstehung geschehen sei, entscheidet er sich mit Rücksicht auf den Philipperhymnus gegen die johanneische Intention zugunsten der Auferstehung.[59] Dieselbe Tendenz wirkt sich aus, wenn Augustin zwar nicht anläßlich des Prologes, aber an später sich bietenden Stellen die Gelegenheit wahrnimmt, als den Moment der Menschwerdung des Wortes die geistgewirkte Empfängnis und die Geburt aus der Jungfrau zu bestimmen.[60] Auch damit folgt er dem Ergebnis der kirchlichen

---

56 Ich verkenne, ohne darauf näher eingehen zu können, nicht, daß das Auslegungsspektrum heutiger Exegese breiter ist, aber ich will nicht verhehlen, daß mir eine Deutung auf der Linie einer Gesandtenchristologie im Entscheidenden als modernistische Verkürzung vorkommt, die die metaphysisch ontologische Dimension ausblendet; vgl. Tract. 42, 8, p. 368: "Christi ergo missio, est incarnatio"; Tract. 36, 7 p. 328.

57 Tract. 13, 4, p. 132; Tract. 15, 6, p. 152; Tract. 16, 7, p. 169; Tract. 18, 2, p. 180; Tract. 19, 15, p. 198; Tract. 26, 8, p. 263; Tract. 47, 6. 10, p. 407. 410; Tract. 78, 2, p. 524; Tract. 82, 4, p. 534; Tract. 108, 3, p. 617.

58 Tract. 108, 3f, p. 617 mit Röm 8, 3; Tract. 28, 4f, p. 279 mit Gal 4, 4; Tract. 12, 6, p. 124; Tract. 23, 6, p. 235f; Tract. 69, 3, p. 501 mit Phil 2, 6f. Ich nenne hier nur die Stellen, wo zugleich die Inkarnationstheologie des Prologes mehr oder weniger deutlich gegenwärtig ist.

59 Tract. 104, 3, p. 602f.

60 Tract. 8, 9, p. 87f; Tract. 16, 7, p. 169; Tract. 23, 12, p. 241; Tract. 41, 1, p. 357; Tract. 47, 4, p. 406; Tract. 104, 2, p. 602; Tract. 115, 4, p. 645. Hieran schließt sich auch das Motiv der doppelten Geburt, der ewigen Geburt aus dem Vater ohne Mutter und der irdischen Geburt

Lehrbildung, welches die unterschiedlichen christologischen Entwürfe der Frühzeit vereinheitlichend miteinander verknüpft hat. Einen gegenläufigen Fall stellt die Interpretation der christologischen Titel dar. Während im Johannesevangelium die Titel "Sohn Gottes" und "Menschensohn" beide i.W. gleichbedeutend die himmlische Herkunft Jesu und seine Einheit mit dem Vater zum Ausdruck bringen, differenziert Augustin im Einklang mit der ihm vorgegebenen kirchlichen Tradition[61] den Gebrauch. Ein instruktives Beispiel dafür liefert die Perikope von der Heilung des Blindgeborenen, dessen Bekenntnis sich nach und nach steigert, schließlich seinen Höhepunkt in der Anerkennung Jesu als "Menschensohn" findet und zu dessen Anbetung führt (Joh 9, 38). Hier hat nun schon die Augustin vorliegende lateinische Bibelübersetzung den Text geändert und ein Bekenntnis zum "Gottessohn" eingetragen.[62] Und entsprechend erklärt Augustin den Passus,[63] wie er denn durchgängig den Titel "Sohn Gottes" auf die göttliche Natur, und den Titel "Menschensohn" auf die menschliche Natur Christi bezieht.[64]

Sind damit, bedingt durch die kirchliche Lehrbildung, gewisse Umakzentuierungen zu konstatieren, so bringt Augustin um so nachhaltiger und wiederum in Übereinstimmung mit dem orthodoxen Glauben der Kirche das zentrale Motiv des vierten Evangeliums, die Einheit des Sohnes mit dem Vater, zur Geltung. Um das Bekenntnis zur Gottheit Christi rein zu erhalten, habe die

---

aus der Jungfrau ohne Vater, an: Tract. 12, 8, p. 125; Tract. 14, 2, p. 142; Tract. 33, 2, p. 307.

61 Hier sei nur auf Ignatius, Ad Eph. 20, 2, SQS II 1, 1 p. 88, und Irenäus, Adv. Haer III 16, 3, SC 211 p. 296ff; Adv. Haer. III 16, 7, p. 318; Adv. Haer. III 18, 3, p. 350; verwiesen.

62 In Tract. 44, 15, p. 387, zitiert Augustin Joh 9, 35 in einer Lesart, die von einem Teil der Altlateiner und von der Vulgata geboten wird: "Audivit Iesus quia eiecerunt eum foras, et cum invenisset eum dixit ei: Tu credis in Filium Dei", während der griechische Text des letzten Kolons nach den besten Zeugen lautet: σὺ πιστεύεις εἰς τὸν υἱὸν τοῦ ἀνθρώπου;

63 Tract. 44, 15, p. 387: "...agnoscens eum non Filium hominis tantum, quod ante crediderat, sed iam Filium Dei qui carnem susceperat...".

64 Vgl. beispielsweise Tract. 19, 15, p. 199; Tract. 25, 11, p. 253; Tract. 26, 19, p. 269; Tract. 27, 4, p. 271; Tract. 46, 3 p. 399.

Kirche, so erklärt Augustin, die Wahrheit nach zwei entgegengesetzten Extremen verteidigen müssen, indem sie die Irrlehre des Sabellianismus und des Arianismus verurteilte, und in dieser doppelten Frontstellung habe sie nur vollzogen, was bei Johannes implizit in dem einen Vers enthalten ist: "ego et pater unum sumus" (Joh 10, 30). Das Prädikatsnomen "unum" drücke die Einheit der Natur aus, die eine Substanz, die eine Gottheit, die eine Gleichewigkeit, die vollkommene Gleichheit – anderswo hat übrigens Augustin die Gleichsetzung der Bezeichnungen "aequalitas" und "unitas substantiae", bzw. "consubstantialis" ausführlich erläutert[65] –, und der Plural "sumus" drücke die reale Mehrzahl der göttlichen Personen aus, insofern der Vater in ewiger Zeugung seinen Sohn zeugt.[66] Auch andere Worte des johanneischen Christus weisen nach Augustin auf die ewige Zeugung des Sohnes, wie "...weil ich von ihm her bin" (Joh 7, 29) oder einige Worte, die vom Geben des Vaters bzw. vom Empfangen des Sohnes sprechen, so: "Wie der Vater das Leben in sich hat, so hat er auch dem Sohn gegeben, das Leben in sich zu haben (Joh 5, 26. ferner Joh 10, 18.29).[67] Weit entfernt, eine Überlegenheit des Vaters anzudeuten, sind sie nach dem hermeneutischen Prinzip zu verstehen, daß der Sohn vom Vater nur insofern empfing, was er hat, weil er es durch die Geburt empfing und der Vater es ihm durch die Zeugung mitteilte.[68]

Das große johanneische Motiv der Einheit des Sohnes mit dem Vater bekräftigt Augustin selbstverständlich auch für den Inkarnierten. Denn Christus ist nicht so Mensch geworden, daß er aufgehört hätte, Gott zu sein, oder daß er sich verwandelt hätte. Er blieb vielmehr Gott, der er war, als er annahm, was er nicht war.[69] Deshalb besteht die Einheit des Sohnes mit dem Vater

---

65 De Trin. I 4, 7, CChr. SL 50 p. 35; De Trin. I 6, 13, p. 42; De Trin. IV 5, 7, p. 235f; De Trin. IV 9, 10, p. 239f; De Trin. IV 20. 27, p. 195.

66 Tract. 36, 9, p. 329f; Tract. 37, 6, p. 334f; Tract. 71, 2, p. 505f.

67 Tract. 31, 4, p. 295 (zur Anspielung an das Nicänum s. u. Anm. 85)

68 Tract. 19, 11.13, p. 194ff; Tract. 22, 10, p. 229; Tract. 47, 14, p. 412; Tract. 48, 6, p. 415f; Tract. 54, 7, p. 462.

69 Tract. 23, 6, p. 236: "Factus est ergo homo qui erat Deus, accipiendo, quod non erat, non amittendo quod erat..."; Tract. 28, 1, p. 277: "...sic esse Christum hominem factum, ut non destituerit Deus esse. Manens Deus accipit hominem ... Quando ergo latuit ut homo, non potentiam perdidisse putandus est..."; Tract. 9, 10, p. 96.

auch in der Menschwerdung fort. Und es sind die Worte des johanneischen Christus: "Ich bin nicht allein, sondern ich und der Vater" (Joh 8, 16), und: "Der, welcher mich gesandt hat, ist mit mir, und er hat mich nicht allein gelassen" (Joh 8, 29), die Augustin zu der Erklärung veranlassen: Nicht so ist der Sohn hier, daß er nicht beim Vater wäre; und nicht so ist der Vater dort, daß er nicht beim Sohn hier wäre;[70] d.h. dogmatisch gesprochen eignet auf Grund der Wesenseinheit Gottes[71] dem inkarnierten Christus nach seiner göttlichen Natur ebenso die göttliche Allgegenwart[72] und das untrennbare trinitarische Wirken nach außen[73] wie dem Vater.

Auf der anderen Seite ist Augustin nie der geringste Zweifel gekommen, daß das vierte Evangelium auch ebenso eindeutig und entschieden die wahre und volle Menschheit Christi bezeugt.[74] Eine der aufschlußreichsten Ausführungen in dieser

---

70 Tract. 36, 9, p. 330 (zu Joh 8, 16): "... non sic sum Filius, ut ipsum (sc. Patrem) deseruerim; non ita hic sum, ut cum ipso non sim; non ita ibi ille est, ut mecum non sit; formam servi accepi, sed formam Dei non amisi"; Tract. 40, 6, p. 353 (zu Joh 8, 29): "Misit itaque Pater Filium, sed non recessit a Filio. Non enim quo misit Filium, non ibi erat Pater"; Tract. 69, 3, p. 501: "Per hanc (sc. carnem) venisti manens ubi eras...". Besagt das sog. Extra Calvinisticum, daß der Sohn Gottes vom Himmel herniedergestiegen ist, ohne den Himmel verlassen zu haben, so vertritt diesen Satz schon Augustin.

71 Tract. 21, 17, p. 222: "Pater autem qui misit Filium, non recessit a Filio ... Non recessit a misso mittens, quia missus et mittens unum sunt".

72 Tract. 12, 8, p. 125: "Ecce hic erat, et in caelo erat, hic erat in carne, in caelo erat divinitate; immo, ubique divinitate"; Tract. 31, 9, p. 298, Tract. 78, 1, p. 523: "per illud autem in quo aequalis est Gignenti Unigenitus, numquam recedit a Patre, sed cum illo est ubique totus pari divinitate, quam nullus continet locus ... Forma quippe servi accessit, non forma Dei recessit; haec est assumta, non illa consumta".

73 Tract. 20, 6, p. 206: "...Pater in Filio manens ipse facit opera sua ... Ergo illa ambulatio (sc. supra mare) opus est Patris et Filii inseparabile. Utrumque ibi operantem video; nec Pater Filium deseruit, nec Filius a Patre discessit. Ita quidquid facit Filius, non facit sine Patre, quia quidquid facit Pater, non facit sine Filio ... Inseparabilia sunt ergo opera Patris et Filii."

74 Ersteres richtet sich gegen einen manichäischen Doketismus, vgl. Tract. 8, 5, p. 84f, Tract. 96, 3, p. 570; letzteres gegen eine apollinaristische Verkürzung der Menschheit, vgl. Tract. 23, 6, p. 236;

Hinsicht ist sein Kommentar zur Bitte des Herrn im sog. Hohepriesterlichen Gebet: "Und nun verherrliche mich, Vater" (Joh 17, 5).[75] Augustin bezieht dort gegen die Meinung Stellung, die verherrlichte Menschheit Christi sei in die Gottheit verwandelt worden.[76] Das hieße doch, so seine Kritik, daß der Mensch Jesus Christus von Gott absorbiert und in Gott untergegangen wäre. Aber so gewiß die menschliche Natur Christi dank der hypostatischen Einheit mit dem Wort zum Besseren, zur Unsterblichkeit verändert wurde,[77] so sicher hält er daran fest, daß sie nicht in die göttliche Substanz des Wortes verwandelt wurde, daß sie vielmehr nicht aufhört, als menschliche Natur in ihrer kreatürlichen Integrität bestehen zu bleiben.

Auf dieser Linie ist es nun ohne Schwierigkeiten möglich, auch die weiteren Sätze des ausgebildeten christologischen Dogmas, die Unterscheidung der Naturen in der Einheit der Person samt der Zuweisung der Werke auf je eine Natur und der Verknüpfung durch den wechselseitigen Austausch der Eigenheiten,[78] aus den Traktaten zum Johannesevangelium zu erheben. Indessen soll dieser Weg nicht weiter beschritten werden, da zu befürchten steht, daß dabei die enge Orientierung an der Auslegung des konkreten Textes zurücktreten könnte.

Nicht unerwähnt bleiben darf aber jene Redefigur, die das vierte Evangelium auf so unverwechselbare Weise charakterisiert: die ἐγώ εἰμι-Worte, sowohl in der absoluten Form als auch in derjenigen mit einem attributiven Substantiv. Was die erste

---

Tract. 47, 9, p. 409; Tract. 78, 3, p. 524f. Eine noch zu nennende Besonderheit der Christologie Augustins, die den antipelagianischen Kampf in den Traktaten zum Johannesevangelium widerspiegelt, liegt darin, daß er die Menschheit Christi als Modellfall der Prädestination behandelt, insofern in ihm als dem Haupt die Glieder mitprädestiniert sind, vgl. R. Bernard, *La prédestination du Christ total selon saint Augustin*, in: RechAug 3 (1965) S. 1-58.

75 Tract. 105, 6, p. 606f.

76 T. J. van Bavel, *Recherches sur la Christologie de saint Augustin. L'humain et le Divin dans le Christ d'après saint Augustin*, Par. 10, Fribourg 1954, S. 54ff, führt die kritisierte Position auf Origenes zurück: "Mais saint Augustin visait probablement en premier lieu saint Hilaire et Gaudence de Brescia".

77 Tract. 63, 3, p. 487f; Tract. 78, 3, p. 525.

78 Hier muß der Hinweis auf T. J. van Bavel, ebd. S. 47-67, genügen.

Form betrifft (Joh 8, 24.28.58; Joh 13, 19), so sieht Augustin wohl zu Recht in ihr einen Rückverweis auf die Namensoffenbarung Gottes am Horeb nach der LXX: ἐγώ εἰμι ὁ ὤν = "ego sum qui sum" (Ex 3, 14),[79] zum Beweis, wenn es denn eines solchen bedarf, daß auch in Augustins Gottesverständnis die Implikationen des griechisch-philosophischen Gottesbegriffes eingegangen sind; denn der Sohn Gottes ist nach seiner Deutung transzendent in und mit der Trinität, ein ewiges, unwandelbar mit sich selbst identisches, unaussprechliches, vollkommen einfaches Sein.[80] Und was die zweite Form betrifft, jene aus der urbildlichen Kraft des Symbols lebenden Worte wie "Ich bin das Brot der Welt ... das Licht der Welt" etc., so ist zunächst in formaler Hinsicht bemerkenswert, daß Augustin treffend beobachtet, daß dabei auf das Offenbarungswort eine bedingte Verheißung, d.h. Befehl und Verheißung, zu folgen pflegen.[81] Sachlich hebt er ausdrücklich hervor, daß die gewählten Bezeichnungen wie "Hirt", "Tür", "Weinstock" u.a. Metaphern sind,[82] während als eigentliche Be-

---

79 Tract. 38, 8, p. 341f; Tract. 39, 8, p. 349; Tract. 40, 3, p. 351.

80 Tract. 2, 2, p. 12: "Cum videatis ... ista omnia mutabilia, quid est quod est, nisi quod transcendit omnia, quae sic sunt, ut non sint? ... hoc solum semper sic est ut est..."; Tract. 38, 10, p. 343: Quid sit ipsum esse ... est enim semper eodem modo esse ... non enim est ibi verum esse, ubi est et non esse ... cogita Deum, invenies est, ubi fuit et erit esse non possit ... tanta ineffabilitatae..." Tract. 39, 8, p. 343: "...Deus igitur incommutabilis est..."; Tract. 99, 5, p. 585: "...natura illa immutabilis et ineffabilis non recipiat fuit et erit, sed tantum est, ipsa enim veraciter est, quia mutari non potest". Tract. 23, 9, p. 238: "...simplicitas ibi est..."; Tract. 40, 5, p. 353: "...simplex est natura veritatis...".

81 Tract. 34, 7, p. 314f zu Joh 8, 12; vgl. auch Tract. 25, 14, p. 255 zu Joh 6, 35; Tract. 26, 13.15, p. 266f zu Joh 6, 51; Tract. 45, 14f, p. 396 und Tract. 48, 4f, p. 414f zu Joh 10, 9; Tract. 49, 15, p. 427f zu Joh 11, 25f.

82 Tract. 47, 6, p. 407: "Per similitudinem Christus multa est quae per proprietatem non est ... (e.g. petra, ostium, lapis angularis, pastor, agnus, leo) ... omnia ista per similitudinem"; Tract. 80, 1, p. 528 (e.g. vitis, ovis, agnus, leo, petra, lapis angularis); Tract. 46, 3, p. 399 (e.g. pastor, ostium, ovis, leo, petra); Tract. 13, 5, p. 133: "Deus tibi totum est: ... panis ... aqua ... lumen (in Relation zu lux ista, dem materiellen Licht) ... vestis ... (domus). Omnia possunt dici de Deo, et nihil digne dicitur de Deo ... Quid simile, agnus et leo? De Christo utrumque dictum est". Das Bewußtsein für die hiermit angeschnittenen Fragen wurde schon in der Auseinandersetzung mit dem Arianismus ge-

nennungen nur die auf die innertrinitarischen Relationen gegründeten Titel der dogmatischen Sprache "Wort Gottes" und "Sohn Gottes" zu gelten haben;[83] und von den auf geistige Realitäten weisenden Begriffen "Licht",[84] "Leben" und "Wahrheit" gilt, daß sie von der ganzen Trinität ausgesagt werden können und, auf Gott bezogen, alle gleichbedeutend sind.[85] Wiederholt deckt

---

schärft, vgl. Athanasius, Orat. contra Arian. II 37, PG 26 col. 225.228, und De sent. Dion. 23, PG 27 col. 513, mit Arius, Thalia, Frag. 17/18 nach K. Metzler - F. Simon, *Ariana et Athanasiana*. Studien zur Überlieferung und zu philologischen Problemen der Werke des Athanasius von Alexandrien, Abhandlungen der Rheinisch-Westfälischen Akademie der Wissenschaften 83, Opladen 1991, S. 18f. 29f. (Ich danke Frau K. Metzler für diesen Hinweis).

83 Tract. 46, 3, p. 399: "Proprietatem autem si quaeras a me: In principio erat Verbum ... Si quaeras a me proprietatem, Filius unicus de Patre ... genitus ... ex incarnatione homo, filius hominis et Filius Dei. Hoc totum quod dixi, non similitudo, sed res est"; Tract. 47, 6, p. 407.

84 Selbstverständlich ist die Bezeichnung Christi als Sonne eine Metapher, vgl. Enarr. in Ps. 71, 8, CChr. SL 39, p. 977; Enarr. in Ps. 103 s. III 20f, CChr. SL 40, p. 1516f. Aber bei der Prädikation "Licht" kompliziert sich der Sachverhalt, weil Augustin im biblischen Schöpfungsbericht ein zweifaches, ein intelligibles und ein körperliches Licht bezeugt sieht. Da aber dem geistigen Bereich ein höherer Seinsrang eignet, wo die Wahrheit des in der Sprache Bezeichneten aufscheint, so werden auch unsere Begriffe erst mit Rücksicht auf die Welt der Metaphysik eigentlich gebraucht. Deshalb ist die Bezeichnung Christi als Licht, im Horizont des geistigen Lichtes gesprochen, keine Metapher, De Gen. ad lit. IV 28 (45), CSEL 28, 1, p. 127: "neque enim et Christus sic dicitur lux, quomodo dicitur lapis, sed illud proprie, hoc utique figurate", vgl. z. St. auch G. Strauss, *Schriftgebrauch, Schriftauslegung und Schriftbeweis bei Augustin*, BGBH 1, Tübingen 1959, S. 131ff. Das hindert Augustin aber nicht daran, vom körperlichen Licht aus gedacht, "Licht" mit anderen Metaphern für Christus zusammenzustellen, so Tract. 13, 5, p. 133.

85 Zur Bezeichnung "Licht" in trinitarischem Kontext: Tract. 29, 5, p. 286: "Dominus enim Christus dicitur Lumen ex Lumine. Lumen ergo quod non ex lumine, et Lumen aequale quod ex Lumine, simul unum Lumen, sed non duo lumina". (Zur Anspielung an das Nicänum vgl. Tract. 31, 4, p. 295; Tract. 34, 4, p. 213; Tract. 39, 1, p. 345; Tract. 40, 3, p. 351; Tract. 71, 1, p. 505.) Tract. 39, 5, p. 348: "... Pater et Filius et Spiritus Sanctus, Deus unus, lumen unum, (unum)que principium". Die Belege ließen sich beachtlich vermehren aus De Trin. VI 4, 6, p. 254; De Trin. VII 1, 2. 3, 4, p. 249. 251f. Zur Bezeichnung "Leben" in trinita-

Augustin auch hier den biblischen Hintergrund auf.[86] Seine Deutung im einzelnen verfährt subtil und reich nuanciert. Was er zum Wort "Ich bin das Brot des Lebens" (Joh 6, 35) vorträgt, hält sich eng an den vorgegebenen Text. Im Verweis auf das typologisch gedeutete Mannawunder und im Kontext des Sakramentes der Eucharistie tritt im Entscheidenden heraus, daß Christus sich selbst als die Speise zur ewigen Sättigung darbietet, so daß die Menschen ewiges Leben nur in der gläubigen Gemeinschaft mit ihm, dem Gottmenschen, haben.[87] Auf etwas modifizierte

---

rischem Kontext: Tract. 19, 12, p. 195: "...ut sit ille (sc. Pater) vita, sit et iste (sc. Filius); et utrumque coniunctum una vita, non duae; quia unus Deus, non duo dii, et hoc ipsum esse vitam"; Tract. 54, 7, p. 462. Der Anknüpfungspunkt dafür im Johannesevangelium ist Joh 5, 26. Zur Bezeichnung "Wahrheit" in trinitarischem Kontext: De Trin. VII 2, 3, p. 249: "Pater igitur et Filius simul una essentia et una magnitudo et una veritas et una sapientia". Im Anschluß an Joh 8, 26 umschreibt Augustin diesen Sachverhalt auch in folgender Weise: Tract. 39, 7f, p. 348f: "... Filius veracis veritas sum. Pater verax, Filius veritas ... verax Deus, quia genuit veritatem", Tract. 40, 1, p. 350; Tract. 54, 8, p. 463. Zur Synonymie: Tract. 1, 18, p. 10: "ipsa vita lux est"; Tract. 3, 4, p. 22; Tract. 19, 12, p. 196; Enarr. in Ps. 42, 4, CChr. SL 38, p. 476: "Quia ipsa lux tua et veritas tua; haec nomina duo, res una. Quid enim aliud lux Dei, nisi veritas Dei"; Tract. 30, 2, p. 289; Tract. 36, 3, p. 325; Tract. 40, 9, p. 355; vgl. Tract. 26, 4, p. 261: "...veritate ... beatitudine ... iustitia ... sempiterna vita, quod totum Christus est". Die Begründung liegt letztlich darin, daß das absolute Sein selbst des trinitarischen Gottes (vgl. Tract. 40, 3, p. 351: "ad ipsum esse pertinet tota Trinitas") eine intelligible Struktur hat, wo Sein und Denken, mithin Sein und Wahrheit, Leben und Licht identisch sind: Tract. 40, 5, p. 353: "simplex est natura veritatis, hoc est Filio esse quod nosse"; Tract. 99, 5, p. 585: "...et scire illi hoc est quod esse..."; De Trin. VIII 1, 2, p. 270: "...in essentia veritatis, hoc est verum esse quod est esse".

86 Zu Joh 6, 35 ist der alttestamentliche Bezug schon durch den Kontext gegeben, Tract. 25, 13, p. 255; Tract. 26, 11ff, p. 264ff. Aber es ist beachtlich und geschieht zu Recht, daß Augustin zu Joh 8, 12 auf Ps 35, 7f weist, Tract. 34, 3ff, p. 312ff. Mit Joh 10, 8 verbindet er Ez 34, 4, Tract. 45, 11, p. 393. Bei Joh 15, 1 assoziiert er Jer 2, 21, Tract. 80, 1, p. 528, bei Joh 15, 6 Ez 15, 5, Tract. 81, 3, p. 531.

87 Die einschlägige Behandlung findet sich in Tract. 25, 10-26, 20, p. 252-269. Hier stellt Augustin nun einmal wirklich den entscheidenden Hauptgedanken der Perikope heraus, Tract. 25, 10, p. 252: "Seipsum enim insinuat istum cibum, quod in consequentibus illucescit". Ansonsten herrscht weiterhin die erwähnte "atomisierende" Sichtweise vor, was indessen nicht ausschließt, daß sich treffliche exegetische Be-

Weise vollzieht sich die Auslegung der Worte "Ich bin die Tür" und "Ich bin der gute Hirte" (Joh 10, 9.11). Diese behandelt Augustin nicht anders als Allegorien, wobei er der ekklesiologischen Dimension ausführlich Geltung verschafft.[88] Dem steht seinerseits auch das Wort vom Weinstock (Joh 15, 1.5) nahe, das er aber im Blick auf die Naturen Christi präzisiert: Der Weinstock ist Christus nach seiner menschlichen Natur, denn nur mit ihr können die Reben an ihm, die Gläubigen, gleichen Wesens sein.[89]

---

obachtungen finden, etwa die Parallelisierung mit dem Lebenswasser (Joh 4, 14, Tract. 25, 10.13, p. 253.255), oder tiefe theologische Deutungen punktuell begegnen wie zur Thematik der Gnade (Tract. 26, 2ff, p. 260f: "Magna gratiae commendatio. Nemo venit nisi tractus ... Noli te cogitare invitum trahi ... etiam voluptate traheris"), der Gerechtigkeit Gottes (Tract. 26, 1, p. 260: "Iustitia Deus hic dicitur, non qua iustus est Deus, sed quam dat homini Deus, ut iustus sit homo per Deum"), der Demut (Tract. 25, 15f, p. 256f), der Prädestination (Tract. 26, 15, p. 267). Es erweist sich hier übrigens auch, daß Paulus nicht weit entfernt ist, wo Johannes verstanden wird, und dasselbe gilt für die übrigen Auslegungen.

88 Die Auslegung gibt Augustin in Tract. 45, 1-47, 6, p. 388-407. Der Schafstall bezeichnet demgemäß die katholische Kirche, die Schafe sind die Gläubigen, und Christus ist der Hirt. Diebe und Räuber sind die heidnischen Philosophen, die Pharisäer und die Häretiker. Der Wolf ist der Teufel, und ein Mietling derjenige, der als Vorgesetzter in der Kirche nicht die Ehre Christi, sondern das Seine sucht. Dagegen sind die guten Vorgesetzten in der Kirche ebenfalls Hirten; trotzdem gibt es aber nur einen Hirten, weil sie alle Glieder des einen Hirten Christus sind. Christus ist der Hirt, aber gleichzeitig ist er auch die Tür, und zwar die Tür sowohl zu den Schafen, denn durch die Predigt des wahren Christus gelangt man zu ihnen, als auch zum Vater, denn es gibt außer ihm keinen anderen Zugang zum Vater. Ebenso ist Christus, insofern er sich selbst auslegt, der Türhüter, unter dem freilich auch der Hl. Geist verstanden werden kann. Und auf die eschatologische Vollendung im ewigen Leben bezieht Augustin Joh 10, 9: "... eingehen und ausgehen und Weide finden", sowie Joh 10, 10: "... damit sie das Leben haben und es im Überfluß haben".

89 Hierfür ist Tract. 80, 1 - 81, 4, p. 527-532, einzusehen, vgl. auch Tract. 75, 4, p. 516f. Augustin führt die Exegese dahingehend weiter, daß Christus zwar nicht der Weinstock wäre, wenn er nicht Mensch wäre, daß er aber den Reben nicht das Leben verleihen würde, wenn er nicht auch Gott wäre. Insofern ist er nach seiner göttlichen Natur zusammen mit dem Vater der Weingärtner. Deshalb ist auch das Verhältnis zwischen Weinstock und Reben von asymmetrischer Ungleichgewichtigkeit: Vom Weinstock empfangen die Reben, um zu leben, abge-

Die dogmatische Differenzierung nach den beiden Naturen tritt einprägsam auch in der Auslegung des Wortes "Ich bin der Weg und die Wahrheit und das Leben" (Joh 14, 6) zutage. Christus ist in seiner Person Weg und Ziel zugleich, aber insofern er sich in Demut durch seine Erniedrigung und Passion zum Weg gemacht hat, der uns den Zugang zu Gott eröffnet – so Augustin, und er kann dieses Motiv auch mit anderen Bildern verknüpfen[90] –, ist Christus der Weg nach seiner menschlichen Natur, während er das Ziel, die Wahrheit und das Leben, nach seiner göttlichen Natur in der Einheit mit dem Vater ist.[91] Die Auslegung der Prädikationen "Wahrheit" und "Leben" führt aber noch weiter, und sinngemäß schließen sich hier auch die Worte "Ich bin die Auferstehung und das Leben" (Joh 11, 25)[92] und "Ich bin das Licht der Welt" (Joh 8, 12)[93] an. Die Aussagen weisen noch einmal zurück auf den philosophischen Gottesbegriff des transzendenten Seins in sich,[94] sie beschreiben zum anderen aber auch den Bezug

---

schnitten vom Weinstock können sie nicht leben, und aus sich können sie gar keine Frucht hervorbringen. Das ist eine nachdrückliche Empfehlung der Gnade. Jetzt glauben wir, daß er in uns ist und wir in ihm, in der eschatologischen Vollendung werden wir das aber schauend erkennen.

90 Vgl. das Bild vom Weg durch das Meer der Welt auf dem Schiff des Kreuzesholzes in Tract. 2, 2ff, p. 12ff, oder das vom Vaterland in Tract. 28, 5, p. 279: "Excelsa est enim patria, humilis via. Patria est vita Christi, via est mors Christi; patria est mansio Christi, via est passio Christi".

91 Joh 14, 6 ist der Vers, den Augustin am dritthäufigsten aus dem Johannesevangelium in den Traktaten zitiert. Die wichtigsten Passagen sind Tract. 13, 4, p. 132; Tract. 22, 8, p. 227; Tract. 34, 9, p. 315f; Tract. 69, 1-3, p. 500f; Tract. 86, 3, p. 543; vgl. auch Tract. 23, 6, p. 236; und Tract. 42, 8, p. 369: "Adventus eius, humanitas eius; mansio eius, divinitas eius; divinitas eius quo imus, humanitas eius qua imus. Nisi nobis fieret qua iremus, numquam ad illum manentem perveniremus".

92 Tract. 49, 14, p. 427: Christus ist deshalb die Auferstehung, weil er das Leben ist.

93 Tract. 34, 1 - 35, 9, p. 311-323.

94 Vgl. die in Anm. 80 und 85 genannten Belege, wobei die bekannten Attribute für das transzendente Sein bezeichnend sind, vgl. auch Tract. 38, 10, p. 343: "O veritas quae vere es! ... in veritate quae manet ... invenio ... solum praesens et hoc incorrumptibiliter ..."; Tract. 41, 1, p. 357: "veritas incommutabilis est ..." Tract. 19, 11, p. 194: "... vita Dei immutabilis ... est ipse semper in se, est ita ut est"; Tract. 22, 10,

Gottes zur Welt und zum Menschen, und zwar so, daß dabei strikt die fundamentale Differenz zwischen dem Schöpfer und seinem Geschöpf gewahrt bleibt.[95] In dieser Hinsicht steht natürlich die kosmologische Dimension, insofern Christus der Schöpfungsmittler ist, immer im Hintergrund.[96] Zugleich ist aber in ausgezeichneter Weise darauf abgehoben, daß sich die Wirklichkeit Gottes selbst in Christus als der Wahrheit, als dem Licht und als dem Leben erschließt: als der Wahrheit, insofern diese in ihren Aspekten von Verläßlichkeit[97] und Entborgenheit[98] und im Kontrast zur Lügenhaftigkeit der Menschen[99] aus freier gnaden-

---

p. 229: "... (Christus) incommutabiliter vivat, et omnino ipse vita sit ..."; Tract. 13, 5, p. 132: "... lucem illam infatigabilem, integram perseverantem, nulla ex parte deficientem ..."; Tract. 14, 1, p. 141: "... a seipso lumen est et sibi lumen est, et non indiget alio lumine ..."; Tract. 22, 10. p. 229: "... lux Christus inexstinguibilis et coaeternus Patri ..."; Tract. 34, 5, p. 313: "... lumen indeficiens ...".

95 In diesem Sinn erklärt Augustin das Attribut in der Formulierung "lux vera" (Joh 1, 9), Tract. 2, 6, p. 14: "... vera lux illa est, quae illuminat"; Tract. 14, 1, p. 141: "Aliud est enim lumen quod illuminat, et aliud lumen quod illuminatur"; Tract. 35, 3, p. 318; Tract. 3, 4, p. 22: "... quod factum est, non est vita ..."; Tract. 70, 1, p. 502f: "Numquid autem nos vita quod est ipse, hoc erimus? ... Non utique ... nos autem non ipsa vita, sed ipsius vitae participes sumus ..."; Tract. 39, 8, p. 349: "... si est verax anima, est veritas apud Deum, cuius est particeps anima".

96 Vorrangig wäre nun von den Titeln "Verbum Dei" und "Sapientia Dei" zu sprechen, aber auch bei den in Rede stehenden Prädikationen fehlt dieser Aspekt nicht, so Tract. 34, 3f, p. 312f: "Per hoc lumen factum est solis lumen ..."; Tract. 115, 4, p. 656: "... omnes veritas creaverit ..."; Tract. 1, 16ff, p. 9f: "... illa vita, per quam facta sunt omnia ..." (im Kontext auch Augustins Adaption der Ideenlehre des Platonismus, die durch die auffällige Versabgrenzung in Joh 1, 3f: "Quod factum est, in illo vita est", vgl. dazu M.-F. Berrouard, in: *Oeuvres de saint Augustin*, BAug 71, Paris 1969, S. 843f Anm. 8, begünstigt ist, vgl. auch Tract. 3, 4, p. 22). Daran schließt sich konsequent der Gedanke der schöpferischen und erhaltenden Allgegenwart Gottes an, Tract. 34, 5, p. 314; Tract. 35, 4, p. 319: "Sic et sapientia Dei ... ubique praesens est, quia ubique est veritas ..."; Tract. 30, 1, p. 289.

97 Tract. 3, 1.8.13.17.21, p. 20.24.26f.30.

98 Tract. 42, 2.14, p. 366.371, vgl. Tract. 22, 14, p. 231; Tract. 26, 9, p. 264.

99 Tract. 8, 5, p. 85; Tract. 22, 8, p. 227; Tract. 41, 4.10, p. 359.363; Tract. 69, 3, p. 501; Tract. 5, 1, p. 40f.

hafter Hinwendung dem Menschen den Glauben einstiftet und, indem sie ihn so an sich partizipieren läßt, ihn befreiend und heiligend umwandelt und zur Erkenntnis ihrer selbst führt;[100] als dem Licht, insofern dieses in seinem Charakter von schlechthinniger Unabdingbarkeit[101] und im Kontrast zur Blindheit der Menschen[102] die Herzen der Menschen, wie schon zuvor die Propheten und Apostel,[103] gnadenhaft durch den Glauben erleuchtet und die Menschen, indem es sie so an sich partizipieren läßt, zu gerechtem Lebenswandel leitet und sie zu sich führt, wo sie selbst Licht in ihm sind;[104] und als dem Leben, insofern dieses in seinem Aspekt der sich selbst mitteilenden Fülle[105] und im Kontrast zur Todesverfallenheit des Menschen[106] gnadenhaft durch den Glauben die Seele des Menschen im Übergang vom Tod des Unglaubens zum Leben des Glaubens lebendig macht und, indem es sie so an sich partizipieren läßt, den Menschen umschafft, daß er in ihm das Leben hat und dereinst in der zweiten Auferstehung des Leibes ins ewige Leben übergehen wird.[107] Reich aufgefaltet wie die Erörterung der ἐγώ εἰμι-Worte also ist, wird man

100 Zur Einstiftung des Glaubens: Tract. 115, 4, p. 646; zur Heiligung und Befreiung: Tract. 34, 9, p. 315; Tract. 41, 1, p. 355; Tract. 108, 2f, p. 616f; zur Partizipation und Erkenntnis: Tract. 40, 9, p. 355; Tract. 54, 8, p. 463; zur Wahrheitsthematik bei Augustin im ganzen vgl. W. Beierwaltes, *Deus est Veritas. Zur Rezeption des griechischen Wahrheitsbegriffes in der frühchristlichen Theologie*, in: E. Dassmann/ K.S. Frank (Hg.), Pietas, FS für B. Kötting, JAC.E 8 (1980) S. 15-29.

101 Tract. 35, 6, p. 320.

102 Tract. 1, 19, p. 11; Tract. 2, 5, p. 14; Tract. 3, 5, p. 22f; Tract. 19, 12, p. 196; Tract. 22, 10, p. 229; Tract. 35, 4, p. 319f; Tract. 111, 2, p. 630.

103 Tract. 1, 18, p. 10; Tract. 14, 1. 6, p. 141f. 144; Tract. 23, 2ff, p. 232ff; Tract. 49, 18, p. 429.

104 Zur Erleuchtung im Glauben: Tract. 34, 9, p. 315; Tract. 35, 4, p. 319; Tract. 44, 1, p. 381; Tract. 48, 10, p. 418; zum gerechten Lebenswandel: Tract. 35, 1. 3, p. 317. 319; zur Partizipation: Tract. 34, 2, p. 311; Tract. 48, 9f, p. 417f; Tract. 22, 10, p. 229: "...participatione lucis illius lux es" (nach Eph 5, 8).

105 Tract. 22, 10, p. 229; Tract. 48, 6, p. 416.

106 Tract. 22, 3, p. 224.

107 Zum lebendig Werden aus Glauben: Tract. 19, 9f. 12, p. 192f. 195f; Tract. 22, 6f, p. 226f; Tract. 49, 15, p. 427f; zum Leben als Partizipation: Tract. 19, 11, p. 194; Tract. 22, 9, p. 228; Tract. 23, 5, p. 235; Tract. 70, 1, p. 503; zu den beiden Auferstehungen: Tract. 19, 15f, p. 198f; Tract. 22, 12, p. 230; Tract. 23, 13ff, p. 242f.

unstreitig sagen müssen, daß die Intention des vierten Evangeliums, die absolute Ausschließlichkeit des Anspruches Christi verbindlich zu machen und Christus als Offenbarer mit der Offenbarung in eins zu setzen, von Augustin in getreuer Weise transponiert ist: Christus gibt wirklich sich selbst in der Einheit mit dem Vater.[108] Und noch etwas verdient hervorgehoben zu werden: So wie alle diese Worte der Sache nach immer auf die Heilsgabe des ewigen Lebens zulaufen, so hat auch Augustins Auslegung sie jeweils in die Spannung zwischen dem Glauben hienieden und der Schau von Angesicht zu Angesicht, zwischen der Wanderung auf der Pilgerschaft und der Seligkeit, der Ruhe, dem Frieden in der ewigen Heimat hineingestellt.[109]

Zum Abschluß meines Beitrages möchte ich noch einmal zum letzten Kapitel des Evangeliums zurückkehren, um die Gelegenheit zu ergreifen, einige offene Enden wieder aufzunehmen und zu verknüpfen. Wie angedeutet, hat Augustin diesem Kapitel eine exponierte Stellung reserviert,[110] die sachlich darin begründet ist, daß der Evangelist hier mit Bedacht den Blick auf die eschatologische Zukunft der Kirche lenke. In Augustins Exegese schlägt sich das methodisch in der Weise nieder, daß er in konzentrierter Dichte auf wechselnde Auslegungsverfahren zurückgreift und dadurch zu einem dem Gegenstand gerecht werdenden kohärenten Symbolismus gelangt.

Diese Auffassung läßt sich schon an der Perikope von der Erscheinung des Auferstandenden am See von Tiberias mit dem anschließenden wunderbaren Fischzug (Joh 21, 1-14) beobachten. Daß zwischen ihr und der lukanischen Geschichte vom Fischzug des Petrus (Luk 5, 1-11) untergründige Beziehungen bestehen, ist Augustin nicht verborgen geblieben.[111] Wie er es

---

108 Das macht gerade der ursprünglich aus platonischer Tradition stammende Gedanke der Partizipation, der sowohl die ontologische Differenz als auch die statthabende Gemeinschaft einschließt, sehr deutlich. Die Gabe, die Christus gewährt, zu empfangen, heißt nichts anderes als an Christus selbst teilzuhaben.

109 Tract. 26, 15f, p. 267f; Tract. 34, 7ff, p. 314ff; Tract. 40, 9, p. 355; Tract. 45, 15, p. 396f; Tract. 48, 5, p. 415; Tract. 49, 15, p. 427ff; Tract. 69, 1, p. 499; Tract. 75, 4, p. 516f.

110 S. o. Anm. 10.

111 Tract. 122, 6f, p. 671f.

bereits früher getan hat,[112] interpretiert er diese Texte, veranlaßt durch das Gleichnis vom Fischnetz (Mt 13, 47-50),[113] als gleichnishafte Sinnbilder für die Kirche; und zwar deutet der Fischfang am Anfang der Predigtwirksamkeit Jesu auf die Kirche, wie sie jetzt ist, und der nachösterliche auf die Kirche, wie sie am Ende der Welt, nach der allgemeinen Auferstehung, in der Ewigkeit sein wird. Die pünktliche, die Einzelheiten z. T. allegorisierende Gegenüberstellung beider Begebenheiten,[114] einschließlich der arithmologischen Auswertung der Zahl der 153 gefangenen Fische,[115] erhärtet diese Sicht. Desgleichen weist das Frühstücksmahl, das die Jünger mit dem Auferstandenen einnehmen,

---

112 De div. quaest. LVII, 1-3, CChr. SL 44A, p. 97-103, vgl. dazu die Einleitung von A. Mutzenbecher, ebd. S. XLIIIf. Die arithmologische Auflösung der Zahl 153 geschieht hier allerdings nicht in der Weise wie in den Johannestraktaten.

113 Hermeneutisch ist interessant, daß Augustin, Tract. 122, 7, p. 671, das Gleichnis vom Fischnetz als "verbi parabola" und die beiden anderen Fischfanggeschichten als "rei gestae parabola" ansieht.

114 Tract. 122, 6f, p. 671f. Der Schlüssel zur Deutung Augustins liegt darin, daß die Siebenzahl der beim nachösterlichen Fischfang beteiligten Jünger den "finis temporis", und das Ufer nach Mt 13, 49 den "finis saeculi" bedeuten. Dazu paßt, daß Christus vom Ufer aus den Befehl gab, das Netz auszuwerfen. Der Fischfang vor der Auferstehung bezeichnet uns als Berufene, derjenige danach als Auferstandene. Daß das eine Mal die Netze nach beiden Seiten ausgeworfen wurden, ein Netz zerriß und die beladenen Schiffe zu sinken drohten, sinnbildet die Kirche, wie sie jetzt ist, da sie Gute und Schlechte vermischt enthält, Spaltungen zu gewärtigen hat und Gefahren ausgesetzt ist. Daß das andere Mal das Netz nur zur Rechten ausgeworfen wurde, daß dieses nicht zerriß und es auf Grund der Menge der Fische nicht gezogen werden konnte, sinnbildet die Kirche, wie sie dann sein wird, die nur noch die Guten enthalten wird, die keine Spaltungen mehr kennen wird und die sich erst nach der Auferstehung zeigen wird. In beiden Fällen ist darauf hingewiesen, daß die Kirche aus Beschneidung und Vorhaut hervorgeht, damals durch die beiden Schiffe, hier durch die 200 Ellen.

115 Tract. 122, 8f, p. 673ff. Die Zahl 153 erklärt sich als Summe der Zahlen von 1 bis 17, wobei die Zahl 17 als Summe von 10 (=der Dekalog) und 7 (=der Hlg. Geist nach Gen 2, 3; Jes 11, 2f und Apok 3, 1) zu nehmen ist. Dadurch ist angedeutet, daß diejenigen, die in der Gnade des Hlg. Geistes das Gesetz erfüllen, zur Zahl der großen Fische gehören, die die Kirche, wie sie dann sein wird, symbolisieren. Beiläufig erwähnt Augustin auch noch eine andere Erklärung, wonach die Zahl 153 aufzulösen ist in 3x50 (=7x7+1) +3 (=das Geheimnis der Trinität).

Fisch und Brot, als symbolisches Sinnbild auf die Teilhabe an der ewigen Seligkeit.[116] Hat Augustin dergestalt den eschatologischen Horizont dieses Kapitels ausgeleuchtet, so erklärt er dazu ausdrücklich, wegen der Kontemplation so großer Dinge habe der Evangelist diesen Bericht, obwohl er noch sehr viel mehr zu erzählen gehabt hätte, an das Ende seines Evangeliums gestellt.[117]

Es ist nun auf diesem Hintergrund, daß Augustin der Gestalt des Lieblingsjüngers, dem Verfasser des Evangeliums eine letzte, symbolische Deutung gibt. Zwei Fragen empfindet Augustin als besonders schwerwiegend, die das Evangelium offenläßt. Was bedeutet es, daß Jesus zu Petrus sprach: "Folge mir nach" (Joh 21, 19). und von jenem anderen Jünger sagte: "So will ich, daß er bleibt, bis ich komme; was geht es dich an" (Joh 21, 22)?[118] Und wie ist zum anderen die unterschiedlich große Liebe im Verhältnis zwischen Jesus und Petrus bzw. zwischen Jesus und jenem anderen Jünger zu erklären?[119] Die Antwort Augustins ist die,

116 Tract. 123, 2, p. 676: "Piscis assus Christus est passus. Ipse est et panis, qui de caelo descendit. Huic incorporetur ecclesia ad participandam beatitudinem sempiternam". Deshalb sollen die Jünger, deren Siebenzahl nun die Gesamtheit der Gläubigen bezeichnet, von den gefangenen Fischen herbeibringen, "...ut omnes ... tanto sacramento nos communicare nossemus et eidem beatitudini sociari".

117 Tract. 123, 2, p. 676: "Hoc Domini prandium est cum discipulis suis, ad quod Iohannes evangelium suum, cum haberet de Christo alia multa quae diceret (nach Joh 20, 30; 21, 25), magna, ut existimo, et rerum magnarum contemplatione concludit"; vgl. Tract. 122, 4. 6, p. 670f.

118 Tract. 124, 1ff, p. 680ff: Die Legenden, die sich um das Johannesgrab in Ephesus ranken, schiebt Augustin beiseite, denn mit ihnen kann das Wort des Herrn nicht erklärt werden. Der Evangelist räumt eindeutig das Mißverständnis aus dem Weg, als sei gesagt worden, er werde nicht sterben; "manere" sei vielmehr im Sinn von "exspectare" zu verstehen.

119 Tract. 124, 4, p. 682f: "Illud etiam in his duobus apostolis Petro et Iohanne, quem non moveat ad quaerendum, cur Iohannem plus dilexerit Dominus (Joh 13, 23; 21, 20), cum ipsum Dominum plus dilexerit Petrus (Joh 21, 15)?". Die Frage führt in die Aporie, wer besser sei, der vom Herrn mehr geliebte Johannes als der weniger geliebte Petrus, respektive der den Herrn weniger liebende Johannes oder der ihn mehr liebende Petrus. "Hic plane cunctatur responsio et augetur quaestio. Quantum autem ipse sapio, meliorem qui plus diligit Christum, feliciorem vero quem plus diligit Christus, facile responderem; si iustitiam

daß Petrus und Johannes jeweils Repräsentanten für die beiden Leben sind, die die Kirche kennt: Petrus für die Kirche, wie sie jetzt ist, im Glauben, im Wandern und im Werk der Aktion; Johannes für die Kirche, wie sie in Ewigkeit sein wird, im Schauen, in der Ruhe und im Lohn der Kontemplation.[120] "Folge mir nach", meint also die Aufforderung zur vollkommenen Aktion; "jener bleibe, bis ich komme", bezieht sich auf die begonnene Kontemplation, die in der eschatologischen Schau zur Vollendung gelangen wird.[121] Entsprechend gilt für die unterschiedliche Liebe: Wie Christus Petrus weniger liebte, so liebt er uns, wie wir jetzt sind, weniger; und wie Christus den Lieblingsjünger mehr liebte, so wird er uns mehr lieben, da wir nichts mehr haben werden, was ihm mißfällt.[122] Und wie Petrus mehr als Johannes den Herrn liebte, aber Johannes ihn weniger als Petrus liebte, so lieben wir jetzt die Barmherzigkeit des Herrn, dank welcher er uns aus unserem Elend durch die Vergebung der Sünden befreit, mehr, aber die Anschauung der Wahrheit, die wir für dereinst erwarten, weniger, weil wir jetzt noch nicht kennen, was wir dann mit größerer Liebe lieben werden.[123]

Liberatoris nostri minus eum diligentis a quo plus diligitur, et eum plus a quo minus diligitur, quemadmodum defenderem, pervideremˮ.

120 Tract. 124, 5, p. 685: "Duas itaque vitas ... novit ecclesia, quarum est una in fide, altera in specie; una in tempore peregrinationis, altera in aeternitate mansionis; una in labore, altera in requie; una in via, altera in patria; una in opere actionis, altera in mercede contemplationis ... Ista significata est per apostolum Petrum, illa per Iohannemˮ.

121 Tract. 124, 5, p. 686: "Perfecta me sequitur actio, informata meae passionis exemplo; inchoata vero contemplatio maneat donec venio, perficienda cum veneroˮ.

122 Tract. 124, 5, p. 686: "At ipse (sc. Christus) nos minus diligit quales nunc sumus; et hinc ideo liberat, ne semper tales simus. Ibi vero amplius nos diligit, quoniam quod ei displiceat, et quod a nobis auferat, non habebimus ... Amet ergo eum Petrus, ut ab ista mortalitate liberemur; ametur ab eo Iohannes, ut in illa immortalitate servemurˮ.

123 Tract. 124, 6, p. 687: "... misericordiam Domini, quam nobis de miseria liberandis exhiberi volumus, plus amamus, eamque quotidie maxime pro peccatorum remissione poscimus et habemus; hoc per Petrum significatum est plus amantem ... Veritatis autem contemplationem qualis tunc futura est, minus amamus, quia nondum novimus nec habemus; haec per Iohannem significata est minus amantem ...ˮ.

Nun erst erschließt sich uns die symbolische Dimension, die Augustin seiner ganzen Auslegung des vierten Evangeliums untergründig gegeben hat, voll. Nun erst, da wir in dem Evangelisten den Repräsentanten des himmlischen Lebens der Kirche erkennen, wird uns der Zusammenhang des Evangeliums im ganzen durchsichtig. Nun erst verstehen wir, daß Johannes, als Lieblingsjünger vom Herrn zum adlerhaften Aufschwung der Kontemplation ermächtigt, das symbolische Verweisungsgeflecht seines Evangeliums in eine dynamische geistliche Bewegung einbindet, die uns auf der Grundlage des Glaubens zur Kontemplation des alles transzendierenden trinitarischen Gottes führen soll, bis sie im Eschaton, wenn auch das Evangelium abgetan sein wird,[124] mit der Schau Gottes von Angesicht zu Angesicht zur Vollendung kommen wird. Von solcher Geistigkeit gibt uns der Schluß einer Predigt, der hier wiedergegeben werden mag, ein ergreifendes Zeugnis: "Ich bitte euch, liebet mit mir, laufet mit mir im Glauben; verlangen wir nach dem Vaterlande droben, seufzen wir nach dem Vaterlande droben, betrachten wir uns hier als Fremdlinge. Was werden wir dereinst sehen? Es rede jetzt das Evangelium: "Im Anfang war das Wort, und das Wort war bei Gott, und Gott war das Wort". Woher du mit Tau besprengt wurdest, dort wirst du das unverhüllte Licht selbst sehen, zu dessen Anblick und Genuß du gereinigt wirst... Ich merke, wie eure Gefühle mit mir zum Himmel sich erheben, aber der vergängliche Leib beschwert die Seele, und die irdische Wohnung drückt den Geist, den vielsinnigen nieder. Ich werde dieses Buch weglegen, und ihr werdet auseinandergehen, jeder zum Seinigen. Es war uns wohl bei diesem gemeinsamen Licht, wir haben uns köstlich gefreut, wir haben innigst frohlockt; aber wenn wir auch voneinander scheiden, von ihm wollen wir nicht scheiden".[125]

---

124 Tract. 22, 2, p. 223; Tract. 35, 9, p. 322.
125 Tract. 35, 9, p. 322f.

Personenregister

Abbahu von Caesarea 77
Abraham 183, 196
Achilleus 164
Ackroyd, P.R. 82
Adam 182, 196
Albrecht, R. 29
Alethius 50
Alexander der Große 12
Alexander, P.S. 93, 97
Algasia 49ff.
Altenburger, M. 27
Altschuler, D. 101
Ambrosiaster 52
Ambrosius 25, 30, 51
Amersfoort, J. van 92, 166
Ammonius 155, 162
Anaxagoras 23
Andresen, C. 104
Andromache 170
Aphrahat 87f., 93, 96ff.
Apollinaris von Laodicea 27f., 79, 104, 132ff., 143
Apuleius 113
Aquila 96ff.
Aristarch 159f.
Aristides 129
Aristophanes 159
Aristophanes von Byzanz 159
Aristoteles 155, 162f.
Arius 12, 19f., 29, 206
Asterius 20, 104ff.
Athanasius 82ff., 104, 174ff., 205f.
Athenagoras 181
Aubinau, M. 123
Augustinus 14, 30, 67, 73, 80ff., 85f., 90f., 98, 100, 104, 149, 151ff., 155ff., 160ff., 171f., 181, 185ff.

Bacher, W. 89
Bachrach, B.S. 73
Balogh, J. 128
Bammel, E. 77, 85
Barnabas 98ff., 191
Barnes, T.D. 78
Basilius 15f., 42ff., 104, 149f.
Baskin, J.R. 95
Bavel, T.-J. van 204
Beck, H.-G. 121
Beckwith, R.T. 81, 86
Beierwaltes, W. 211
Berardino, A. di 73
Bernard, R. 204
Bernard, W. 163f.
Bernoulli, C.A. 132
Berrouard, M.-F. 186, 210
Besier, G. 16
Bevan, E.R. 94
Bienert, W.A. 23f.
Binder, G. 24, 164
Binns, J.W. 74
Bloedhorn, H. 94
Blumenkranz, B. 75, 86, 90
Bockmühl, M.N.A. 89
Bonnardière, A.-M. La 186ff.
Bonwetsch, R. 33
Bowersock, G.W. 120
Bright, P. 80, 168
Brunner, P. 172
Bryennius 82f.
Burkitt, F.C. 94
Busse, A. 156f.

Cameron, A. 74
Campenhausen, H. Frhr. v. 188
Canévet, M. 26f.
Canivet, P. 33, 37
Cantalamessa, R. 22
Cauderlier, P. 73f.
Celsus 77, 164
Chadwick, H. 80
Charles, R.H. 81
Chrysostomus 29, 32, 41, 52, 80, 87, 100, 104, 106, 117, 128ff.

Cicero 153, 167, 195
Claudius 189
Claudius Claudianus 73f., 78
Clemens Alexandrinus 16, 181f., 184
Clemens Romanus 12ff.
Cohen, S.J.D. 94
Coquin, R.G. 175, 180, 183
Cracco Ruggini, L. 95
Curti, C. 22
Cyprian 14, 99f.
Cyrill von Alexandria 19, 42ff., 47, 83, 98, 137, 174
Cyrill von Jerusalem 82ff.

Dalmann, G. 60
Damasus I. 95
Daniel 196
Daniélou, J. 27
Dassmann, E. 194, 211
David 39f., 46, 107, 110ff., 133, 154, 160, 169f., 196
Davies, P.R. 97
Devreesse, R. 40, 133, 139
Dideberg, D. 190ff.
Didymus der Blinde 23ff., 51, 79, 104, 132, 138, 140, 142f., 146, 164, 174
Dill, S. 73
Diodor von Tarsus 33ff., 104ff., 128, 130, 133, 138ff., 150
Diognetum, Auctor ad 13
Dölger, F.J. 129
Dörrie, H. 27
Dörries, H. 12
Doignon, J. 25
Donatus 151ff., 159, 172
Dorival, G. 174
Dositheus 65
Dothan, M. 73, 92
Dukan, M. 91
Duval, Y.-M. 26

Eitrem, S. 125
Elias (Kommentator) 156
Emerton, J.A. 93
Engemann, J. 114
Ephrem der Syrer 96
Epiphanius 82f., 86, 184
Ettlinger, G.H. 27
Euripides 150
Eusebius 13, 22f., 41ff., 81ff., 87f. 104, 128, 133, 137, 140, 142f., 176, 179, 184
Evagrius Ponticus 11, 104
Evans, C.F. 82

Fàbrega, V. 29
Fontaine, J. 18
Frank, K.S. 211
Frerichs, E.S. 73
Friedmann, M. 91

Gelsi, G. 105, 111
Gerber, W.E. 21
Gerth, K. 120
Gestrich, Chr. 16
Gnilka, J. 53
Goldberg, A. 93
Goldschmidt, L. 60
Graetz, H. 72
Green, W.S. 87, 95
Gregg, R.C. 105, 112, 120f., 123
Gregor von Nazianz 82ff., 121, 149
Gregor von Nyssa 19, 26ff., 36, 104
Gregor von Tours 50
Grillmeier, A. 123
Guillet, J. 33
Guinot, J.-N. 17ff., 32ff.

Hadot, I. 150
Haendler, G. 30
Hagedorn, D. 64
Hagemann, W. 27
Hagendahl, H. 151, 167
Hahn, V. 30
Hammond-Bammel, C.P. 52, 63
Hardie, C. 152

Harl, M. 27, 52, 99
Harnack, A. v. 19, 72ff., 84
Heinimann, F. 172f.
Hektor 164, 170
Hengel, M. 94, 188
Hennings, R. 81
Henoch 85
Hermagoras von Temnos 167
Herodes 108
Herodot 113
Hermogenes 170
Hesych von Jerusalem 128f.
Hierocles 79
Hieronymus 25ff., 49ff., 63, 79ff., 90, 94f., 99, 102, 104, 128, 132, 151ff., 157, 172f., 192
Hilarius von Poitiers 19, 25, 82f., 93, 100, 104, 181
Hilberg, I. 49
Hippolyt 11, 104
Hirschman, M. 96
Holtz, L. 151f.
Homer 150, 154, 158f.
Horaz 150, 155ff., 173
Horbury, W. 10, 75ff., 89ff., 95, 97ff.
Hübner, R.M. 16
Hunger, H. 131

Ignatius 201
Innozenz I. 85
Irenaeus 13f., 99, 178, 188, 196, 201
Irsai, O. 76, 90
Issaschar 184

Jacobs, M. 89
Jaeger, W. 27
Jagić, V. 128f.
Jay, P. 25, 26, 50
Jeremias 39
Johannes (Evangelist) 188ff.
Johannes (der Täufer) 196
Johannes von Damaskus 130
Josephus 82, 85f., 88f., 92ff., 154, 158, 176
Josia 39
Josua 170
Julian Apostata 73, 79, 149f.
Junod, E. 82f.
Juster, J. 75
Justin 75
Justinian 91

Kaestli, J.D. 81f.
Kaibel, G. 120
Kalbfleisch, K. 155
Kannengießer, Ch. 19f., 168, 172, 177
Kaufmann, Y. 72
Kelly, J.N.D. 82f., 95
Kennedy, G.A. 120f., 123
Kinzig, W. 20, 104ff.
Ko Ha Fong, M. 15
Kötting, B. 211
Konstantin 12f., 74, 76, 89, 101, 148
Kraabel, A.T. 73
Krauss, S. 67
Kretschmar, G. 95, 123
Kroll, W. 124
Krusch, B. 50
Kurmann, A. 149

Lamirande, E. 194
Lange, N.R.M. de 72, 75, 81, 91ff., 94, 96
Lausberg, H. 166, 168
Lauterbach, J. Z. 61
Lefort, Th. 175f., 178, 181f.
Leloir, L. 15
Leontius von Konstantinopel 130
Levine, L.I. 78, 94
Levinson, W. 50
Lerch, D. 17
Liébaert, J. 123, 129
Liebermann, S. 78
Lifschitz, B. 92
Linić, Z.-V. 105, 130

Lohse, E. 60
Lorenz, R. 28
Lucchesi, E. 175
Lukas (Evangelist) 191f.
Lütcke, K.-H. 30
Luther, M. 20, 26

Macarius Magnes 79
MacGiffert, A.C. 75
MacMullen, R. 73
MacNeil, B. 89
Maier, J. 76f., 99
Makrina 29
Malachi, Z. 97
Marcell von Ancyra 20
Marcion 51
Margerie, B. de 18f., 28, 177
Markus (Evangelist) 191f.
Marrou, H.-I. 149f., 186
Matthäus (Evangelist) 189, 191f.
Maur, H. auf der 105, 107, 112, 119f., 123
May, G. 15, 22
McCracken-Flesher, C. 73
McGiffert, A.C. 74
Meer, F. van der 188, 194
Melito von Sardes 81, 84, 123
Menander 150
Merendino, P. 175
Metzler, K. 206
Migne, J.-P. 35
Mohrmann, Chr. 193
Mondésert, C. 18
Moore, G.F. 75
Mose 157, 170, 189
Mühlenberg, E. 27f., 132ff., 142f.
Mulder, M.J. 91ff.
Murray, R. 96
Mutzenbecher, A. 28, 213

Naldini, M. 149
Nesselrath, H.-G. 172
Neuschäfer, B. 139, 146, 151, 154, 156ff., 167, 169, 171
Neusner, J. 55, 70ff., 76, 86ff., 96, 98
Noah 197
Norden, E. 120ff., 124, 131
Novatian 14

Olivier, J.-M. 133
Olympiodorus. 155
Oort, J. van 92, 166, 186f.
Origenes 13f., 20, 32, 49ff. 63ff., 81ff., 97, 100, 104, 128, 130, 132ff., 140, 143, 148, 151ff., 156ff., 160, 170f., 179ff., 204
Orosius 73

Panaitius 160
Papias 188
Parkes, J. 72, 75
Paul von Tella 106
Paulinus von Nola 50
Paulus 13f., 39, 70, 179f., 189, 208
Payr, Th. 124
Peisistratus 158
Pelagius 50
Petraglio, R. 100
Petrus 214f.
Philo 25, 88f., 92, 94f., 98, 182
Philoponus 155
Photius 130
Pietri, Ch. 18
Pilatus 108
Pindar 150, 159
Pizzolato, L.F. 22
Places, E. des 23
Plato 15f., 23, 150, 155, 160f. 163
Plutarch 12
Pollard, T.E. 177
Pontet, M. 195
Porphyrius 24, 78, 157, 162ff., 167
Priscillian 81
Procopius von Gaza 96
Ps.-Athanasius 42

Preuschen, E. 181
Proteus 12

Quintilian 173

R. Aqiba 57, 61ff., 67ff.
R. Eliezer 61ff.
R. Hillel 57, 67f.
R. Ismael 61
R. Jose 62
R. Josua 61
R. Judah 92
R. Schammai 67f.
R. Simeon (Schimon ben Jochai) 57, 67f.
Rabe, H. 170
Rabin, C. 81
Raveaux, Th. 67
Rebenich, St. 126
Reichardt, K.D. 73
Reif, S.C. 93
Reinhardt, K. 18
Reynolds, J. 95
Richard, M. 104f., 125
Ritter, A.M. 92
Robertson, A. 175
Robinson, J.A. 81
Rohde, E. 120
Rohls, J. 123
Rokeah, D. 75f.
Rondeau, M.-J. 35, 42, 104f., 133ff., 138ff., 169, 174
Rufinus 83f.
Ruppert, L. 99
Rutilius Namatianus 78

Safrai 93
Salomo 98, 162
Sanday, W. 82
Sanna, I. 33
Savon, H. 25
Schadewaldt, W. 10
Schäfer, R. 11
Schäublin, Chr. 28, 139, 143, 146, 154ff., 158ff., 167, 169, 171, 185ff.
Schleiermacher, F. 32
Schmid, M. 105
Schmid, W. 74
Schmidt, P.L. 151
Schneider, K. 129
Schoeps, H.-J. 72
Schramm, U. 27
Schreckenberg, H. 74
Schucan, L. 149
Schulze, J. L. 34
Schwabe, M. 92
Schweizer, E. 53
Sellew, Ph. 24
Serapion 175, 180f.
Servius 159
Severian von Gabala 52
Sgherri, G. 77
Sider, R.D. 167
Sieben, H.J. 10, 177
Simon, F. 206
Simon, M. 72, 75, 78, 94
Simonetti, M. 22, 32ff.
Simonides 155
Simplicius 155
Singer, C. 94
Sirat, C. 91
Sirmond, J. 35f.
Sixtus Senensis 83
Skard, E. 104ff., 113f., 124ff., 130
Snaith, J.G. 93, 96
Sokrates 23
Sparks, H.F.D. 81f.
Speyer, W. 97
Staab, K. 52, 143ff.
Staats, R. 129
Stead, G.C. 27, 174
Stemberger, G. 56, 89f., 92f., 95
Stephan I 14
Stichel, R. 95
Strack, H.L. 89f.
Straaten, M. van 160
Strauss, G. 206
Symmachus 99

Syncellus, G. 81
Sysling, H. 91ff.

Tannenbaum, R. 95
Terenz 150f. 159
Tertullian 76, 81, 167f., 181
Theodor von Mopsuestia 20f., 32f., 42, 52, 104, 106, 128, 133, 139, 141, 143, 145f. 154ff., 162, 169f.
Theodoret von Cyrus 17f., 32ff., 52, 66, 98, 100, 106, 156
Theodotion 99
Theodorus 13f., 29
Theophilus von Antiochien 51
Thomas (Apostel) 194
Tigcheler, J. 24
Torjesen, K. J. 136
Tränkle, H. 74
Trajan 188
Troiani, L. 94
Turcan, M. 168
Tyconius 168

Valerius 185
Vergil 73, 150f., 154, 163, 187
Vian, G.M. 174
Victorinus von Pettau 82
Vischer, L. 17
Visotzky, B.L. 73, 76f., 90, 97
Vooght, P. de 196
Vos, J.S. 166

Weegen, A. J. H. van 187
Weimar, P. 99
Wenger, L. 125f.
Willems, R. 186
Wenz, G. 123
Wermelinger, O. 81ff.
White, R.T. 97
Wickert, U. 14, 16f., 21, 143, 145f.
Wiles, M. F. 20, 105, 112, 120
Wilken, R.L. 75
Williams, R. 97
Wilson, N. G. 149
Wolf, P. 150
Wolff, E. 11
Wright, D. F. 186
Wyrwa, D. 14
Wyß, B. 121

Yahalom, Y. 97
Young, F. M. 22, 97

Zeller, E. 163
Zenger, E. 99
Zenodot 159
Ziegler, K. 124
Zinn, E. 30
Zycha, I. 163

Bibelstellenregister

Genesis
1 43
2, 3 213
49, 14-16 184

Exodus
3, 14 205
6, 1 189
16, 23-30 58
16, 29 64
16, 29b 57ff.
20, 8ff. 58
31, 12-17 58
35, 1-3 58

Leviticus
5, 2 55
11 183
15, 19-31 55
23, 1-3 58

Numeri
15, 32-36 58
19 98
35, 1-5 59
35, 2-8 64
35, 5 62

Deuteronomium
4, 19 114
5, 12.15 58
31, 24-26 85

Samuel
2 Sam 22, 10f. 118

Könige
1 Kön 10, 1 52

Nehemia
10, 23 59
13, 15-21 59

Esther 176

Judit 82, 176

Tobit 82, 176

Makkabäer 176

Psalmen [nach LXX]
34f., 39ff., 104ff., 132, 155f., 169, 174f.
1 38, 41, 81, 118
1, 1 168
2 46, 108, 118
2, 1 108
2, 7 118
3 117f.
4 40
4, 1 134
4, 3 117
5 46, 118f., 128
5, 1 105, 123f.
6 46, 118
6, 3f. 129
7 109
7, 1 113
7, 2-3 116
8 46f., 109, 118f.
8, 1 109
8, 5 138
9 (10) 118
10, 1f (11) 110f., 118
11 (12) 46, 110ff., 118f.
12 (13) 110, 118
12, 2a (13) 110
13 (14) 46, 118f.
14 39, 46
14, 1 (15) 114
15 (16) 119
15, 1b (16) 107f.
15, 8.9 138
16, 3-5 (17) 109
18 (19) 40, 114, 119

18, 3 193
21 46
21, 2 136
21, 13 109
21, 17-22 (22) 99
24 46
26, 6 (27) 109
29 48, 135
29, 3ff. 135f.
32 42ff., 46
32, 6 44
32, 10f. 48
34, 22b 149
35, 7f. 207
36 40, 47
37, 20 (38) 100
37, 22 136
39-41 174
39 46ff., 133, 135f.
39, 2a 133
39, 3 137
39, 4 136
39, 5 141
39, 7-9 135
39, 12 137
40 46
40, 5 138
40, 13 138
42, 4 207
43 46
44 (45) 42ff., 119
44, 2 193
44, 8 141
45 46
48 46
50, 8 (51) 118
51-95, 3 42
67 170
67, 14 184
71, 8 206
73, 12 154
77, 2 193
84 143
85, 11-13 141
87, 6 142
88 37
94 43
105 143
105, 15 181
117, 12 (118) 109
118 (119) 82, 99
127, 3 (128) 109
137 143
138 43
138, 7 41
148, 2 41
138, 18 48

Proverbien
6, 6 115
9, 1-5 183
23, 1 180
28, 14 100

Ecclesiasticus 83
1, 8 77
36, 1-5 86

Canticum 32, 155, 184
6, 12 51f.

Sapientia 83, 86, 175f.
2, 12-21 86

Sirach 176

Amos
3, 2 77

Jona
4, 6 85

Jesaja 176
1, 11 181
1, 12 182
11, 2f. 213
33, 7 100
52, 5 129
56, 1-4 56
58, 13f. 58

59, 21 145

Jeremia
2, 21 207
17, 19-27 58
38, 33f. 145

Ezechiel
1, 5-10 191
3 30
15, 5 207
34, 4 207
36, 26 145

Daniel 157

Matthäus 189
1, 11 118
9, 9 189
10, 38 100
11, 23 142
13, 35 193
13, 47-50 213
13, 49 213
16, 24 16

Lukas
3, 22 118
5, 1-11 212
10, 22 175
16, 1-8 51
23, 42f. 129

Johannes 185ff.
1, 1 36, 191, 200
1, 3ff. 210
1, 9 210
1, 14 200
1, 35-40 190
2 195
2, 1-11 196
2, 4 190
3, 14 109
4, 14 208
4, 43-54 198
5, 1-18 197
5, 17 196
5, 26 202, 207
6, 1-15 197
6, 16-21 198
6, 35 205, 207
6, 48 183
6, 51 205
7, 29 202
8, 12 205, 207, 209
8, 16 203
8, 24.28.58 204
8, 26 207
8, 29 203
9, 1-41 198
9, 35 201
9, 38 201
10, 8 207
10, 9 205
10, 9f. 208
10, 9.11 208
10, 18.29-30 202
11, 1-44 197
11, 25f. 205, 209
12, 32 109
13, 19 204
13, 23 189, 214f.
13, 25 189
14, 6 209
15, 1.5.6 207f.
17, 5 204
18, 15f. 190
19, 26f. 190
20 189
20, 2.10 190
20, 30 193, 214f.
20, 30f. 189
21 189
21, 1-14 212
21, 7 190
21, 15-20 214f.
21, 19 214
21, 20.22 214
21, 20.24 189
21, 25 193, 214f.

BIBELSTELLENREGISTER

Acta
1, 12 60
2, 31 107
4, 24-28 108
17, 11-12 80

Römer 132
1, 2 146
1, 16-17 146
5, 1 65
5, 7 51
7 144
7, 7 143
8 33
8, 3 200
9 145
9-12 20
9, 14-21 143
9, 16 145
9, 33 146
11, 8.11.33 146
16, 7 29

1 Korinther
2, 10-16 47
6, 11.19 47

2 Korinther
12, 2 189

Galater
1, 15 37, 47
2, 20 100
3, 28 29
4, 4 200

Epheser
1, 23 181

Philipper
2, 6ff. 19, 37, 200

Kolosser 52
1, 15-20 47
2, 8-23 53
2, 16-23 53, 63ff.
2, 18ff. 52f.

1 Thessalonicher
3, 13 100

1 Timotheus
1, 17 47
2, 12 29
4, 7 64
5, 21 153

Titus
1, 14a 64
2, 3-5 29

Hebräer 39, 157
1, 3 37
5, 14 114
7 37
10, 5-9 135

Jakobus 180
5, 13 110

Apokalypse
3, 1 213
4, 6f. 191